Є e

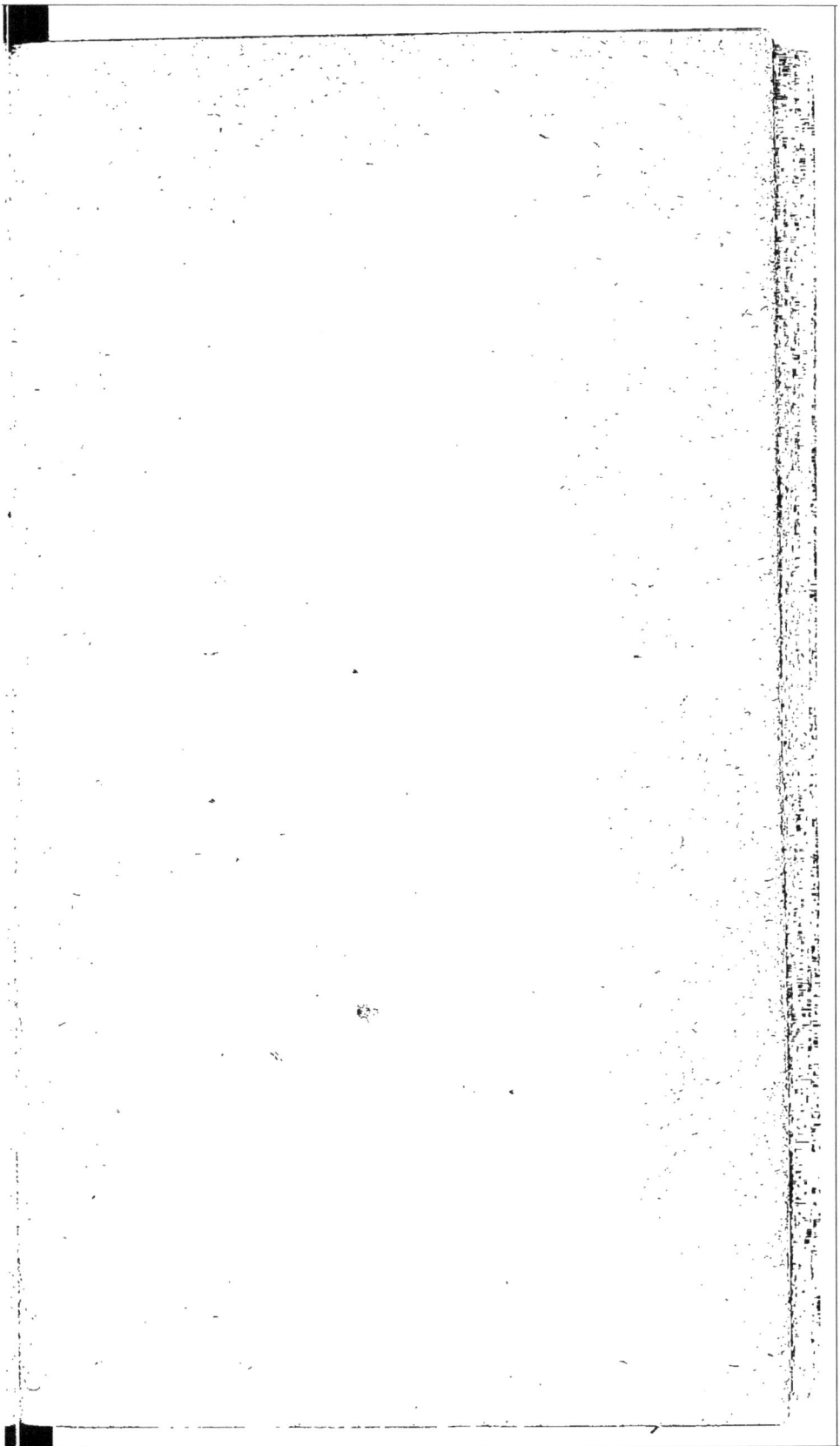

LES
COUTUMES
DE
LA MARCHE,

EXPLIQUE'ES ET INTERPRETE'ES
suivant les Loix, les meilleurs Auteurs,
& les Arrêts intervenus.

Par Maître BARTHELEMY JABELY,
ancien Avocat au Parlement.

NOUVELLE EDITION,

*Revuë, corrigée, & conferée avec la Coutume
de Paris, avec de nouvelles annotations,*

Par Maître GERMAIN-ANTOINE GUYOT,
Avocat au Parlement.

A PARIS,

Chez JEAN DE NULLY, Libraire, Grand'Salle
du Palais, à l'Ecu de France,
& à la Palme.

M. DCC. XLIV.

AVEC APPROBATION ET PRIVILEGE DU ROI.

Nota. Dans cette nouvelle édition, pour les nombres des Articles, & pour le Texte, on a suivi le Coutumier General de Maître Bourdot de Richebourg, comme étant plus exact., & fait d'après les minutes, qui sont au Greffe de la Cour.

Les nouvelles Annotations sont marquées par une étoile *, & renfermées par un crochet.]

PREFACE.

AMI LECTEUR, plusieurs personnes de la Province de la Marche, intelligentes dans leur Coutume , ont écrit dessus ; mais aucun n'a jusques à present voulu produire ce qu'il en avoit fait, qui seroit de grande utilité au Public pour la bien entendre en beaucoup d'endroits qui sont extrêmement difficiles. Il n'y a eu que le seul Caillé qui ait laissé quelque chose ; mais outre que l'on n'en peut tirer aucun secours pour la décision des points de Coutume , quoique d'ailleurs très - versé dans les Loix Romaines, il est par son antiquité devenu si rare, qu'il n'est quasi point resté d'exemplaires ; &

PREFACE.

ceux qui par hazard fe trouvent font
fi chers, qu'il n'eft pas poffible d'en
avoir, quoique cet Auteur, au jugement de ceux qui le connoiffent
le mieux, ne foit d'aucun fruit, n'y
ayant en lui de confiderable que le
feul texte de la Coutume que l'on
fuit fur les lieux, & non pas le Coutumier general, qui eft défectueux,
même tronqué en quelques Articles,
nonobftant la correction que Dumoulin, fur les Articles 250 & 351,
dit en avoir faite. Dans ces conjonc-
tures, en attendant que quelque
bonne plume mette au jour quelque
chofe fur cette Coutume, que chacun recevra avec plaifir, moi-même
tout le premier; je vous donne avec
le Textuaire d'icelle, qui eft dans
le même Caillé, ce petit Ouvrage
fur les Articles les plus difficiles &
les plus importans, touchant les ma-
tières qui fe prefentent le plus fouvent dans les Tribunaux, qui eft un
abregé de ce que j'avois autrefois
compofé à mes heures de loifir, afin
que vous vous en ferviez, fi vous

PREFACE.

le jugez à propos, dans les occaſions. Je vous l'offre de tout mon cœur, & ſouhaite qu'il vous ſerve à vous & au Public, qui eſt la ſeule fin pour laquelle je me ſuis propoſé de le produire & de le mettre au jour. Adieu.

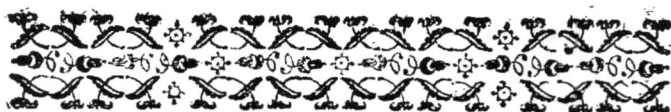

TABLE
DES TITRES
De la Coutume de la Marche.

DES TITRES.

TABLE, &c.

LES

LES
COUTUMES
DE
LA MARCHE,

EXPLIQUE'ES ET INTERPRETE'ES suivant les Loix, les meilleurs Auteurs, & les Arrêts intervenus.

COUTUMES venérables du *haut Païs du Comté de la Marche*, publiées & accordées ès presences de nous Roger *Barme Président*, & Nicole Brachet, Conseiller du Roi notre Sire en sa Cour de Parlement, Commissaires en cette partie ; ladite publication faite en la Ville de Gueret audit Comté de la Marche, presens à ce en grand nombre plusieurs des Gens d'Eglise, Nobles, Praticiens & Bourgeois, tant de ladite Ville, que des autres Villes dudit haut Païs d'icelui Comté, le vingt-deuxiéme jour du mois

A.

d'Avril 1521 , après Pâques , & autres
jours , en ensuivant les Lettres Patentes du
Roi notredit Seigneur , à nous envoyées à
cette fin.

Coutumes.) Qui n'observe pas la Coutume
des Anciens ne conserve pas leur honneur , il
faut honorer la Coutume comme sa mere ; car
tout le Droit , suivant lequel les hommes vivent ,
se divise en deux parties , dont la principale est la
Coutume , *Inst. de Jur. nat. §. ex non scripto* , de
manière que le Droit coutumier est comparé au
Droit naturel , qui est en quelque façon immuable. *Bal. con. 318 , liv. 2.*

Haut Païs , &c.) A la difference de la basse
Marche , qui est regie par un Droit different ;
sçavoir , Bellac & quelques Villes par le Droit
écrit , & le Dorat avec ce qui en dépend , par
la Coutume de Poitou.

Barme Président.) Ce Barme , au dire de Lucius , Livre 4 de ses Arréts , Titre 3 , Arrêt 1 ,
fut envoyé à Rome pour abroger la Pragmatique
sanction , & ajoute qu'il avoit appris de son frere
que ce Président disoit que Messieurs les quatre
Présidens au Mortier ne faisoient qu'une même
Charge ; à quoi on peut ajouter le dire de *Bal. c.*
Imperialem , §. præterea , n. 2 & 3. De prohib.
fud. alien. Magistratuum Officium individuum est ,
& ideo si plures sunt collegæ quilibet habet Juris-
dictionem in solidum.

TITRE PREMIER.

Des Juges & Jurisdictions.

ARTICLE PREMIER.

CELUI qui a *Jurisdiction* haute & moyenne en un *Territoire*, *est fondé d'y avoir la basse*, s'il n'apert du contraire.

Jurisdiction.) La Jurisdiction est définie par Balde *de Pace*, *Const. c.* 1, §. *Imperiali num.* 18, *potestas de publico introducta necessitate Jurisdictionis & æquitatis statuendæ.* Et au Titre *De allod. num.* 4, il veut que la Jurisdiction soit sur le Territoire comme une chose inanimée, de même que la servitude sur un heritage servant & dominant ; & le Magistrat est comme un sujet animé, sans lequel la Jurisdiction n'agiroit pas : Et comme une Eglise est Paroisse par l'habitude & par l'acte, de même la Jurisdiction est habituelle & actuelle ; car elle est habituelle par la puissance, & actuelle par l'exercice.

La Jurisdiction s'acquiert aussi-bien par la possession immémoriale, dont il n'y a pas de preuve; au-contraire, qui vaut Titre, comme par concession. C'est par cette possession immémoriale que les Villes d'Italie ont prescrit contre l'Empire la Jurisdiction & le *Merum Imperium* qu'elles ont. Bal. *c.* 1, *quæ sunt regalia Dec. con.* 85, *num.* 2, après les autres Docteurs qu'il allegue.

A ij

Territoire.) Ce terme Territoire vient à *ter-lo. Bal. I. 3, num. 2. Cod. de Off. Præsid. con. 378, num. 5, lib. 5.* Ce n'est autre chose qu'un petit espace de Païs muni & armé de Jurisdiction, qui en est le fondement, il n'est que la même chose que le détroit. Tout ce qui est dans un Territoire circonscrit est de la Jurisdiction, à moins que l'on ne prouve le contraire ; il se justifie, tant par la commune renommée, par témoins, que par des énoncez anciens dans les actes faits entre d'autres parties, qui sont des indices qui ont besoin d'autres adminicules. *Bal. con. 286, lib. 2, con. 468, lib. 3.*

La basse.) Par la raison que la basse Jurisdiction est comprise dans la moyenne, comme la moyenne l'est dans la haute. Le bas Justicier, au dire de Balde, *C. causam extr. de prob. num. 4,* doit connoître au-dessous de cent écus, le moyen au-dessous de trois cens, & le haut de tout ce qui excede au-de-là. *Voyez Jacob, l. More D. de Jurisdict. lect. novissima, num. 17.* & l'ancien style du Parlement, *de alta, media & bassa Jurisdict.* avec les Notes Daufr. où l'on voit ce qui est de la connoissance de l'une & de l'autre de ces Jurisdictions, & des délits & des crimes dont chacun est en droit de connoître.

* *Est fondé d'y avoir la basse.*) Ce n'est pas par la seule raison que la basse Justice est comprise dans la moyenne, comme le dit Jabely, cela peut être vrai ; mais c'est que le haut Justicier peut connoître de tous les cas de la moyenne & de la basse, & qu'il faut que ces trois dégrez soient réellement distinguez, & appartiennent à des Seigneurs differens, pour n'être pas censez compris dans la haute : & n'est nécessaire d'avoir la haute & la moyenne, c'est-à-dire, n'est nécessaire de se dire haut & moyen Justicier pour avoir la baſſe, il ſuffit que la moyenne ou la baſſe n'appartiennent pas à un autre, pour que le haut Juſticier ait les trois dégrez, il les a de droit : Ces mots, *eſt fondé d'y avoir la baſſe*, ne veulent dire autre choſe, ſinon eſt en droit de faire Acte de bas Juſticier, *quia qui plus poteſt, poteſt & minus.* Si ce n'eſt dans le cas où la baſſe Juſtice appartiendroit à un autre.]

ARTICLE II.

S'il eſt débat d'aucune choſe entre Madame & ſon Sujet, le Juge de madite Dame en connoîtra, & gardera droit à elle & à autrui, & fera proviſion & juſtice comme il appartiendra.

ARTICLE III.

Si aucun eſt convenu pardevant le Juge de ſon Superieur, & l'une des Parties veut croire l'autre par ſon ſerment, la Cauſe ſe doit vuider ſommairement & de plain, ſans en faire aucun renvoi, ſi elle ſe peut vuider par le ſerment *des Parties.*

Des Parties.) Si tout au-contraire la Cauſe ne ſe peut vuider par leur ſerment, il la faut renvoyer au Juge inférieur, par la raiſon de Balde, *L.* 1, *q.* 44. *D. de rer. diviſ.* parce que le Vaſſal, par ſon inféodation, a les droits utiles de la Juſtice, avec effet qu'il perdroit ; & en ce cas ſon Juge eſt préferé au Juge ſuperieur, *Per eâ quæ habentur in l. in cauſâ, §. fin. D. de Procur. Jacob. de Feud. q.* 34 & 42.

DES JUGES

ARTICLE IV.

Le Vaffal ou Sujet en Juftice ne peut prendre *complainte*, en cas de nouvelleté, contre fon Seigneur Jufticier ou Féodal, ayant faifi la chofe dont le Sujet fe dit Seigneur utile, ne foi dire troublé de fait à l'occafion de ladite faifie faite par autorité de Juftice; mais fe peut oppofer, appeller ou avoir recours au Superieur fi bon lui femble. Toutefois fi le Vaffal, après qu'il aura été reçû en foi & hommage, ou le Sujet aura payé les lods & ventes, eft défaifi de fait de fon Fief ou de la chofe tenuë en cenfive par le Seigneur féodal ou Cenfier, ou autrement troublé en poffeffion & faifine de ladite chofe féodale ou cenfiviere, il lui eft loifible dedans l'an & jour prendre & intenter fa complainte en matiere de faifine & de nouvelleté, & tout autre remede poffeffoire.

Complainte.) Par la raifon que le Seigneur qui a le Domaine direct, c'eft-à-dire la propriété, ne fait qu'ufer de fon droit, s'il faifit ou fait faifir faute d'homme ou de devoirs dûs & non payez, il n'a fait que faifir fa chofe & non celle de fon Vaffal & Cenfitaire, qui n'ayant que le Domaine utile, c'eft-à-dire l'ufufruit, ne peut dire qu'il en foit le maître jufques à ce qu'il ait fatisfait à ce à quoi il eft obligé par la Coutume, & qu'il ait été reçû à homme, & payé les droits & devoirs.

* Cet article nous apprend deux chofes.

La premiere, que le Vaffal non invefti ne peut former complainte contre fon Seigneur *qui le faifit*, parce que *vis-à-vis de fon Seigneur* il n'eft pas encore en poffeffion de fon Fief, il n'eft pas encore *Vaffal*, il faut être en foi pour être *Vaffal*, il ne peut former complainte que comme étant en pleine poffeffion de fon Fief, & vis-à-vis du Seigneur il n'y eft pas, tant qu'il n'eft pas en foi.

La feconde, que la faifie féodale faute d'homme ou de droit, n'eft pas un trouble, mais le remede donné par la Loi contre la contumace du Vaffal.

Quid. Si le Seigneur par toute autre voie que par faifie féodale troubloit le Vaffal, ou plutôt le poffeffeur du Fief fervant, non encore invefti, mais non encore faifi, y a-t-il lieu à complainte ? On dira que non, parce que le Seigneur ne connoît pas encore ce poffeffeur pour Vaffal, tant qu'il n'eft pas en foi. Il faut dire le contraire par deux raifons. 1°. Par cette regle coutumiere qui a lieu partout, *tant que le Seigneur dort le Vaffal veille.* C'eft-à-dire, que tant que le Seigneur ne faifit point féodalement, le Vaffal jouit de fon Fief *pleno jure*, dès-là il ne peut être troublé par le Seigneur. 2°. C'eft que la Coutume ne donne au Seigneur contre le Vaffal contumax que la voie de le faifir féodalement, & quand il ne le faifit point, toute autre voie de trouble lui eft interdite, comme à tout autre Particulier.

En cette Coutume, fuivant Jabely fur cet article, le Seigneur peut faifir féodalement pour fes droits, comme faute d'homme, il n'eft pas obligé de cumuler l'un & l'autre. *Vide* art. 180, *infra.*]

ARTICLE V.

Fief, reffort, & directe Seigneurie n'ont rien de *commun*; & peut être le Fief & foi & hommage à une perfonne, & la Jurifdiction de la chofe féodale & directe à un autre.

Commun.) Ce qui eft conforme au dire de Balde, L. *à Procuratore Cod. mandati*, où il dit, *nihil habet commune proprietas fundorum cum proprietate Jurifdictionis, uno tranflato reliquum non transfertur.* C'eft pourquoi Dumoulin fur la Coutume de Paris, §. 1, *Gloff.* 5, num. 45, dit, *Jurifdictio per fe fubfiftere, & feparari falva fua fubftantia à caftro prædiis rebus feudalibus quæ poterunt effe unius & Jurifdictio alterius.*

C'eft la raifon pour laquelle le même Balde, §. *E contrario de inveft. de alien.* dit, que *Jurifdictio non ftat per fe, fed ipfi territorio cohæret, contrarium videtur quod mœnia caftri poffunt effe unius & Jurifdictio poteft effe alterius : ergo funt ad invicem non folùm feparabilia, fed etiam feparata.*

Même le Territoire peut être fans Jurifdiction, & la Jurifdiction fans Territoire. *Barth. l.* 1, *col. fin. D. de Jurifdict. omn. jud.* Voyez les décifions 518 & 551 de Guy-Pape; Ferrerius, & les autres Docteurs deffus, qui rapportent d'autres raifons de diverfité de la Jurifdiction & de Fief. Pontanus fur l'article 65 de la Coutume de Blois, Dumoulin fur celle de Paris, §. 1, *Gloff.* 5, *q.* 4, *n.* 44. *Jacobin. de Feud. in verbo de Caftro, num.* 8, où il dit : *Aliud eft proprietas feudorum, aliud proprietas Jurifdictionis, unde uno conceffo non intelligitur conceffum aliud per ea quæ notat & fcribit*

Inn. in C. ex Litteris de Jure Patron. qui ont épuisé la matiere.

En effet, ils font tous tenus à differens Titres, fi-bien qu'encore que l'on puisse être à même-tems Seigneur de Fief ou de directe Seigneurie, & de la Justice tout ensemble cumulativement, il ne s'ensuit néanmoins pas de-là que celui qui est Seigneur de Fief ou de Directe le doive être de la Justice ; car la Justice étant accessoire au Fief, l'un & l'autre peuvent, sans aucun inconvenient, subsister d'eux-mêmes séparément, sans qu'ils ayent besoin l'un de l'autre : tellement que le Fief vendu étant transferé à l'Acheteur, la Justice ne l'est pas pour cela, dit Dec. *Con.* 249, *num.* 2, *con.* 484, *num.* 9, & suivant après Balde.

La même chose est du ressort & de la Jurisdiction, qui font subordinez l'un à l'autre ; car qui a dans cette Coutume la Justice n'y a pas le ressort qui peut être à un autre Seigneur auquel ressortissent les appellations des premiers Juges des Seigneurs Justiciers, differens du Seigneur du ressort, articles 102, 105 & 108, *infrà*. C'est pourquoi le Roi Charles V. ayant accordé la Guyenne à l'Anglois, avec les Vassaux & le droit de Jurisdiction sur eux, lui refusa le droit de ressort, qu'il retint comme Souverain, pour connoître des appellations de la Province.

★ Cet article est simple & est dans le Droit commun, il sert d'explication juste à l'article 177 *infrà*.]

ARTICLE VI.

Les Habitans en aucune Justice qui n'ont Corps commun ou Consulat, ne se peuvent assembler pour faire Congrégation pour les affaires communes ou autres, sans deman-

der licence au Seigneur Juſticier ou à ſes
Officiers, ſur peine d'amende ; mais ſi la
licence leur eſt refuſée, & ils ont déclaré à
la Juſtice la cauſe de leur aſſemblée, &
elle eſt licite & honnête, ils ſe peuvent
aſſembler & parler de leurs affaires, dont
ils ont fait déclaration, nonobſtant que la
licence leur fut *refuſée*.

Refuſée.) Et ceux qui ont Corps commun &
Syndic, feront la convocation par le Sergent du
Seigneur, en ſon nom, & de ſon autorité, pardevant ſon Juge, & à ſon refus pardevant le plus
ancien Praticien ; comme il a été jugé par Arrêt
de Provence dans Boniface, *Tom. 2, liv. 2, tit. 1,
c. 4.* Voyez Guy-Pape, q. 106 & 631, *num.* 18,
conformes à cet article, & dit les raiſons d'icelui
que je ne rapporte pas ici.

Article VII.

Sequeſtre ne complainte en cas de nouvelleté, n'ont point de lieu en choſes meubles ; mais ſi a bien exhibition.

* Cet article peut fort bien s'expliquer par le
quatre-vingt-dix-ſeptiéme de la Coutume de Paris, & ne doit s'entendre que du meuble particulier, & non de l'univerſalité de meubles, comme
le dit Paris : car on peut former complainte pour
une univerſalité de meubles.]

Article VIII.

Celui à qui eſt déferé le ſerment judiciellement par ſa Partie n'eſt tenu l'acce-

pter s'il ne veut, sinon que la Partie veuille le croire sur ses défenses ou repliques peremptoires, lesquelles il sera tenu bailler ou déduire promptement, afin que la Partie délibère, si elle le veut, du tout croire ou foi retirer.

ARTICLE IX.

Le Juge peut décider la cause des Hôteliers, Taverniers, Regratiers ou Revendeurs publics par leur serment, jusqu'à la somme de sept sols & au-dessous, des vivres & choses prises en leurs maisons, en les demandant dans trois mois; en affirmant aussi par eux que les Défendeurs ont accoutumé de fréquenter leurs maisons, & prendre vivres, denrées, & autrefois ont été leurs créanciers.

ARTICLE X.

Femme mariée exerçant marchandise publique peut ester en jugement, tant en demandant qu'en défendant, sans autorité de son mari, quant au fait de sa *marchandise.*

Voyez l'article 296, *infrà.*

Marchandise.) La même chose est du fils de famille Marchand, il peut de même s'obliger pour fait de marchandise. Argument de l'article suivant.

* *Vide* ma Note sur le deux cens quatre-vingt-seiziéme, *infrà.*]

ARTICLE XI.

Le fils de famille majeur de vingt-cinq
ans peut ester *en jugement*, en demandant
& défendant, sans autorité de son pere ;
mais le jugement ne peut audit pere *préjudicier.*

En jugement.) L'article 343 *infrà*, a pareille
disposition, il dit qu'en cas d'injures & d'excès la
femme en puissance de mari, & fils de famille
étant en puissance de pere, peuvent ester en jugement, en demandant & défendant sans autorisation : car c'est une regle que dans les cas où le
pere n'a pas d'usufruit dans les biens de son fils,
acquis ou à acquerir, son autorité n'est pas nécessaire. L. *cum oportet*, §. *necessitatem*, *Cod. de
bon. quæ lib. anch.* cón. 73, *num.* 1, & sur le C.
Si annum de Judæis. Voyez Balde, cón. 492,
liv. 3.

Caillé sur cet article erre, disant que le fils de
famille majeur de vingt-cinq ans, est tacitement
émancipé ; car la Coutume ne distinguant pas,
ce n'est pas non plus à lui à distinguer. Le fils
majeur est aussi bien en la puissance du pere comme le mineur ; car s'il étoit émancipé à vingt-
cinq ans, il ne seroit plus fils de famille, mais
pere de famille, & lui & son pere feroient deux
differentes familles distinguées & séparées, dont
le pere seroit le chef de sa famille, & le fils le
chef de la sienne ; au lieu d'une seule & même
famille que lui & son pere font, dont le pere en
est le chef, au respect duquel le fils majeur de
vingt-cinq ans est ici appellé fils de famille, &
par conséquent sous la puissance de son pere,
L. *pronuntiatio*, §. *familiæ. D. de verb. signif.*

Si-bien que si le fils de famille majeur de vingt-cinq ans est ici autorisé par la Coutume, c'est pour agir dans ce qui le regarde uniquement, comme en cas d'injures, ou pour son pécule castrense, ou quasi castrense, & autres biens du fils de famille majeur, exceptez par l'authentique *excipitur*, l'authent. *item*, & l'authent. *idem, Cod. de bon. quæ libr.* dont il a la libre disposition, & dans lesquels le pere n'a aucun usufruit, ausquels il faut restraindre & limiter la Décision 54 de Guy Pape alleguée par Caillé, les Décisions 410 & 526 du même Auteur, dont Caillé ne parle pas, & ne faut pas l'étendre aux biens maternels & adventifs, dont le pere est usufruitier, en vertu de sa puissance paternelle : de laquelle le fils ne sort que par émancipation expresse ou tacite, qui est double ; sçavoir, par le mariage du fils, & par sa demeure séparée de la compagnie de son pere, qui ne le contraint pas de retourner avec lui, comme il a été jugé en la Premiere des Enquêtes, au rapport de Monsieur Huguet, au profit de Dame Françoise de Mallesset, contre la Dame Marquise du Coudray sa sœur, par Arrêt du 16 May 1689. Tout au-contraire, cette qualité de fils de famille exprimée en l'article qui a sa relation au pere de famille, y resiste & est directement opposée.

Préjudicier.) En effet, la Coutume ajoute à la fin de l'article : mais le jugement ne peut audit pere préjudicier ; c'est-à-dire, que la condamnation obtenuë contre le fils ne s'exécutera pas sur l'usufruit des biens maternels & adventifs du fils, dont le pere est usufruitier, articles 84 & 224, *infrà* ; mais seulement sur les autres biens ci-dessus, dont le fils a l'administration. *Voyez l'art.* 317 *de la Coutume de Poitou.*

Si ce n'est que le fils s'obligeât pour fait de mar-

chandife dont le pere fe mêlât, il lui feroit préjudice, à moins que le pere n'eût protefté au-contraire, & fa proteftation inferée dans les Regiftres
& Actes publics, qu'il n'en feroit pas tenu. *Alex.*
can. 113 , *lib.* 7.

* *Le fils de famille.*) Cet article nous indique
qu'en cette Coutume on reconnoit la puiffance
paternelle, qui ne finit pas par l'âge feul, comme
le remarque Jabely, mais en trois cas; 1°. Par
émancipation expreffe ou tacite ; 2°. Par mariage; 3°. Quand après vingt-cinq ans il fait fa demeure féparée de celle de fon pere.

Cependant l'article repute ici une émancipation tacite par l'âge, à l'effet d'efter en jugement feulement , mais non une vraie émancipation ; car l'article dit , *fils de famille. Vide*
l'article 343 *infrà* , qui explique auffi le prefent
article.]

❊❊❊❊❊ ❊❊❊❊❊❊❊❊ ❊❊❊ ❊❊❊❊❊

TITRE II.

Des Sergens & autres Miniftres de Juftice , & Ajournemens.

ARTICLE XII.

SI Sergent ou Officier d'aucune Juftice
prend un malfaiteur , & il s'avouë
homme jufticiable de Madame, fans moyen,
le Juge de madite Dame le pourra prendre
en fa main & le jufticier, fi celui qui l'a-
voit pris ne veut maintenir l'avoir pris en
prefent méfait ou de chaude fuite , auquel

cas le prefent méfait ou de chaude fuite prouvé pardevant le Juge de madite Dame, fera renvoyé le Prifonnier pardevant le Juge fubalterne qui l'avoit pris, pour être puni.

Voyez ce que j'ai dit fur l'article 339 *infrà.*

ARTICLE XIII.

On ne doit ajouter foi aux ajournemens que l'on dit faits par les Sergens, & ne font crus de leurs Exploits, s'ils ne font témoignez d'un ou deux Témoins.

ARTICLE XIV.

Un ajournement fait le jour ferié, à jour ferié ou non ferié, eft bon & valable.

ARTICLE XV.

En matiere criminelle les ajournemens perfonnels & autres fur défaut en cas de ban, doivent être du moins de huitaine, fans compter le jour qu'ils font faits, & de l'affignation, qui font huit jours francs, finon que le Juge pour aucune caufe à ce le mouvant les dût abreger ou prolonger, fans préjudice au privilege des Clercs.

ARTICLE XVI.

Tous ajournemens fimples faits pardevant Châtelains ou Juges inferieurs, fe peuvent faire par les Sergens, fans commifsion ni mandement de Juge, par écrit ou de bouche, à la requête de Partie ; mais pardevant le Senéchal & Bailli du Païs y faut commission par scel & par écrit, & aussi en tous Exploits formels pardevant tous Juges.

ARTICLE XVII.

Lesdits ajournemens, en cas de Ban, seront faits ès domiciles des absens, si aucuns en ont en la Jurisdiction du Juge qui les décernera ; & outre, à cri public ès lieux accoutumez de faire cris en la Jurisdiction du lieu du délit ; & ce fait, seront appellez en jugement aux lieux & jours assignez : & s'ils n'ont domicile en la Jurisdiction, suffit faire les ajournemens par cri public au lieu du délit, en la place où les cris ont accoutumé être faits, & en faisant appeller la Cause en jugement au jour assigné. Tels ajournemens sont valables en haine des défaillans.

TITRE

TITRE III.

Des Renvoyez.

ARTICLE XVIII.

LE Sujet qui fait faux aveu pour avoir son renvoi, doit être condamné en l'amende de soixante sols envers son Seigneur Justicier, & en tous les interêts & dommages de Partie.

ARTICLE XIX.

Si le Seigneur demande renvoi de son Sujet en matiere criminelle, & est trouvé que faire se doive, il doit payer les frais de Justice faits par avant ledit renvoi en la Jurisdiction du premier Juge, en lui baillant les charges & informations.

ARTICLE XX.

Si en ladite matiere criminelle le Défendeur demande renvoi ès cas, où il lui est permis de soi demander le renvoi sans son Seigneur, & est trouvé comme dessus que faire se doive, l'on doit signifier la requisition au Seigneur Justicier, pour requerir son homme, & payer les frais dedans dix jours; & s'il y fault, le premier

B

Juge en peut connoître, sinon que le requerant se veuille faire conduire à ses dépens & payer.

ARTICLE XXI.

Si plusieurs Seigneurs demandent le renvoi d'un criminel sans fraude, le Superieur ou celui qui en aura connu en peut retenir la connoissance, sans préjudice des droits des Parties.

ARTICLE XXII.

Tout homme d'Eglise, ou autre trouvé en la Jurisdiction d'aucun Juge, peut être ajourné devant Juge lay, sur vérification & reconnoissance de son seing manuel; & ne doit être délaissé ou renvoyé, qu'il ne reconnoisse ou nie, sans préjudice de ses droits; & ladite reconnoissance faite, doit être renvoyé pardevant son Juge.

ARTICLE XXIII.

Le Forain convenu à jour de marché pour sa marchandise faite ledit jour, ou pour le prix d'icelle, n'a point de renvoi, ne pareillement le délinquant en plein marché, s'il est pris en flagrant délit.

ARTICLE XXIV.

Le Procureur de Madame est reçu sans le consentement du Sujet, sans moyen, à

dèmander renvoi ou délaiſſement dudit Sujet, convenu pardevant les Juges inferieurs
de la Marche ; auſſi eſt ledit Sujet ſans
moyen ſans ledit Procureur.

ARTICLE XXV.

Celui qui eſt convenu pardevant les Juges de Madame ou autre Juge ſubalterne,
n'eſt renvoyé ſans aveu de ſon Seigneur
Juſticier ou de ſon Procureur.

ARTICLE XXVI.

Si le Procureur Fiſcal empêche le renvoi ſans cauſe raiſonnable , il doit être
condamné ès dépens de Partie en ſon privé
nom.

TITRE IV.

Des Procureurs.

ARTICLE XXVII.

LE mari pour les biens adventifs de ſa
femme ne autres, poſé qu'il ſoit con-
jointe perſonne, n'eſt reçu comme Procureur
s'il n'a procuration & charge de la Partie;
néanmoins le mari pour les meubles, conquêts & biens dotaux de ſa femme, peut
agir & être convenu ſans procuration de
ſadite femme.

B ij

Voyez l'article *295 infrà*, & mes Notes deſſus,
& Alex. *con.* 63, *num.* 5 & ſuivans, liv. 2.

ARTICLE XXVIII.

Chacun eſt reçu, en matiere civile, à
plaider & comparoir par Procureur, ſinon
que par le Juge autrement en fût ordonné.

ARTICLE XXIX.

Le Procureur qui a conteſté Cauſe eſt
tenu de paſſer outre & prendre appointement, ſur peine d'amende.

❖❖❖❖❖❖❖❖❖❖ ❖❖❖❖❖❖❖❖❖❖

TITRE V.

Des Aſſuremens.

ARTICLE XXX.

AJOURNEMENT en matiere d'aſſurement
ſe peut faire par Sergent ſans commiſſion par écrit ni mandement de Juge, &
ſuffit qu'il ſoit fait à requête de Partie.

ARTICLE XXXI.

En matiere d'aſſurement les Parties ſont
tenuës comparoir en perſonne ou en lettres
de procuration expreſſe au cas, juſques à
ce que de la comparoiſſance perſonnelle
par le Juge autrement ſoit ordonné.

Article XXXII.

Infraction d'assurement emporte la hart; tellement que celui qui est convaincu l'avoir enfraint en corps doit être puni en peine corporelle ou autrement à la discretion du Juge; & s'il est enfraint en biens, la peine est arbitraire.

Article XXXIII.

En matiere d'assurement le Demandeur au jour de l'assignation sera tenu affirmer par son serment la doutance pardevant le Juge, & le Défendeur est tenu bailler ledit assurement au Demandeur & par serment; & s'il veut jurer doutance de sa part, & requiert assurement, il l'aura sans autre ajournement.

Article XXXIV.

L'assurement est reputé enfraint, si celui qui a fait faire l'ajournement en cas d'assurement a été outragé par l'ajourné depuis ledit ajournement.

Article XXXV.

Pour obvier aux vexations, l'on ne pourra demander assurement qu'une fois en l'an entre mêmes Parties; néanmoins s'il ne le demande après l'an, l'assurement est perpetuel, sinon que l'on s'en soit départi.

ARTICLE XXXVI.

Si la Partie ajournée en cas d'affurement fait défaut, le Juge par vertu d'icelui peut ordonner prife de corps, fi l'ajournement eft fait à perfonne, & ait délai competant pour comparoir : mais fi ledit ajournement eft fait feulement à domicile devant que le Juge puiffe décerner prife de corps par vertu dudit défaut, eft requis qu'il y ait information fuffifante, pour montrer que celui qui demandoit l'affurement a été offenfé ou menacé, & par ce moyen qu'il a jufte caufe de demander ledit affurement.

TITRE VI.

Des Notaires & Tabellions.

ARTICLE XXXVII.

LETTRES *non perpetuelles*, comme obligations, louages & autres, ne fe peuvent regroffoyer fans autorité de Juftice, & Partie qui y a interêt appellée.

* *Lettres non perpétuelles.*) Il femble que cet article limite la prohibition de regroffoyer aux fimples obligations ou baux ; néanmoins comme cela concerne l'hipoteque fur les biens de l'obligé, il faut l'étendre à tous contrats & actes paffez devant Notaires, & qui fe groffoyent.

Mais de quel jour cette seconde groffe pourra-t-elle donner hipoteque? Eft-ce du jour du contrat, ou de la seconde groffe expédiée? Le Parlement de Paris juge que le créancier vis-à-vis d'autres créanciers n'a d'hipoteque qu'après les autres, & c'eft la bonne Jurifprudence, pour éviter la fraude & la collufion avec une Partie obligée qui peut, en confentant, faire revivre une créance éteinte.

L'article ne diftingue point les Notaires Roïaux des Notaires fubalternes, néanmoins je crois qu'il faut les diftinguer. Les actes des Notaires fubalternes ont hipoteque du jour du contrat, comme ceux des Notaires Royaux, mais ils n'ont d'exécution parée hors le Territoire, que lorfqu'il y a Sentence du Juge Royal qui les déclare exécutoires.]

ARTICLE XXXVIII.

Tous Notaires font tenus, fur peine d'amende arbitraire, de faire protocole des lettres perpetuelles par eux reçuës.

* Je crois que cet article doit être étendu à tous actes dont on fait minute.]

ARTICLE XXXIX.

Lefdits Notaires doivent inferer en leurs Notes & Lettres qu'ils reçoivent *le lieu auquel ils les reçoivent ;* autrement lefdites Lettres font reputées écriture pure privée, & auront les Parties intereffées par faute de ce que dit eft, leur recours contre lefdits Notaires, de tous leurs dépens, dommages & interêts.

* *Le lieu auquel ils les reçoivent.*] Pour fça-voir fi c'eft en l'Etude, ou chez l'un des contrac-tans, ou en maifon tierce. Tout cela peut occa-fionner des conteftations, & furtout les recon-noiffances d'heritages ferf, ou mortaillable, qui ne doivent pas être paffées en la maifon du Sei-gneur à peine de nullité. Arrêt du 9 Janvier 1603, rapporté par Jabely *infrà* fur l'art. 125.]

ARTICLE XL.

Lefdits Notaires doivent connoître les Témoins qu'ils inferent pour prefens en leurs Notes ou Lettres, fur peine d'amende arbitraire.

* Ils doivent auffi faire figner les Parties & les Témoins, ou s'ils ne peuvent ou ne fçavent écrire ni figner, ils doivent en faire mention, & de l'interpellation qu'ils en ont faite. Cela eft d'Or-donnance.]

TITRE VII.

Des Dilations.

ARTICLE XLI.

JUGES *peuvent arbitrer* tous délais en toutes Inftances pendantes pardevant eux, felon la qualité des perfonnages & matieres dont eft queftion.

* *Juges peuvent arbitrer.*] Cela eft bon dans
les

les cas extraordinaires & preſſez ; mais l'Ordonnance de 1667 preſcrit les délais, & comme elle déroge à toutes Coutumes, article dernier, elle doit être ſuivie.]

Article XLII.

En cauſes d'appel, en ſurſéance de Séqueſtre, en recréance, en reproches de Témoins, & autres choſes incidentes en un Procès, n'y a qu'un ſeul délai de faire Enquête : En action perſonnelle, non excedant dix livres, n'y a que deux délais de faire Enquête : En Procès ordinaires, y a trois délais de faire Enquête, & le quart avec connoiſſance de cauſe, & non plus ; & ſont les délais communs aux Demandeurs & Défendeurs, & à la derniere ſe doit faire production de Titre, & prendre délai de bailler contredits.

* *Vide* l'Ordonnance de 1667, Titre des Enquêtes.]

Article XLIII.

Le délai à déliberer d'être heritier d'aucun eſt arbitraire ; ayant égard à la qualité des Parties & diſtance des lieux ; & en telle Inſtance n'y a point de renvoi.

* L'Ordonnance de 1667, Titre 7, article 1, regle le délai pour déliberer, & c'eſt à cette Ordonnance qu'il faut s'arrêter.]

C

TITRE VIII.

Des Défauts, Contumaces & Amendes.

* Pour ce Titre voyez l'Ordonnance de 1667, & celle de 1670.]

ARTICLE XLIV.

EN vertu de quatre défauts bien continuez donnez contre un ajourné en cas d'excès, *visis informationibus*, l'on peut proceder à Sentence définitive sans recoler l'information.

ARTICLE XLV.

En matiere d'exécution de meubles, adjudication de décret, matieres de nouvelleté & autres possessoires, enterinement de Lettres Royaux pour obmissions de Procès *re integra*, vérifications de cedules, cessions de biens, inhibitions & défenses, plainte de tortionaire exécution, le défaut obtenu en vertu d'ajournement bien témoigné emporte *re integra*, gain de Cause, & *è contra*.

ARTICLE XLVI.

En matiere civile par quatre défauts

dûëment continuez, le Juge peut proceder
à Sentence définitive, & adjuger au Demandeur fes fins & conclufions, s'il lui
apert du contenu en la demande par lettres
ou témoins; & fi le Demandeur ne peut
prouver fa demande par lettres ou témoins,
en ce cas contre la Partie défaillante pourra
prendre commiffion, pour lui déferer ou
référer; & fi contre la Partie ajournée obtient défaut, en ce cas fera cru par ferment
du contenu en fa demande.

ARTICLE XLVII.

Après conteftation de Caufe, ou que les
Parties ont une fois comparu, fi l'une tombe en défaut, le défaut emporte tel profit;
c'eft à fçavoir, que le défaillant eft forclos
de faire ce qu'il devoit faire le jour de l'affignation, & eft condamné ès dépens du
défaut.

ARTICLE XLVIII.

En toutes matieres le Demandeur eft
tenu de montrer l'affignation précedente,
pourtant procedera par écrit, s'il en eft re-
qüis par le Défendeur, autrement le Défendeur doit avoir dépens, & la Cour défaut, qui emporte fept fols; & néanmoins
eft tenu le Défendeur comparoir à l'affife
enfuivant; & fi le Demandeur ne compare
& faffe aparoir de jour, le Défendeur aura

congé, qui emporte abfolution de l'inftance, condamnation de dépens, & l'amende du principal à la Cour.

ARTICLE XLIX.

En matiere de réintegration par Lettres Royaux ou autrement, le Demandeur par vertu du premier défaut peut faire aparoir de fa fpoliation au Juge, & ce fait fans autre réajournement, le Juge peut proceder à ladite réintegration.

ARTICLE L.

La demande en toutes matieres doit être inferée dedans le premier défaut, ou attachée à icelui, pour juger ledit défaut ou les autres fubféquens, autrement le Juge n'y doit avoir égard, & ne font les défauts réputez bien obtenus.

ARTICLE LI.

Tous défauts & congez foit obtenus contre le Demandeur ou Défendeur emportent dépens, foit avant conteftation de Caufe ou après, & font préjudiciaux contre le Demandeur, & exécutoires contre le Défendeur.

ARTICLE LII.

Congé ou défaut en caufe d'appel obtenu par l'Intimé contre l'Appelant où il n'y a anticipation, emporte gain de Caufe *re in-tegra*; mais à l'Appelant contre l'Intimé faut deux défauts : tellement que fi ledit Intimé eft tombé au premier défaut, & ré-ajourné il veut proceder, il doit être reçu en refondant les dépens du premier défaut, s'il eft bien obtenu.

ARTICLE LIII.

Et à l'Intimé contre l'Appelant où il y a anticipation, faut deux défauts pour ob-tenir gain de Caufe, foit en affife ou dehors.

ARTICLE LIV.

Quand les Parties relatent être d'accord en matiere pure civile ou autre, pour la-quelle on a accoutumé avoir amende cer-taine, qu'on appelle l'amende de la Cour, l'amende doit être déclarée par main com-mune, fauf l'accord ; & fi en la matiere de laquelle les Parties ont appointé, l'a-mende eft arbitraire, le Juge doit juger l'amende fur celle des Parties qu'il appar-tiendra, vû par lui ledit accord & merite du Procès.

ARTICLE LV.

Pour ce qu'en diverfes Cours dudit Païs y a diverfité de taxe d'exploits & émolu-ment de Cour, comme défauts, amendes de Sequeftre, amendes en matieres civiles

C iij

& autres ordinaires, les Juges des Seigneurs Jufticiers en uferont en leurs confciences comme ils devront; mais où il fera queftion d'amende arbitraire, ils la jugeront & taxeront par même Sentence, afin que la Partie condamnée puiffe acquiefcer ou appeller.

TITRE IX.

Des recufations baillées contre les Juges.

ARTICLE LVI.

SI la Partie recufe le Juge foit ordinaire ou délegué, & les caufes de recufation font impertinentes ou notoirement fauffes, il fe peut déclarer Juge competent; mais autrement il doit fuperceder & bailler Arbitres de droits pour connoître d'icelles, & leur préfiger tems pour ce faire : Et fi dedans ledit tems à eux ordonné elles ne font jugées, & que la Partie recufant foit négligent de les faire vuider, le Juge recufé peut paffer outre; fi les caufes de recufation font trouvées non véritables, le recufant doit être condamné par lefdits Arbitres en tous les dépens, dommages & interêts de Partie pour la retardation du Procès, & en l'amende arbitraire envers le Seigneur, pour l'injure faite à son Officier.

* Pour l'explication de cet article, *vide* l'Ordonnance de 1667, tit. 24.]

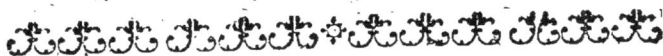

TITRE X.

Des objets & reproches de Témoins.

* Ce Titre doit être expliqué par les Ordonnances de 1667 & 1670.]

ARTICLE LVII.

OBJETS de fait se doivent bailler avant rapport ou publication d'Enquête.

ARTICLE LVIII.

Juges ne doivent appointer à faire Enquête sur reproches, sans premier avoir vû tout le Procès, & jugé si les faits sont recevables.

ARTICLE LIX.

Objets concernans crime ou infamie pour débouter du tout le Témoin en matiere civile, ne sont recevables, qui ne fait apparoir de condamnation ou composition d'amende, ou s'ils ne sont totalement notoires.

C iiij

ARTICLE LX.

En matieres criminelles tous objets font arbitraires.

ARTICLE LXI.

Reproches de Témoin examinez fur reproches ne fe doivent admettre fans grande connoiffance de caufe.

ARTICLE LXII.

Objet que le Témoin eft excommunié n'a point *de lieu* en Cour Laye : auffi n'ont lieu objets generaux, fans fpécifier le cas.

De lieu.) La même chofe eft du Défendeur qui n'eft pas non plus exclus de fe défendre, fous prétexte qu'il feroit excommunié; car tout ce qu'il fait n'eft que pour fa défenfe. *Alex. con.* 103, *num.* 8, *lib.* 5.

ARTICLE LXIII.

Combien que par ci-devant les Parties n'euffent publication de leurs Enquêtes, ains feulement de celles de leurs Parties adverfes, toutefois pour le bien du Païs, a été avifé par lefdits Etats, que dorénavant les Parties auront publication de leurs Enquêtes, comme ils avoient de celles de leurs Parties adverfes, & que tant en matieres perfonnelles, provifionnelles qu'ès matieres de fourniſſement, ſurſéance de Sequeſtre, d'alimens, médicamens, de doüaires, dation de tutelles, matieres criminelles; & auſſi en autres incidens qui ne ſont déciſifs des matieres principales, publication d'Enquête, n'aura lieu, ne auſſi reproches de Témoins; mais ſi l'Enquête faite èſdites Inſtances & matiere eſt employée à la matiere principale, les Témoins deſdites Enquêtes pourront être reprochez audit principal, & ſeront leſdites Enquêtes publiées.

TITRE XI.

De Ceſſion de biens, & des Répis d'un & de cinq ans.

ARTICLE LXIV.

CELUI qui veut faire ceſſion de biens doit comparoir judiciellement en perſonne, & ne la peut faire par Procureur, & doit faire ſerment ſolemnel pardevant le Juge qu'il ne fait ladite ceſſion pour frauder ſes créanciers, ne fait aucune aliénation pour les décevoir; indiquera & fera exhibition de ſes biens à ſes créanciers, ſi requis en eſt, & que s'il vient à meilleure fortune de biens, il ſatisfera; & ce fait en figne d'abandonnement de fes biens, fe doit defceindre & jetter fa ceinture à terre.

* *Vide* l'Ordonnance du Commerce de 1673, titre 10.]

ARTICLE LXV.

Le Juge après la ceffion ainfi faite doit bailler Curateur aux biens à la requête des créanciers.

ARTICLE LXVI.

Répis à un ou cinq ans n'ont point de lieu contre les condamnez en Cour laye, foit par conftitution de Procureur, ou pleine connoiffance de caufe. N'ont auffi lieu contre le mari pourfuivant la dot de fa femme, ne contre la femme pourfuivant la reftitution de fa dot & payement de doüaire, & pareillement n'ont lieu où l'Impétrant auroit renoncé à l'impétration d'iceux.

* *Vide* ladite Ordonnance du Commerce, titre 9, & la Déclaration du Roi du 23 Novembre 1699.]

ARTICLE LXVII.

Receveurs, Locatifs, Locateurs, Fermiers, ou Accenfeurs ne fe peuvent aider des répis à un ou cinq ans contre leurs Maîtres ou Seigneurs, fi n'eft que depuis leurs obligations paffées trois ans fuffent échus.

ARTICLE LXVIII.

Acheteurs d'aucune marchandise qui encore l'ont en leur puissance, ne se peuvent aider de répi.

ARTICLE LXIX.

Redevables de censive, rente ou parciere, taille franche ou serve, ou autres droits seigneuriaux, ne se peuvent aider de répis contre ceux à qui le doivent.

TITRE XII.

Du Bail de Mineurs entre Nobles, & tutelles de Roturiers.

✿ Article LXX. Bail a lieu entre Nobles.]

ARTICLE LXX.

ENtre Nobles *Bail* de mineurs a lieu en la Marche au pere & à la mere seulement, si ladite mere est âgée de vingt-cinq ans ; & si ledit mineur n'a pere ou mere au-dessus de vingt-cinq ans, lui doit être pourvû de Tuteur ou Curateur par le Juge, appellez les parens, tant du côté paternel que maternel.

Bail.) Voyez Chenu, question 20, & le Plaidoyé de Monfieur Ottement, Avocat General, qui y eft inferé, où il dit que ce terme, *Bail*, vient de ce que, comme on appelle Baillif celui auquel on donne la Juftice en garde : de même on appelle Bail de mineurs de ce que l'on confie leurs perfonnes & leurs biens à leurs Tuteurs, & leurs pere & mere ayant accepté le Bail avec les charges, ils ne peuvent être reftituez contre l'acceptation, ainfi qu'il a été jugé par Arrêt rapporté dans le Journal des Audiences, *Tom.* 1, *chap.* 132.

Tel Bail ne fe donne pas à tous les collateraux, quoique domiciliez dans les Coutumes où les pere & mere des mineurs étoient demeurans, & où ils font décedez; mais aux feuls pere, mere & freres, bien que les biens fuffent fituez ailleurs; ainfi qu'il a été jugé par autre Arrêt rapporté dans le même Journal des Audiences, *Liv.* 4, *chap* 35.

* Le Bail dont parle ce titre eft la garde-noble; la Coutume diftingue les Nobles & les Roturiers; le Bail a lieu entre Nobles, article 70, & non entre Roturiers, art. 78, *infrà.*}

ARTICLE LXXI.

S'il y a un frere du côté paternel en âge de vingt-cinq ans, & auffi la mere au tems du trépas de fon mari eft moindre de vingt-cinq ans, le frere fera *préferé* à avoir le Bail de fes freres mineurs & en bas âge avant la mere.

Préferé.) *Quia virile confilium potentius eft fragili confilio mulierum. Bal. con.* 385, *lib.* 2. Comme le frere majeur de vingt-cinq ans eft préferé à la mere mineure, il faut conclure que quand il n'y a ni pere ni mere, le Bail de ſes freres & ſœurs impuberes lui appartient.

* Auſſi ſi la mere a vingt-cinq ans, elle eſt préferée au frere. Art. 83.]

ARTICLE LXXII.

La mere ayant le Bail de ſes enfans mineurs, s'il y a filles, elle ne les peut marier ſans appeller des prochains parens du côté paternel, pour le moins juſques au nombre de quatre, autrement eſt amendable, & ſi perdra ſon Bail.

ARTICLE LXXIII.

Bail de mineurs entre Nobles, dure quant aux mâles juſques à quatorze ans, & quant aux filles juſques à douze ans; & à ſemblable tems finit la tutelle des non Nobles.

ARTICLE LXXIV.

Celui ou celle qui prend Bail de mineurs fait tous les fruits des heritages du mineur ſiens durant ledit Bail. Et s'il y a Etangs, Bois taillis ou autre revenu, il les peut pêcher, couper & prendre le profit ſelon les ſaiſons & années que le défunt les avoit accoutumé ou devoit prendre à l'uſage du Païs.

* Cet article 74, & les 75 & 76 peuvent être expliquez par le 267 de Paris.]

ARTICLE LXXV.

Celui qui a le Bail doit entretenir les heritages du mineur, & à la fin de ladite garde rendre lesdits heritages en bon & suffisant état. Et si ledit Bailliftre dépopule ou empire lesdits heritages, il doit perdre le Bail, & audit cas doit être pourvû de Tuteur audit mineur : & néanmoins sera ledit Bailliftre tenu envers le mineur en tous dommages & interêts , provenus à cause de ladite dépopulation & empirement.

ARTICLE LXXVI.

Celui qui prend Bail doit rendre quitte la Terre du pupille, le nourrir & alimenter felon l'état des Parties, payer ses dettes *perfonnelles* , reftituer les meubles qui feroient trouvez au tems du Bail , dont il eft tenu faire inventaire , en lui délivrant le Bail.

Perfonnelles.) Voyez Guy-Pape , décifion 541, & les Docteurs deffus , furtout Ferrerius.

ARTICLE LXXVII.

S'il n'y a qui veuille prendre le Bail où à qui il appartienne , le Juge doit bailler tutelle.

ARTICLE LXXVIII.

Entre Roturiers & non Nobles n'a point de Bail.

ARTICLE LXXIX.

Combien que le Bailliftre en la qualité de
Bailliftre ne foit capable, foit en demandant ou en défendant, agir ou défendre en
matiere pétitoire, toutefois en la qualité de
Tuteur ou legitime Adminiftrateur, pourra
agir & défendre èfdites matieres réelles &
pétitoires.

ARTICLE LXXX.

Si Gentilhomme prend en mariage femme roturiere, elle aura après la mort du
pere le Bail de fes enfans mineurs, & jouira du privilege de Gentilfemme, tandis
qu'elle demeurera *veuve*.

Veuve.) *Fulget radiis mariti.* Si au-contraire
un Roturier époufe une femme noble, elle n'aura
pas le Bail de fes enfans, non plus que la Roturiere veuve d'un Roturier; car elle a dérogé, &
les chofes à fon égard font réduites au Droit
commun.

ARTICLE LXXXI.

Femme ayant Bail le perd fi elle fe remarie.

* Il n'en eft pas ainfi du pere qui en fe re-
mariant ne perd le Bail, & n'eft tenu qu'alors
de faire inventaire. Art. 84 *infrà*.]

ARTICLE LXXXII.

Entre Roturiers francs ou serfs, tutelle de mineurs doit être baillée par Juge competant à mineurs, c'est à sçavoir à la fille moindre de douze ans, & au mâle moindre de quatorze ans.

ARTICLE LXXXIII.

La mere âgée de vingt-cinq ans est préferée au frere en la tutelle de ses enfans mineurs, & le frere aîné âgé de vingt-cinq ans à tous autres, fors à l'ayeul *paternel*, s'il est en vie.

Paternel.) A cause qu'en Droit Civil les enfans tombent sous la puissance de l'ayeul paternel, *Maynard, liv. 6, chap. 52*, si ce n'est qu'il fût d'un âge décrepit, ou qu'il voulût marier ses petites-filles desavantageusement, en ce cas la tutelle seroit à l'arbitrage du Juge. *Arrêt de Provence dans Boniface, tome 1, liv. 5, tit. 2, chap. 2.*

Mais il faut que la mere demande la tutelle au Juge, qu'elle soit par lui confirmée Tutrice, & qu'elle fasse inventaire, article 84 suivant. *Cur. Sen. con. 66, num. 16.* La Coutume ne disant pas le tems dans lequel elle doit demander la tutelle. Les choses sont réduites au Droit commun, qui veut que ce soit le plutôt que faire se pourra, pour le plus tard dans quatre mois, après lesquels on donnera un autre Tuteur, *Alex. con. 109, num. 3, liv. 3.* Si le défunt ne laisse pas d'enfans, mais sa femme grosse; dans le concours de la mere & de l'ayeul, la mere grosse est mise

en

en poffeffion des biens du pofthume, qui eft une partie de fes entrailles ; elle les adminiftre, & le droit de la mere eft plus fort en cela que celui de l'ayeul, *Bal. con.* 126 , *liv.* 1 , & l'enfant étant né elle en fera Tutrice, ou fi elle étoit morte en couche ou autrement, l'ayeul paternel fera Tuteur. S'il étoit fufpect, on ne lui fera pas l'injure que de lui refufer la tutelle, ni de la lui ôter s'il l'avoit. Le droit du fang ne le permet pas ; mais on lui affocie une perfonne digne de foi dans l'adminiftration, afin que le bien du mineur ne foit par lui diffipé. *Bal. con.* 137 , *au même livre* 1.

S'il n'y a que l'ayeul paternel & la mere qui veuillent être Tuteurs, la mere comme Tutrice legitime fera préferée, puifqu'elle l'eft à l'ayeul paternel, & dans le concours de l'ayeul maternel & du frere de pere des mineurs, la mere mineure ou morte, l'ayeul maternel eft préferé, s'il n'eft pas fufpect. *Dec. con.* 188.

ARTICLE LXXXIV.

La mere & tous autres Tuteurs teftamentaires & legitimes fe doivent *donner* & confirmer par Juge competant, & font tenus tous Tuteurs & Tutrices & legitimes Adminiftrateurs faire *Inventaire* dedans quarante jours, & avant qu'eux entremettre en l'adminiftration, fur peine d'amende arbitraire, excepté le pere qui eft legitime Adminiftrateur des biens adventifs de fes enfans, & fait les fruits fiens, & n'eft tenu faire inventaire s'il ne fe remarie : mais s'il convole *à autres noces*, eft tenu avant le mariage faire inventaire fur peine d'être privé de l'ufufruit qu'il a ès biens maternels ou adventifs de fes enfans.

Donner.) La mere préferablement à tous les autres, fi elle n'a pas été en demeure de la demander & de l'accepter, en ce cas fi elle l'avoit refufée, elle en feroit excluse, *Dec. con.* 16, *n.* 6. Il en faut dire la même chofe de l'ayeule paternelle & de la maternelle que de la mere comprife, non-feulement fous ces termes generaux & autres Tuteurs; mais fous celui de mere, qui peuvent être de même Tutrices au défaut de la mere morte ou mineure, ou refufante, ou de l'ayeul, fans faire difference fi elles font débitrices ou créancieres de leurs petits-enfans mineurs. *Auth. ut fine prohib. debit. & cred. matr. cum gloffa in verbo matrem;* & telles tutelles font irrégulieres, on n'y garde pas les regles que l'on garde aux autres. *Alex. con.* 100, *num.* 2 *&* 3, *liv.* 3.

Inventaire.) *Caput rationum eft inventarium; veruntamen omnis negotiorum geftor tenetur facere inventarium, ut de cond. & demonf. l. cum fervus l. cum tale in principio, & ideo dicta mater officio Judicis compellitur inventarium facere, ut defcribantur bona, ut Cod. de Jur. fifci, l. Facultas, lib.* 10. *Bal. con.* 13.6, *lib.* 5, par la raifon que la mere & les autres Tuteurs doivent rendre compte des fruits, article 85 fuivant, après la glofe *in l. fi quis prioris. §. fin. Cod. de fecund. nupt.* Il en faut dire de même de la mere Curatrice & des autres Curateurs donnez à des prodigues & à des furieux; car ils font femblablement tenus faire inventaire. *Bart. l. fin. Cod. de cur. fur. Dec. con.* 274, *num.* 4.

A autres noces.) *Argum. decif.* Guy-Pape & les autres Docteurs deffus: Et bien que le pere remarié ne doive pas donner caution, parce qu'il fait les fruits siens, à cause de la puissance paternelle, il doit néanmoins faire inventaire, non-seulement parce qu'après sa mort les choses inventoriées doivent être restituées à ses enfans du premier lit ; mais parce qu'une telle description est nécessaire, & ne fait de préjudice à aucun, *L. facultas*, *Cod. de Jur. fif. liv.* 10, *& ibi per Andream de Barulo*, *Bal. con.* 173, *même livre* 1. Le pere après avoir perdu l'usufruit par le défaut d'inventaire, il en est privé pour toujours ; car ce n'est pas tant une peine qu'une provision de la Loi pour les enfans. *Alex. con.* 3, *num.* 12, *liv* 7, quand le pere perd l'administration des biens de ses enfans. *Voyez Socin. con.* 39, *num.* 1 *& suiv. liv* 1.

La même chose seroit si les enfans étoient par lui émancipez : comme il ne seroit plus siens les fruits de leurs biens maternels & adventifs, il doit aussi faire inventaire après qu'il s'est remarié. *L. Superstite*, *Cod. de dolo*, *l. licet*, *Cod. ad Leg. Falcid.*

ARTICLE LXXXV.

La mere est tenu rendre compte & reliqua de l'administration de la tutelle de ses *enfans*. Article LXXXVII. Aussi sont tous autres Tuteurs.

Enfans.) *Idem*, de l'ayeule Tutrice, sans faire difference de la maternelle d'avec l'ayeule paternelle ; l'une & l'autre sont indistinctement tenuës de rendre compte. Il n'y a que le pere seul qui en est exempt, article précédent, à moins qu'il n'eût émancipé ses enfans ; en ce cas, comme il n'auroit pû faire les fruits de leurs biens maternels &

. D ij

adventifs fiens, il leur en rendroit compte depuis leur émancipation, de même que la mere & les autres Tuteurs.

ARTICLE LXXXVI.

Si la mere veut convoler à fecondes noces elle perd la tutelle fitôt qu'elle eft *fiancée*, & le Juge du lieu incontinent les fiançailles faites fera pourvoir aux mineurs de Tuteur ou Curateur.

Fiancée.) Parce que la Loi n'a plus de confiance en elle, elle préfume au-contraire qu'elle machinera la perte de fes enfans. *L. Lex quæ*, §. *fin. D. de adminift. Tutor. & ita fervatur in judiciis.* Voyez Guy-Pape, décifion 539, & les autres Docteurs deffus, & Bart. in Auth. *Sacramentum, Cod. quando mulier Tut.* Cela s'entend quand il n'y a que la mere de Tutrice; car fi elle avoit des co-Tuteurs qui fuffent fuffifans, on n'en donneroit pas d'autres aux mineurs, il fuffiroit de le déclarer : mais fi fon mari l'avoit fait Exécutrice de fon teftament, elle ne cefferoit pas de l'être par fon convol; & fi elle vouloit y renoncer, elle pourroit être contrainte à continuer fa charge d'Exécutrice, fi elle l'avoit acceptée & commencée. *Dec. con. 91, num. 1 & 2.*

ARTICLE LXXXVII.

Inventaire des biens de mineurs fe doit faire par le Juge, ou aucun par lui commis Officier ou autre, à moindres frais que faire fe pourra.

TITRE XIII.

Des Prescriptions & Usucapions.

ARTICLE LXXXVIII.

POUR acquerir par prescription chose immeuble, il suffit avoir joui par dix ans entre presens, & vingt ans entre *absens* avec titre & *bonne foi*, selon le Droit commun, auquel s'accorde la Coutume.

Absens.) C'est-à-dire, si l'Acquereur est demeurant en une autre Coutume ou Senéchaussée que celle de la Marche, & le Vendeur dans la Marche ou Senéchaussée de Gueret, où l'heritage vendu & possedé est sis & situé ; au-contraire, si l'Acquereur demeuroit en la Coutume de la Marche ou Senéchaussée de Gueret, & le Vendeur en une autre Coutume ou Senéchaussée differente, *L.* 12, *cum in longi, Cod. de præs. long. tempor.*

Bonne foi.) Avec raison ; car si le Titre étoit vicieux & le Possesseur de mauvaise foi, il faudroit trente ans, qui vaut Titre, article suivant. Tellement que le Titre & la bonne foi n'est demandée qu'en la prescription de dix & de vingt ans seulement pour exclure la mauvaise foi. *Glos. decreti* 16, *q.* 3, *c. Si Sacerdotes*, qui dit, *qualis qualis Titulus sufficit in præscriptione longissimi temporis*, & l'article suivant.

* Cet article eſt conforme aux 113 & 114 de Paris.]

ARTICLE LXXXIX.

La preſcription de trente ans *etiam* ſans titre eſt ſuffiſante pour acquerir la Seigneurie directe, & utile action & exception à l'encontre de celui contre qui on a preſcrit, & *tous autres* ; tellement que par ladite Coutume, tous droits, actions, & autres choſes corporelles ou incorporelles, *cens, rentes & devoirs quelconques preſcriptibles* , ſe preſcrivent, acquierent & perdent, *etiam* ſans titre, par l'eſpace de trente ans continuels & accomplis contre les Lais, & de quarante ans contre l'Egliſe. Et a ladite preſcription lieu ſeulement contre ceux qui ont faculté de pourſuivre leurs droits & actions en jugement contradictoire. Et tient lieu ladite preſcription de titre & droit conſtitué, & a vigueur de tems *immémorial.*

Tous autres.) La preſcription de l'hipoteque ne preſcrit pas la choſe hipotequée, dont le tiers-Détempteur eſt le maître ; c'eſt au-contraire une exception contre l'action perſonnelle qui n'eſt pas dans la choſe, mais dans le droit de la choſe qui eſt incorporel ; ce qui paroît par la définition de l'exception, qui eſt une excluſion de l'action, au lieu que pour preſcrire la choſe il faut trente ans ; parce qu'autre choſe eſt la choſe, & autre choſe eſt l'exception. *Bal. con.* 180, *liv.* I.

Prescriptibles.) Qui dit tout n'excepte rien, *L. Julianus*, *D. de Leg. 3*, *l. fin. D. de Pen. legat.* Quelques Praticiens de la Ville de Gueret & Capitale de la Marche, demandent avec la possession encore un Titre pour prescrire les droits de servitude sur les heritages de ses voisins, compris sous ces termes, corporels ou incorporels, suivant l'article 186 de la Coutume de Paris; mais mal-à-propos, & contre l'esprit de cette Coutume & les choses jugées; car par Arrêt du premier Mars 1637, on a jugé que le nommé Simonneau, Proprietaire du Hameau de Cher-du-Prat près de Gueret & ses Gens, avoit acquis en trente ans le droit d'aller & de venir à la fontaine & au lavoir du Village de Vernet, & autres droits de servitude, quoiqu'il n'eût aucun Titre que sa seule possession trentenaire demandée par cet article, qui lui tenoit lieu de Titre.

Monsieur le Prestre, *Con. 2, c. 59*, rapporte d'autres Arrêts semblables rendus en d'autres Coutumes, qui ont pareille disposition que celle de la Marche; ce qui a été encore depuis peu jugé dans cette Coutume par Arrêt du 30 Juillet 1685, à la seconde Chambre des Enquêtes, au rapport de Monsieur de Vertamont, sur l'appel d'une Sentence de Gueret, par lequel il a été ordonné que le nommé Bounierat du Village de Chanteau près de la Ville d'Ahun, feroit preuve de sa possession de trente ans, de passer & repasser par le pré du nommé Aucouturier son voisin, pour aller au sien & en revenir.

Immémorial.) Si l'on peut renoncer à la prescription de trente ans. *Voyez mes Notes sur l'article 92 infrà.*

* *Cens, rentes & devoirs quelconques prescriptibles.*) 1°. Par rapport à la prescription de trente ans en general, on peut rapporter cet article au 118. de Paris.

2°. Je tiens que ces termes *cens* ne doivent pas s'entendre du *cens emportant directe Seigneurie*, par deux raisons.

La premiere, la Coutume ajoute, *& devoirs quelconques prescriptibles* ; cela restraint la disposition de l'article aux droits prescriptibles par leur nature & de Droit commun : Or le cens emportant directe Seigneurie, est *de sa nature & de Droit commun imprescriptible* en Païs de Coutume, même en Païs de Droit écrit. A Bordeaux la directité qui est le cens, ou la rente premiere est imprescriptible. La Peyrere, lett. P. n. 55. *Idem*, à Toulouse. La Roche Flavin des Droits Seigneuriaux, chap. 1, & ès Païs de Droit écrit, où il se prescrit comme en Dauphiné, p. e. il ne se prescrit que par cent ans. De-là on voit que l'imprescriptibilité du cens est de tout Païs, qu'au moins il faut cent ans. De-là je tiens que dans une Coutume qui ne parle que de la prescription de trente ans, à laquelle, il est vrai, elle donne force de tems immémorial, *in fine* de l'article, & qui ne parle que des *choses prescriptibles*, n'y ayant point d'autre article qui déclare le cens seigneurial prescriptible, on doit l'y juger imprescriptible.

La seconde raison, l'article 93 *infrà*, dit que le droit de Fief est imprescriptible : Or le cens emportant directe Seigneurie est un droit de Fief, combien de Fiefs qui ne sont qu'en censives.

Ainsi ce que dit Jabely sur le mot *prescriptibles*, *qui dit tout n'excepte rien*, n'est pas bon. Ce terme *cens* ne peut concerner la directe *in se*, mais bien les arrerages ou la quotité ; car par le Droit commun la quotité se prescrit, *ut dicam infrà*, article 94.

Il y a Arrêt de 1599, rapporté par M. Louet, lett. C. somm. 21, qui jugea le cens imprescriptible

ptible dans la Coutume de Nevers qui eft allo-diale.

En ce Païs les fervitudes rurales actives & paf-fives s'acquierent, & fe perdent par trente ans contre Laïcs, & quarante ans contre l'Eglife, fuivant l'Arrêt rapporté par Jabely fur cet article, & ce fans contradiction, pendant que les fervi-tudes dûes par les hommes tenans heritages ne fe prefcrivent qu'après contradiction, art. fuivant, *quod durum & iniquum.*]

ARTICLE XC.

Celui qui tient heritage en condition de fervitude ou de main-morte, peut bien prefcrire contre le Seigneur de qui il tient les devoirs de rente ordinaire, mais non pas les corvées, vinades, double d'Août & autres droits de fervitude, finon depuis le tems de *contradiction.* Auffi ne peut le Seigneur prefcrire l'heritage, que fon hom-me tenant en l'une ou l'autre defdites con-ditions a délaiffé fans faire guerpine, en quelque tems que l'homme retourne, s'il veut payer les arrerages encourus, déduc-tion faite des fruits ; finon que depuis que l'homme eft départi, le Seigneur ait fait faire à fon profit, par Sentence, adjudica-tion de tel heritage.

Contradiction.) Car le conditionné intervertit par-là fa poffeffion, parce qu'au lieu qu'aupara-vant la contradiction le conditionné étoit lui-même poffedé, ou bien il poffedoit à Titre de Précaire au nom de fon Seigneur, par la contra-

E

diction ou refus qu'il fait de lui continuer les devoirs de servitude accoutumez. Il commence à posseder par lui-même en son nom propre & privé; c'est pourquoi comme le Fermier & l'Emphitéote qui ne possedent plus au nom du Proprietaire, mais pour eux-mêmes prescrivent contre lui par trente ans la chose par eux possedée: De même le conditionné qui a possedé trente ans depuis la contradiction l'heritage conditionné, sans avoir payé au Seigneur aucun droit de servitude, a prescrit contre lui, s'est acquis la liberté, & affranchi son heritage de tout droit de servitude. *Quia natura libertatum sicut servitutum est perpetua, l. forma, §. quamquam, D. de censib. l. Servitus, D. de usufr. Bal. con. 355, num. 6, lib. 1. Specul. de emphyt. §. nunc quia num. Guy Pape decis. 316, Bart. & Bal. in auth. malè agitur, Cod. de 30, vel quad. ann. præscript.* Voyez *Alex. con. 136, num. 19 & 20, liv. 2.*

Pour acquerir une telle liberté & affranchissement, il n'est pas nécessaire d'avoir de Titre, il y en a un Texte exprès en la Loi 2, au Cod. *de præscr. long. temp. quæ pro lib. datur*, joint la glose sur ces mots, *Bona fide:* Au contraire, supposé que l'on justifiât que le conditionné fût en mauvaise foi, ayant la prescription de trente ans; comme il est semblable & égal aux ascriptifs chez les Romains, il seroit toujours par ce laps de tems en sureté & affranchi. Il y a Texte en la Loi *Omnes, Cod. de 30 vel 40, ann. præscript.* où il est dit, *in quacumque persona* & le reste: *Ibi sit liber & ex præsentis saluberrimæ legis plenissima munitione securus, & sic talis quasi possessio continuata sibi præstat firmam libertatis defensionem.* Voyez Guy-Pape en la même décision 316.

* Cette Coutume donne plus de faveur aux tailles & corvées qu'aux rentes ordinaires; les

tailles & corvées ne se prescrivent qu'après contradiction, les rentes se prescrivent par la seule possession de ne point payer par trente ou quarante ans. De même que par le payement des tailles & autres droits de servitudes, l'heritage est reputé serf, ou mortaillable, art. 125. Serf, si ces droits sont dûs à homme lay; mortaillable, s'ils sont dûs à l'Eglise.]

ARTICLE XCI.

Deniers & biens dotaux, dont le mari est négligent d'en faire poursuite pendant son mariage, se peuvent prescrire contre le mari; & la femme pour la négligence peut avoir recours sur les heritiers de son mari ou ses biens : mais si les biens dudit mari ne sont trouvez à l'heure du trépas suffisans pour soi récompenser, elle ou ses hoirs peuvent dedans *trois ans* après le trépas de son mari, avoir recours contre ceux qui tiennent ses biens, pour leur demander sesdits deniers & biens, nonobstant le laps de tems encouru durant son mariage.

Trois ans.) Ce qui est inique, de limiter à trois ans, une telle Coutume, qui limiteroit le tems de trois ans à la femme pour demander sa dot, est par tous nos Docteurs rapportez, par *Alex. con.* 172, *num.* 19, *liv. 6*, estimée nulle, comme induisant à pêcher; car il faudroit tout au moins trente ans du jour du décès du mari pour prescrire contr'elle.

ARTICLE XCII.

Faculté de racheter *toties quoties* baillée à aucun expire & se prescrit par le laps & espace de *trente ans.*

Trente ans.) Afin d'éviter l'infini. La prescription de trente ans de plus n'est pas odieuse, mais favorable ; c'est pourquoi on n'y peut renoncer, comme remarque *Barth. in L. nemo D. de legat.* 1. Et bien qu'il semble que l'Acheteur soit dans la mauvaise foi, à cause du pacte de Remeré à toujours ; néanmoins comme il ne possede que sa chose propre, il est dans la bonne foi, outre qu'encore qu'il ne pût prescrire la proprieté, il pourroit en tout cas prescrire la confirmation de la proprieté. *L. in libello, S. Si quis servum, D. de capt. & posthim. revers. Bal. con.* 303, *liv.* 1. *Socin. Jun. con.* 145 , *n.* 30 *& suivans, liv.* 1.

Cet article n'a lieu que lorsqu'il n'y a rien à redire dans le contrat de vente ; car s'il y avoit de l'usure, & que le contrat fût pignoratif, dont la faculté de Remeré est l'une des marques, la prescription, telle qu'elle fût, de trente, de quarante, de soixante, même de cent ans, n'auroit pas de lieu. *Barbat. con.* 51 , *liv.* 1. *Bal. con.* 322, *liv.* 1. *Socin. Jun. même con.* 145, *num.* 59. *Dec. L. petens, Cod. de pact. Balbus tract. de præscript. pars* 4 , *q.* 3 *in fin. de la cinquiéme partie. Maynard , liv.* 2 , *chap.* 30 , où il rapporte les Arréts de Toloïe.

Si la faculté de Remeré étoit limitée à un certain tems, durant lequel le Vendeur pourroit retirer, & que la chose fût venduë son juste prix, après quelques préjugez rendus sur des circonftances d'ufure, il femble qu'il faudroit trente ans pour prefcrire l'action du jour du Remeré expiré, s'il n'y avoit eu Sentence de déchéance, tel que l'Arrêt de la Cinqüiéme, rendu au rapport de Monfieur Hebert, du 16 Mars 1650, qui eft dans les Arrêts de cette Chambre dans Monfieur le Preftre ; néanmoins, la véritable Jurifprudence eft qu'après le tems paffé on n'y peut revenir, non pas même les mineurs, *L. Æmilius Largianus D. de min.* par la raifon que le pacte du Remeré fait partie du contrat de vente. *Cur. Sen. con.* 58. *Socin. Jun. con.* 45 & 46, *liv.* 4. *Berous con.* 121; ainfi jugé par les Arrêts de Bourdeaux dans de la Peyrere, lett. R. décif. 13.

Autrement la condition de celui qui a refervé la faculté de Remeré, pour retirer dans un certain tems, feroit plus avantageufe que celle de celui qui s'eft refervé la faculté de retirer toutefois & quantes qu'il voudroit ; car outre les trente ans du Remeré expirez, il auroit encore le tems refervé que l'autre n'auroit pas, ce qui feroit abfurde : tellement que pour éviter abfurdité, il faut conclure qu'après le tems du Remeré expiré, il n'y a plus d'action à exercer.

* L'Arrêt de 1650 cité par Jabely, ne fait pas courir les trente ans du jour de la faculté expirée, mais du jour du contrat.]

ARTICLE XCIII.

Droit de Fief ne fe peut prefcrire contre le Seigneur par le Vaffal, ne pareillement par le Seigneur contre le Vaffal, mais un Seigneur peut bien prefcrire droit de Fief fur un autre Seigneur.

* Cet article contient les difpofitions du fep-

tiéme de l'ancienne Coutume de Paris, & du cent vingt-troifiéme de la nouvelle.

La prescription du Seigneur contre le Vaffal, *& vice verfa in his qui tenentur in feudum*, eft totalement rejettée par cet article, fans la reftraindre au cas de la faifie féodale, comme quelques-uns l'ont voulu fur Paris, *fed malè*. La prefcription de Seigneur contre Seigneur eft admife fuivant les regles du Droit commun. Pourquoi *vide* mon fecond volume de mon Traité des Fiefs, Titre de la prefcription.]

ARTICLE XCIV.

La façon & maniere de payer & lever dixmes, & auffi la quotité d'icelles fe peut prefcrire par le laps & efpace de trente ans de lay à lay, & contre l'Eglife par l'efpace de quarante ans, fans que le Curé ou autre Dixmier puiffe autre chofe en demander ou quereller.

* Comme l'article précedent ne parle pas de la prefcription de la quotité du cens, on doit y appliquer la difpofition du prefent, & dire que la quotité du cens fe prefcrit par trente ans contre Laïcs, & quarante ans contre l'Eglife, non *à die contradictionis*, mais par payement continuel pendant ce tems, comme dans le cas de l'abonnement qui de Droit commun dans les devoirs annuels fe préfume après trente ans de payement égaux & continuels, parce qu'il y a néceffairement du fait du Seigneur en ce cas, il fçait quel eft le devoir qui lui eft dû, & quand il le reçoit moindre pendant trente ans, on fixe fi c'eft un devoir fujet à croître ou diminuer, il eft préfumé

juris & de jure, avoir confenti ou la réduction ou la fixation.

Par rapport aux lods & ventes, elles fe prefcrivent par trente ans, tant contre Laïcs que contre l'Eglife, cela eft de Droit general, cela ne touche que les fruits & obventions de Fief, & non le droit *in fe*, ni le bien fond de l'Eglife.]

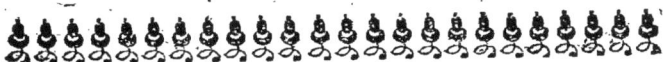

TITRE XIV.

Des Obligations, Exceptions & Compenfations.

ARTICLE XCV.

FEMME étant en puiffance de mari ne fe peut obliger pour le fait de fon mari, ne renoncer à fon profit, ne de ceux à qui fon mari peut fucceder; finon ès cas contenus au chapitre des donations, dots & mariages.

* Joignez à cet article le dixiéme *fuprà*, le deux cens quatre-vingt-feiziéme *infrà*, & la Note que j'y ai faite.]

ARTICLE XCVI.

Exception de pécune non nombrée n'a lieu, foit contre une cedule ou obligation autentique pour charger de preuve le Demandeur : mais fi celui qui eft Défendeur le veut prouver, il y fera reçu.

E iiij

ARTICLE XCVII.

Exception que le Demandeur eſt excommunié pour le repeller de ſon action, n'eſt reçue en Cour laye.

ARTICLE XCVIII.

Compenſation a lieu *liquidi ad liqui-dum*, en faiſant apparoir promptement par celui qui demande compenſation *de ſon dette*.

Liquidum.) Ce qui ſe limite aux dettes ordinaires, & ne s'étend pas au dépôt qu'il faut reſtituer, ni aux alimens & aux réintegrandes auſquelles il faut ſatisfaire, nonobſtant la compenſation oppoſée.

De ſon dette.) Sans faire différence des dépens, dommages & interêts adjugez, & non encorë taxez, d'avec d'autres ſommes liquides; car comme la taxe ne fait rien de nouveau, mais déclare ce qui eſt déja fait. L. *hæredes*, §. *ſi quid.* D. *de teſtam.* c'eſt-à-dire, qu'elle éclaircit ce qui eſt obſcur, s'ils ſont adjugez, la compenſation s'en fait comme s'ils étoient taxez.

Pourvû néanmoins que la taxe & liquidation s'en faſſe dans peu, *Cæpola Caut.* 33, car envain payeroit-on ce qu'il faudroit bientôt rendre; & ſur ce fondement par deux Arrêts, l'un de la Grand'Chambre de 1677, rendu au rapport de Monſieur Beſnard, on compenſa les frais, ſalaires & vacations de le Marchand, Procureur en la Cour, adjugez, quoique non taxez, avec la ſomme de deux mille livres qu'il devoit au ſieur Marquis du Chatel; & l'autre à la Troiſiéme des

Enquêtes, à l'Audience le   Août 1687, qui
compensa cent livres, que Damoiselle Adrienne
Fautras devoit à Fautras Procureur, son frere,
avec les dépens ausquels il avoit été condamné
envers elle, qui n'étoient pas non plus taxez.
*Voyez Ricard sur l'article 105 de la Coutume de
Paris.*

Nota. Que Barthole sur la Loi *Aufertur*, §. *qui
compensationem*, D. *de Jur. fisci*, *Joan. Fab. inst.
action.* §. *in bonæ*, & §. *sed si*, & *Alex. con.* 61,
liv. con. 93, *con.* 95, & *con.* 96, *liv.* 4, disent
que la compensation en ce cas ci-dessus, n'a lieu
que lorsque le Juge donne du tems pour payer la
dette liquide, & non pas quand le payement
doit être incessamment fait; car la Sentence ou
Arrêt doit être exécutée, nonobstant la compensation opposée, si la Coutume le veut, comme ici.

* Ajoutez ou d'une somme prête à liquider.
C'est ainsi que l'on interprete l'article 105 de
Paris, qui est conforme à celui-ci.]

ARTICLE XCIX.

Reconvention n'a point de lieu, sinon
que les Parties soient *ejusdem fori*, où elle
a lieu sans *nouvel ajournement.*

Reconvention.) Elle augmente l'exercice de la
Jurisdiction, si, par exemple, le Juge qui ne peut
connoître que jusqu'à cent livres connoît par reconvention de cinquante, il augmente sa Jurisdiction, parce qu'il acquiert par-là un degré de
Jurisdiction qu'il n'avoit pas auparavant. *Bal. de
prohib. feud. alien. per feder. C. Imperialem*,
§. *præterea num.* 13; mais c'est devant le même
Juge, & non pas devant differens.

Ajournement.) Parce que la convention a la force d'une exception. *Bal. in L. ſi conſtat, Cod. de compenſ.* dit que reconvention eſt une eſpece d'exception ; & bien que le Défendeur ſoit Demandeur en reconvention, toutefois ſimplement parlant il eſt Défendeur, au reſpect de tout le Procès ; c'eſt pourquoi l'article dit ici qu'il ne faut pas de nouveau ajournement.

Il y a de deux ſortes de reconvention ; l'une préjudicielle & obſtative, parce qu'elle fait ceſſer le cas principal ; & l'autre ſeconde, ſimple & compatible avec la cauſe principale : tellement qu'encore que la reconvention abſorbe la demande originaire, la périme, elle ne l'éteint pas quant à la Juriſdiction. *Bal. C. Imperialem, num.* 14.

Si ce n'eſt que la Juriſdiction du Juge fût limitée, comme s'il étoit bas ou moyen Juſticier, on ne pourroit reconvenir devant lui pour une choſe qui ſeroit de la compétance du Haut-Juſticier.

* *Nouvel ajournement.*) C'eſt-à-dire, que pour que le Défendeur à l'action principale, devienne Demandeur incident, il n'eſt pas beſoin qu'il donne ajournement au Demandeur originaire ; par ſes défenſes il ſe conſtituë Demandeur ; c'eſt ce que dit préciſement l'art. 106 de Paris, qui ſe rapporte à celui-ci.

Jabely dit, que ſi le cas de reconvention étoit de la compétance du Haut-Juſticier, & que la demande originaire fût portée devant un moyen Juſticier, on ne pourroit reconvenir devant lui,

Je tiens le contraire. La qualité du Juge devant lequel la demande eſt portée ne peut ôter les défenſes legitimes que le Défendeur a à propoſer : Dès que la reconvention eſt la défenſe à l'action principale, elle peut régulierement être formée devant le Juge où l'action principale est portée, parce qu'alors elle n'est qu'incidente. Tout ce que pourroit faire le Défendeur après s'être constitué Demandeur par ses défenses, ce seroit de demander le renvoi de sa demande incidente devant le Haut - Justicier, qui ensuite évoqueroit l'action principale ; mais la reconvention n'étant que les défenses à la demande principale, & y étant incidente, je crois qu'elle doit être portée & jugée devant le moyen Justicier qui est Juge du principal ; la compétance du Juge se décide & par le domicile du Défendeur, & par la nature de l'action principale, & non des défenses, s'il n'y a privilege du Défendeur, & que ses défenses dépendent de son privilege.]

TITRE XV.

Des Appellations.

ARTICLE C.

QUI n'appelle *illicò*, il n'est recevable comme Appelant.

ARTICLE CI.

L'Appelant peut renoncer dedans huit jours, & n'est le jour de l'appel en rien compté.

ARTICLE CII.

L'Appelant est tenu de relever son appellation dedans dix jours, foit que l'on appelle du Châtelain, Bailli, ou d'un Sergent, quand on veut relever pardevant le Senéchal de la Marche, ou autre Juge du Païs ayant reffort en cas d'appel; autrement l'appellation qu'il a interjettée fera déclarée déferte.

ARTICLE CIII.

L'amende du fol appel interjetté, tant des Sergens, que des Juges ou autres, eft de foixante fols contre l'Appelant & contre l'Intimé, s'il eft dit mal jugé ou exploité, ou contre l'Appellé, s'il n'y a perfonne qui prenne fa caufe, & pareillement en défertion d'appel; mais à tout ce faut déclaration de Juge.

ARTICLE CIV.

Qui eft Appelant en une caufe de fon Juge ordinaire, eft tenu de répondre en autres caufes defquelles il eft pourfuivi, finon qu'elles fuffent connexes ou dépendans de fa caufe d'appel.

ARTICLE CV.

Si aucun eft Appelant d'aucun Seigneur Jufticier, comme pour dénégation formelle de Droit, il eft exempt pendant ladite caufe d'appel en toutes fes caufes & matieres : Et s'il eft dit bien appellé par l'Appelant à dénégation de Droit, l'Appelant sera exempt de la Jurisdiction du Seigneur dont a été appellé, & demeure homme du Seigneur suzerain immédiat, à la vie de celui qui a dénié Justice, & de celui à qui elle a été déniée,

ARTICLE CVI.

Et au-contraire srladite appellation n'est trouvée bonne ne valable, l'Appelant doit être condamné en l'amende du fol appel, & en tous les dépens, dommages & intérêts envers le Seigneur,

ARTICLE CVII.

L'homme n'est reçu comme Appelant à dénégation de Droit, sans préalablement avoir sommé par écrit le Seigneur, ou ses Officiers, par trois diverses fois & intervales de tems, & à chacune d'icelles de trois en trois jours pour le moins, de lui faire & administrer Justice, & qu'il apparoisse desdites sommations par instrument autentique, & en ce cas faut intimer le Seigneur que l'on a sommé pour soutenir son refus.

ARTICLE CVIII.

L'appellation ne peut être déserte sans déclaration du Juge superieur, & que l'Appelant ne soit ajourné pour ce voir faire,

poſé que le tems de relever ſoit paſſé :
Toutefois le Juge qui a donné la Sentence la pourra, à la requête de la Partie,
mettre à exécution après le tems de relever paſſé.

ARTICLE CIX.

Si l'Intimé ſe départ du profit de la Sentence auparavant l'exécution & releve-
ment en cas d'appel ou après, il eſt néanmoins condamné ès dépens de l'Appelant,
tels que de raiſon.

TITRE XVI.

Des Lods, Ventes & Achats.

ARTICLE CX.

REscision d'outre moitié de juſte
prix n'a point de lieu en vente de
choſe mobiliere, ne en vente ou louage de
fruits faits à neuf ans & au-deſſous.

ARTICLE CXI.

Noms, dettes & actions à choſe mobiliere ſont réputez meubles.

ARTICLE CXII.

Quand l'heritage eſt vendu à faculté de

rachat, & depuis eſt racheté dedans le tems de ladite faculté ou prorogation d'icelles n'y a que une, lods & ventes, *& ne les peut-on demander* ès lieux où ventes ſont dûës à l'occaſion dudit rachat, ſinon que ladite faculté eût été baillée par intervale de tems, après ladite acquiſition.

* Aux termes de cet article, vente à faculté de rachat ouvre les lods & ventes ; & en effet, c'eſt un contrat parfait, dont la reſolution eſt en ſuſpens, c'eſt la pure doctrine de Dumoulin & de Dargentré, *ut probavi tertio volumine,* du quint, *chap. 4, ſect. 5.*

Mais n'en eſt dû de ſeconds quand le Remeré eſt exercé, pourvû qu'il le ſoit dans le tems ſtipulé, ou de la prorogation, dit l'article, *quod intellige,* pourvû que le tout n'excede pas dix ans, *argumento* §. 118 *infrà.* C'eſt aſſez l'uſage du Parlement de Touloufe. Je l'ai montré, *ibid.*

Et ne les peut-on demander.) Cela s'entend des ſeconds droits, c'eſt-à dire, des droits demandez pour l'exercice du Remeré, qui auroient lieu ſi la faculté étoit accordée par un acte ſéparé de la vente, acte paſſé dans un intervale après la vente, c'eſt-à-dire, après la vente parfaite & conſommée ſans ſtipulation ; car en ce cas ce ſeroit une revente, une retroceſſion. On peut cependant ſtipuler le Remeré par un acte ſéparé du contrat, pourvû qu'il ſoit paſſé à l'inſtant, & avant que les Parties *ad alios actus tranſeant.*]

ARTICLE CXIII.

Es lieux où ventes ſont dûës, ſi en faiſant contrat de permutation, on baille pour contre-échange reaument & de fait fonds ou rente certains , fous faculté de rachat pour un prix convenu, & on ra- chete ladite chofe contre-échangée de- dans trois ans, lods & ventes font dûs de la premiere permutation au prix dudit ra- chat. Auffi font dûs lefdits lods & ventes, quand on baille en contre-échange rentes incertaines à icelles affeoir & affigner *à l'eſtimation d'icelles* , & font dûës dès le commencement audit cas , & feront pris les lods & ventes felon l'eſtimation de l'af- fiette , dont ci-après eſt fait mention.

* L'échange fait d'immeuble contre immeuble que l'on pourroit racheter dans trois ans, ouvre les lods & ventes , dit l'article , *s'ils ont lieu dans le Païs où l'immeuble eſt ſitué* , comme Jabely le remarque fur l'art. 148 *infrà.*

Au même endroit Jabely voudroit diſtinguer fi les immeubles font mortaillables ou *francs* , c'eſt-à-dire non ferfs, & dire que l'immeuble mor- taillable n'eſt pas fujet aux droits d'échange éta- blis par les Edits & Déclarations du Roi ; mais ces Déclarations & Edits font pour tout le Royaume, & ne diſtinguent pas. Auffi Jabely fe retranche à dire , qu'au moins ils ne feroient pas dûs dans les lieux où il n'y a ni lods ni ventes pour aucun contrat, & cela eſt vrai ; mais dans les lieux où les lods & ventes ont cours pour les ventes , il eſt dû droits d'échange pour tous he- ritages de telle nature qu'ils foient. *Vide* mon troiſiéme vol. du quint , chap. 3.

A l'eſtimation d'icelles.) C'eſt qu'en ce cas l'eſtimation eſt faite *taxationis cauſa* , pour for-
nier

mer un *prix*, & dès-là les lods font dûs, s'ils font d'ufage dans le lieu. Mais l'eftimation de la chofe dans les contrats, furtout depuis le premier Janvier 1704, que le centiéme denier eft établi, ne fait pas toujours un prix qui puiffe donner lieu aux lods & ventes. *Vide* mon troifiéme vol. du quint & lods, chap. 2.]

ARTICLE CXIV.

En toutes Fermes baillées au plus offrant, le dernier encheriffeur à faute d'entretenir fa mife, eft tenu de payer & foi mettre à la folle enchere, & ainfi des autres encheriffeurs par ordre, s'ils ne veulent entretenir leurs mifes, & font tenus icelle folle enchere fignifier à l'autre metteur précedent dedans vingt-quatre heures, & payer fadite folle mife, autrement font tenus icelle entretenir.

ARTICLE CXV.

Es Fermes de Madame & des Seigneurs Jufticiers en leurs Juftices, y a outre l'eftrouffe droit de tiercer, qui eft du tiers en montant de la premiere mife dedans la huitaine de l'eftrouffe, & à l'autre huitaine enfuivant droit de doubler : Mais ès autres Fermes n'en y a point, s'il n'eft refervé par les bailleurs ; & après le délai de quinzaine, à compter du jour de ladite eftrouffe, aucun n'eft reçu, foit metteur ou autre.

F

ARTICLE CXVI.

Si aucun aliéne heritage à faculté de rachat, & en faifant l'aliénation y a déception d'outre-moitié de jufte prix, ou que le contrat foit refcindable pour quelque autre caufe, & que l'Acquereur fe démette à autre perfonne de la chofe ainfi acquife, le Bailleur pourra addreffer fes remedes de Droit, non-feulement contre le premier Acquereur, mais contre les derniers Détempteurs & chacun d'eux : Auffi font les Seigneurs ou Lignagers, quant à demander aucune chofe par retrait ou prélation.

ARTICLE CXVII.

Si en faifant aucun contrat par forme de vente y a faculté de rachat donnée par même contrat ou tantôt après, & déception d'outre-moitié de jufte prix, & que le Vendeur demeure Détempteur de la chofe par louage ou autrement, le contrat eft réputé nul, & doit l'Acquereur compter au fort principal les louages & fruits qu'il en aura reçus.

ARTICLE CXVIII.

Si l'heritage duquel eft dû lods & ventes fe baille par forme de louage à dix ans & au-deffus, comme à vingt ou vingt-neuf

années à une location ou diverses revo-
lutions par un même contrat, montant au
tems dessus dit, tel contrat est reputé contrat *de vente*, & en sont dûs lods & ventes; & échet la chose à retrait lignager
& à prélation pour le Seigneur, & ainsi
est si tel contrat est fait en forme de vendition de fruits à tel & semblable tems &
qualité.

De vente.) A cause que par un si long-tems il
y a translation de la proprieté, ou du moins du
domaine utile, parce que le loüage pour un
long-tems est un droit translatif de la chose. *Alex.
con.* 165, *liv.* 2. *Dec. con.* 204, *& con.* 292,
num. 1.

La même chose seroit si le Bail étoit donné à
la vie du Preneur, comme il est incertain quand
il mourra, & que la vie de l'homme est présumée
être de cent ans, du moins de trente ans; tel Bail
à vie est réputé perpetuel, & sujet aussi au droit
de lods & ventes. *Alex. con.* 120, *liv.* 3, *& Dec.
même con.* 204 *suprà.*

.* Par cet article tout negoce qui excede dix
ans ouvre les droits de lods & ventes ès lieux où
ils sont dûs, même une vente de fruits.

Mais je tiens contre Jabely que cet article ne
s'étend pas au bail à vie, à cause de l'incertitude
de la durée: Dans un tel contrat il n'y a rien
de plus certain que l'incertitude de son cours,
ut dixi, troisiéme volume du quint, chap. 7. Si
l'article parle d'une vente de fruits, il ne faut
pas en tirer une conséquence pour l'usufruit, la
vente de fruits peut être pour un tems fixe au-
de-là de dix ans, & ce tems fixé doit être rempli,
ce qui ouvre les droits, non pas parce qu'un tel

F ij

contrat transfere la proprieté, comme le difent
Callæus & Jabely, cet acte n'eft toujours qu'un
Titre précaire à la faveur duquel le Preneur ne
peut prefcrire la proprieté, fuivant cet axiome
de Droit, *nemo poteft etiam per mille annos mutare
caufam poffeffionis fuæ*, mais parce qu'un Bail ou
autre acte de cette nature fait pour plus de dix.
ans, fait préfumer une fraude cachée, dit ex-
cellemment Henrys, édit. 1708, tom. 1, liv. 3,
chap. 3, queft. 21.

L'article dit qu'en tel contrat le retrait lignager & la prélation ont lieu, mais ce ne fera toujours que fous la condition de reftituer l'heritage
au Bailleur après les dix ans, où autre tems plus
long expiré. Le Bailleur, en ne faifant qu'un
bail ou acte limité à un tems, conferve fa proprieté, il n'aliene que les fruits, & l'on ne peut
le priver de fon heritage par un retrait, qu'autant qu'il s'en fera lui-même *exproprié* par une
vente *du fond*. Le Retrayant n'a pas plus de droit
que l'Acquereur qui doit reftituer après le tems
expiré.]

ARTICLE CXIX.

Si le Vendeur d'aucune rente ou heritage qui a faculté de rachat baille fes deniers, ou au refus de l'Acquereur les con-
figne par avant que le terme de la rente
payer foit échu, ou que les fruits de l'heritage vendu foient levez, il fait les fruits
fiens en payant les loyaux-coûts, & le
droit du labourage fi aucun en y a.

ARTICLE CXX.

En vendition de chofe venduë par criées & interpofition de Décret, refcifion pour déception d'outre-moitié de jufte prix n'a point de lieu.

ARTICLE CXXI.

Qui achete en verd les bleds du Laboureur & avant qu'ils foient recueillis, & fait prix d'iceux à les recevoir après moiffon, eft amendable d'amende arbitraire, & eft le contrat nul & de nulle *valeur*.

Valeur.) Cet article eft tiré de l'Ordonnance de Louis XI. de 1482, précedée d'une femblable de Charles-Magne, & de Louis le Debonnaire, *liv.* I, *de leur capit. C.* 131, fuivie des Ordonnances de François I. de 1531, de 1535, & de 1544, de Charles IX. de 1567, & d'Henry III. de 1577, qui ont de tems à autre renouvellé cette difpofition.

ARTICLE CXXII.

Toutes confignations, foit pour rachat ou autre chofe à quoi elles peuvent fervir, fe doivent faire en deniers comptans, en or ou argent monnoyé ; autrement font nulles & de nul effet & valeur, & ne font fuffifantes en autre efpece d'or ni d'argent non monnoyé.

TITRE XVII.

Des Hommes francs, ferfs, mortail-lables, nature & droits d'iceux.

ARTICLE CXXIII.

EN la Marche, toutes perfonnes font franches, & de franche condition; & ceux qui font nommez & reputez ferfs & mortaillables audit Païs, *c'eft à caufe des heritages qu'ils tiennent & poffedent*, quand lefdits heritages font de ladite condition ferve ou *mortaillable*.

Mortaillable.) Les hommes ne perdent pour cela leur ingenuité, quoique conditionnée. *Specul. de feud. §. quoniam verf. autem.* C'eft pourquoi *Bart. in L. talem, §. fin. D. de hæred. inft.* dit qu'encore que nous appellons les gens qui font à nous nos hommes, ils font néanmoins libres quant à leur perfonne; c'eft une efpece de fer-vitude qui n'ôte pas l'état d'ingenuité, dit *Bal. dans Jacob. de hom. num.* 24, tellement que les perfonnes conditionnées déguerpiffant l'heritage ferf, elles demeurent franches, & de condition franche, fans aucune tache de fervitude. *Voyez* l'article 145 *infrà*, & mes Notes deffus.

* *C'eft à caufe des heritages qu'ils poffedent.*) Donc en cette Coutume toutes tailles font réelles. Cela fe prouve encore mieux par les articles 132

& 133, & Jabely en convient fur l'article 137. Il n'y a point de vraie taille perfonnelle en cette Coutume, fi ce n'eft de convention. *Vide infrà* fur l'article 171.]

ARTICLE CXXIV.

Par la Coutume de la Marche, quiconque doit à fon Seigneur à caufe d'aucun heritage, *argent* à trois Tailles, payables à trois termes, avoine & geline chacun an, il eft reputé être ferf Coutumier, s'il doit tels devoirs à homme lay; & s'il les doit à l'Eglife, il eft reputé être homme mortaillable.

Argent, *&c.*) La Coutume ne dit pas quels font les termes aufquels le conditionné Coutumier payera à fon Seigneur l'argent qu'il lui doit à trois tailles; nous fuivrions volontiers la Coutume de Bourbonnois, article 202, qui dit que les trois termes font au mois d'Août, à Noël & à Pâques, n'étoit que dans le Procès verbal de notre Coutume, il eft dit fur cet article, qui eft le 126, que l'on effacera de l'ancienne Coutume ces mots, dont l'un des termes eft en Août; ce qui fait croire que l'argent payable à trois tailles & à trois termes fe paye aux trois termes portez par les terriers, où il y avoit même, au tems de la rédaction, des conditionnez, qui devoient l'argent à deux tailles payables à deux termes feulement, comme dans la Terre du Doignon; c'eft pourquoi il fut déclaré en l'endroit ci-deffus que ce feroit pour Coutume locale.

Nota. Que pour qu'un homme foit conditionné Coutumier, il faut que l'argent foit payable à

trois tailles & à trois termes, & que l'avoine &
la geline concourent avec; car si l'une ou l'autre
des trois manque, il ne l'est pas; mais franc,
comme il a été jugé par Sentence de Gueret,
renduë au profit du nommé Bonnerie contre Michel Bertrand, Sieur du Puy-Joly, le 22 Décembre 1634. Quand même on devroit de l'argent à une ou deux tailles, deux termes, un
chapon ou des poulets, & d'autres grains que de
l'avoine.

ARTICLE CXXV.

Audit Païs se peuvent faire les heritages serfs & mortaillables en autres deux
manieres; c'est à sçavoir quand aucun a.
reconnu être serf d'aucun homme lay ou
mortaillable d'aucune Eglise *jure constituti,*
en asservant quelque heritage; ou quand
aucun Seigneur a possedé & joui des droits
de servitude sur aucun, pour raison de
l'heritage par lui tenu, par l'espace de *trente*
ans. Esquels deux cas tels reconnoissans
ou possedez sont reputez serfs ou mortaillables, posé qu'ils ne doivent ou payent
les rentes ordinaires de celui qui est reputé serf Coutumier, & doivent seulement les rentes qu'ils ont reconnu & accoutumé, ensemble les autres droits de
servitude.

Constituti.) Car comme par la Profession en
Religion on change d'état, de même par la reconnoissance les hommes de francs deviennent
conditionnez,

conditionnez, *L. cum sane, Cod. de agri & cens. liv. 11, §. penul. Inst. de Jur. pers.*

La même chose est si on est condamné par Sentence comme conditionné, la condamnation a le même effet que la reconnoissance. *Jacob. de hom. num. 7.*

Il faut que la reconnoissance soit faite en un lieu libre; car si elle étoit faite dans un lieu suspect, comme dans la maison du Seigneur, comme elle seroit présumée avoir été extorquée par violence elle seroit inutile, ainsi qu'il a été jugé par Arrêt du 9 Janvier 1603, rendu au profit des Habitans du Village de Murat, qu'il déchargea des droits de servitude contre Damoiselle Marie Segliere, veuve du sieur Gentil, Lieutenant Criminel à Gueret, à cause que la reconnoissance avoit été passée dans la maison du Seigneur.

Une seule reconnoissance ne suffit pas pour asservir, les Arrêts dans Monsieur Louet, lett. S. *num.* 7, en demandent à tout le moins deux renduës successivement l'une après l'autre, & dans des Terriers en bonne forme, qui n'ayent pas moins de trente ans, ou du moins une seule, suivie d'une prestation des devoirs de servitude, sinon une seule reconnoissance sans des adminicules ne suffiroit pas. *Guy-Pape decis.* 315, avec les Notes dessus.

Trente ans.) Par la raison que comme on peut asservir par la reconnoissance, on peut de même asservir par la possession de trente ans qui vaut reconnoissance & Titre. *Article 89 suprà*, & telle prescription est proprement Coutume, dit *Alex. con.* 124, *num.* 3, *liv.* 4, après les Docteurs qu'il allegue, plutôt que prescription ou induction de présomption; mais il faut que la prescription soit de bonne foi, continuelle, publique, & sans in-

G

terruption, autrement de l'humeur que font les Seigneurs, il feroit impoſſible aux Paiſans qui ne feroient pas ferfs Coutumiers qu'ils ne fuſſent pris dans l'un ou l'autre de ces piéges que leur tend ici cet article, & que le Seigneur ne les fit déclarer ferfs ou par reconnoiſſance ou par preſcription.

ARTICLE CXXVI.

Tous hommes reputez ferfs Coutumiers, ou autres à droit de fervitude qui doivent Taille en Août, doivent à leur Seigneur en une année le double d'Août, qui eſt pareille fomme que ce qu'ils doivent en deniers de Taille ordinaire rendable audit mois d'Août. Et en autre année ils doivent la quête courant, laquelle le Seigneur peut impoſer pour icelle faire payer audit mois d'Août, felon la faculté des biens de feſdits hommes, pourvû qu'elle n'excede plus que ledit double d'Août dû audit Seigneur par tous leſdits hommes qu'il a en ladite Châtellenie, fur leſquels il impoſe ladite quête, laquelle doit être impoſée également, le fort portant le foible. Comme fi le double d'Août de tous les hommes que le Seigneur a en la Châtellenie de Gueret, ne peut monter cent fols, ladite quête courant ne peut être impoſée fur tous leſdits hommes que pour cent fols, & ainſi des autres Châtellenies : Mais il en peut bailler à l'un de feſdits hommes pour ladite année plus qu'il ne doit de double d'Août, si la faculté de ses biens le porte; & à l'autre qui doit d'ordinaire par avanture plus de double d'Août, il le peut imposer moins, le fort portant le *foible*.

Foible.) Si le Seigneur exempte quelques-uns de ses conditionnez, leur part ne doit pas être portée par les autres; mais le Seigneur la doit porter, & il recevra des autres conditionnez le surplus, à la déduction de la part de ceux qu'il a exemptez.

La même chose est s'il avoit acquis des heritages sujets à ce devoir, ses droits en diminueroient à proportion de ce que les heritages par lui acquis en seroient tenus; *secus*, s'ils lui étoient venus faute de payement de ses devoirs, ou par commise; comme le domaine utile & l'usufruit seroient réunis & consolidez à la directe & proprieté par la faute de l'homme conditionné, le Seigneur auquel il n'y a rien à imputer percevra ses devoirs tous entiers de ses autres conditionnez. *Jacob. de hom. num.* 38, *& suiv.*

ARTICLE CXXVII.

Il est au choix du Seigneur prendre chacun an le double d'Août, ou ladite quête courant une année, & le double d'Août en l'autre.

ARTICLE CXXVIII.

Tout homme tenant servement son heritage, qui est reputé serf selon la Cou-

tume ou par reconnoiffance ou prefcription, eft tenu payer à fon Seigneur la
Taille aux quatre cas : c'eft à fçavoir,
quand le Seigneur marie *fa fille* en premieres *noces*, quand il fe fait *Chevalier*,
ou qu'il fait voyage *outre-mer* pour vifiter
la Terre-Sainte, ou qu'il eft Prifonnier *de
guerre* pour le fervice de fon Superieur.
Et peut être impofée ladite Taille fur lefdits hommes tenant fervement à volonté
raifonnable felon la faculté de leurs biens,
par le Juge dudit Seigneur s'il eft Jufticier,
finon par le *Seigneur*, même en fignifiant
à fes hommes pardevant leur Juge *ordinaire*, ou autre competant, l'impôt par lui
fait, à ce que s'ils font furindicts ou ex-
ceffivement impofez, ladite Taille foit réduite & *moderée*, *arbitrio boni viri*, &
s'il eft Prifonnier des Ennemis, eft ledit
cas réiterable.

Taille.) Ils font de-là dits taillables : *Qui ita
fe recognoverunt ; quibus propterea imponi poteft
talia, quia ad eam fe adftrinxerunt, & ideo fic
dicuntur à talia alludendo Ethymologicè vocabuli
ut nomen confonet rei, &c. & ipforum hominum
modus feu ufus potius moribus, & ex ufu antiquo
quam alio ufu naturali vel gentium fuit introduc-
tus & adinventus, ita dicit Guil. & de ment. laud.
in elem. Paftoralis de re Jud. §. rurfus*, Guy-Pape
décif. 314. Voyez Bover. décif. 126. Papon en
fes Arrêts, liv. 13, tit. 3. Chopin de Dom. liv. 3,
tit. 1, ch. 4, *num. 6 & fuiv.* Ce devoir étoit une

preſtation volontaire dans les commencemens , qui eſt dans la ſuite devenuë obligatoire.

Sa fille.) C'eſt - à - dire ſon aînée, *L. boves , §. hoc ſermone D. de verb. ſign.* à la différence du fils que le Seigneur marie ; car comme il ne donne rien, mais il reçoit au - contraire la dot d'une bruë, il n'a pas beſoin du ſecours de ſes conditionnez pour le marier , comme pour le mariage de ſa fille, où il lui faut débourſer & s'é- puiſer ; ce qu'il ne peut faire ſans une diminution notable de ſon bien : c'eſt pourquoi la Coutume veut que ſes conditionnez contribuent à lui aider à la doter, autrement il ne la pourroit ſortir de ſa maiſon ſans s'incommoder. *Voyez Alex. con.* 3 5, *num.* 3 *& ſuiv. liv.* 2 , où il traite au long cette matiere.

Ce terme, *fille ,* s'entend de la fille legitime iſſuë d'un mariage legitime, ou legitimée par un mariage ſubſequent ; car encore que Bover. déciſion 140, rapporte un Arrêt de Bourdeaux, qui condamna les conditionnez à contribuer à la dot de la bâtarde de leur Seigneur ; néanmoins com- me dans un cas, tel que celui-ci, où on n'étend pas d'un cas à un autre, ni d'une perſonne à une autre, je crois que dans cette Coutume les con- ditionnez n'y ſeroient pas tenus ; car bien que le Seigneur ſoit obligé de marier ſa bâtarde, com- me la dot qu'il lui doit donner ne doit pas exce- der ſes alimens, il n'a pas beſoin de ſecours pour la pourvoir, ſon état ni ſa fortune n'en ſont pas pour cela fort diminuez, comme ils le ſeroient par le mariage de ſa fille legitime. *Jacobin. de feud. in verbo , qui quidem , num.* 79. Et d'Argentré , ſur l'article 87 de la Coutume de Bretagne, ſont de cet avis, qui , comme plus raiſonnable, doit prévaloir à celui de Bover. & à l'Arrêt qu'il rap- porte.

G iij

Si la fille du Seigneur se fait Religieuse, comme les conditionnez sont obligez de contribuer à la doter pour la marier, à plus forte raison pour le mariage spirituel. *Jacob. de feud. in verbo, qui quidem, num. 76 & suiv.*

Noces.) Car si la fille devient veuve & se remarie, sa premiere dot à laquelle les conditionnez avoient contribué lui sera ou devra être reconstituée, ou si elle a été dissipée, il n'y a rien à imputer aux conditionnez ; c'est pourquoi ils ne sont pas tenus à la redoter à son second mariage, dans un cas qui n'est pas réiterable comme ici, non pas pour le premier mariage de ses cadetes.

Si avant l'imposition de la Taille le Seigneur l'avoit mariée, comme tel cas n'est pas favorable, puisqu'il va à charger, & que la Coutume est de Droit étroit, on ne la doit pas étendre d'un cas à un autre ; c'est-à-dire, de la fille du Seigneur à marier au tems present, à la fille du Seigneur mariée au tems passé, sans avoir eu besoin de ses conditionnez. Tels devoirs ne tombant pas en arrerages, s'ils ne sont demandez dans le tems. *Arg.* de l'article 144 *infrà;* c'est pourquoi il faut restraindre la Coutume dans le cas de la fille à marier.

Chevalier.) La Coutume ajoute que les conditionnez doivent aussi aider à leur Seigneur quand il est fait Chevalier ; car comme il lui faut faire de la dépense pour venir à ce degré d'honneur, ils doivent semblablement lui subvenir à l'être, à quoi il ne peut parvenir sans argent & sans s'incommoder, qui est le soutien de sa noblesse, qui se perdroit & deviendroit méprisable par la pauvreté & l'indigence.

Mais il faut qu'il y ait une nécessité d'être Chevalier pour la conservation de son bien, de sa no-

bleſſe , & de ſon état ; car s'il n'y avoit aucune
néceſſité , ſes conditionnez ne ſeroient pas tenus
de lui aider , ni de contribuer à la dépenſe qu'il
lui faudroit faire pour avoir un titre vain & inutile ; tellement qu'il ſe doit imputer s'il a voulu
être d'un Ordre ſans aucune néceſſité , & ces Che-
valiers ne ſont pas de l'Ordre du Saint-Eſprit, de
Saint Michel , ni de l'Etoile ; mais de l'Acolade ,
qui eſt un Ordre qui ſe donnoit au ſiége d'une
Ville ou à une bataille.

Outre-mer.) D'autant que pour faire un voyage d'outre-mer, il faut au Seigneur des préparatifs
& un équipage ſelon ſa condition, ce qu'il ne
peut faire ſans frais & grands débourſez qu'il lui
faut trouver, comme pour marier ſa fille & être
Chevalier.

De guerre.) A la différence du Seigneur détenu pour ſes dettes , ou pour interêts civils provenans de délit ; car quand il s'agiroit de ſon
honneur & de ſa vie , ſes conditionnez ne ſont
pas obligez à contribuer à le faire mettre en liberté , *C. licet vaſſallus ſi de feud. defunct.* Mais
s'il eſt Priſonnier de guerre , & pour le ſervice de
ſon Superieur , s'il ne pouvoit aiſément payer ſa
rançon pour en ſortir ſans conſommer tout ſon
bien , ou la meilleure partie , ſes conditionnez
ſont tenus de ſe cottiſer pour le racheter & mettre
en liberté.

Nota. Que la Taille dans tous ces cas ſe doit
moderément prendre avec douceur , & ſans violence. *Voyez Cujas , liv. 2 , de feud. tit. 7 ,* où il
parle de ces Tailles & autres , ſuivant les Coutumes. Il faut auſſi remarquer que ſi le Seigneur
étoit réduit à la derniere miſere , quoiqu'il ſemble
à quelques Docteurs que les conditionnez , qui
ſont obligez à le ſecourir dans ces quatre cas de
la Coutume moins preſſans que ſon extrême né-

ceffité, foient pareillement tenus de lui fournir
des alimens ; néanmoins je conclus avec *Jacob.*
de homag. num. 29, avec les Docteurs qu'il allegue, qu'ils n'y font pas tenus s'ils ne veulent.

Le Seigneur.) Voyez la force de la Coutume
qui donne Jurifdiction à une perfonne privée,
L. viros, C. de diverf. offic. liv. 12. *L.* 1, *Cod. de*
emanc. liber. De plus étant gardée exactement,
elle a la vertu de Décret, dit *Bal. qui feud. dar.*
poff. c. 1.

Ordinaire.) Car le Seigneur ne peut être Juge
en fa propre caufe touchant l'impofition de cette
Taille & de la quotité, *ut not. extr. de confuet. C.*
cæterum, & Cod. ne quis in fua caufa, L. 1. *Bal.*
de capit. C. 1, *num.* 17.

Moderée.) Eu égard aux perfonnes du Seigneur
& du gendre, & de la dot que le Seigneur donne
à fa fille : Si elle eft plus forte que de coutume,
le conditionné donnera à proportion. *Socin. Jun.*
con. 13, *liv.* 3.

Viri.) C'eft-à-dire du Juge, qui parmi les Ju-
rifconfultes eft appellé fage & prudent, & homme de bien. *Bart. tract. de teft. num.* 67, *glof. in*
C. potuit de locuti in verbo celeri in fin. in L. focie-
tatem, §. arbitrorum D. pro focio 1. *Socin. Jun.*
con. 141, *liv.* 1, *con.* 7, *num.* 23 & 24, *liv.* 2,
con. 16, *liv.* 3.

Si le conditionné n'avoit jamais payé de ces
Tailles, il n'en feroit pas exempt ; car il pourroit
être contraint de les payer dans ces quatre cas
en vertu de la Coutume : c'eft la difference qu'il
faut ici faire de la prefcription d'avec la Coutume ; car la Coutume oblige tant ceux qui n'y
confentent pas, que ceux qui y confentent, tant
ceux qui l'ignorent, que ceux qui la fçavent,
d'autant que pour établir une Coutume, le confentement du Peuple, ou de la plus grande partie

fuffit , *L. de quibus D. de legib.* au lieu que la
prefcription n'a lieu que du confentement de celui qui prefcrit, & de celui contre qui il prefcrit;
c'eft pourquoi elle ne peut faire de préjudice à
un tiers, comme la Coutume , *Jacob. de hom.*
num. 34, *verf. juxta.* L'Eglife qui poffede des heritages conditionnez eft fujette à la Taille aux
quatre cas, comme les Laïcs, par la raifon que
c'eft une charge réelle. *Joan. Stephan. Durandi ,*
q. 49.

Si le Seigneur a acquis des heritages dans fes
directes, il ne pourra impofer fur ces hommes
que fur ce qui leur en refte, déduction de ce qu'il
a acquis pourroit porter dans l'également qui en
fera fait.

ARTICLE CXXIX.

L'année que le Seigneur leve ladite
Taille aux quatre cas, il ne peut lever
quête courant, mais bien le double d'Août;
auffi peut-il lever en une même année ladite Taille pour plufieurs defdits cas, s'ils
échéent en une même année, pourvû que
elles foient impofées fur fefdits hommes
raifonnablement, *& deducto ne egeant.*

Egeant.) Car les Tailles qui n'étoient au dire
de Bouteiller en fa Somme Rurale, chapitre 87,
que volontaires font devenuës dans la fuite obli-
gatoires, il ne feroit pas jufte que le conditionné
s'épuisât de telle forte pour les payer, qu'il ne lui
reftât rien pour vivre : c'eft pourquoi la Coutume
ajoute qu'il faut qu'il lui refte de quoi vivre &
fubfifter; après les quatre cas de la Taille acquit-
tez, s'ils arrivoient tous en une année.

ARTICLE CXXX.

L'homme qui est franc ou tenant heritage en franchise à devoir d'argent, est tenu envers le Seigneur de qui il tient payer la Taille aux quatre cas qu'on appelle Taille franche, jusques à telle somme de deniers qu'il doit par chacun an, & s'il ne doit point d'argent, il ne doit rien de Taille aux quatre cas.

* *L'homme qui est franc ou tenant heritage en franchise.*) Voyez ce que j'ai dit sur les articles 179 & 406 *infrà*, où cette franchise est expliquée.]

ARTICLE CXXXI.

Lesdites Tailles sont imprescriptibles par l'homme franc ou tenant servement au *préjudice* des Seigneurs, & pareillement la quotité d'icelles, sinon que l'on prouve & fasse apparoir du contraire, soit par exemption, limitation, abonnement, ou prescription, laquelle ne commence sinon du jour de la contradiction.

Préjudice.) C'est le texte du *C.* 1, *§. licet Vassallus, Bal. Alvor. & Cardin. Alex. si de feud. defunct. con. sit inter. dom. & agn.* car par cet effet le Seigneur est censé étre dans une quasi possession d'user de son droit. *Voyez Boyer, decis.* 132, *num.* 1.

* Cet article ne concerne uniquement que la Taille aux quatre cas, qui ainsi que la quotité eft déclarée imprefcriptible, fi ce n'eft depuis la contradiction. La raifon eft que, 1°. Ces Tailles aux quatre cas ne fe levent que fuivant l'occafion qui peut ne fe prefenter de cent ans. 2°. Que la levée de ces Tailles, quand il y échet, eft en la pure faculté du Seigneur ; comme, fuivant Salvaing, elles ne font qu'un fecours qui fuppofe un befoin, le Seigneur peut être en état de s'en paffer, ou vouloir s'en paffer, & dès-là on ne peut en commencer une prefcription contre lui. 3°. Ces droits font de Coutume, ils font impofez par la Loi : Or les droits que la Loi impofe font imprefcriptibles par le non payement. D'Argentré fur l'article 277 de Bretagne, *& ad rubricam, tit. de feudis.* Il n'y a que la contradiction qui puiffe commencer une prefcription utile, parce qu'alors après contradiction & poffeffion de ne point payer, quand ces cas font arrivez, on préfume une autre convention entre le Seigneur & les Taillables, convention d'autant plus licite que ces droits ne font qu'en faveur du Seigneur, & il y peut renoncer ; mais pour préfumer cette convention, cette renonciation de la part du Seigneur, il faut ou un acte d'exemption, ou d'abonnement rédigé par écrit, ou une contradiction, ou dénégation du droit par les Taillables, depuis laquelle il fera arrivé au moins deux occafions de lever ces Tailles, & qu'elles ne l'auront pas été. Alors on préfume néceffairement que les Taillables, lorfqu'ils ont contredit, avoient un titre d'exemption ou d'abonnement, & qu'il eft adheré, alors la liberation de ces droits eft pleinement acquife.

Nous avons dit *fuprà* fur l'article 94, que l'abonnement fe préfumoit par des quittances fuivies & égales pendant trente ans, c'eft que dans le cas de l'article 94 il s'agit d'un devoir *annuel* qui peut fe prouver par quittances fuivies pendant trente ans, au lieu que dans le cas du prefent article il s'agit de droits, dont la levée dépend des occafions qui ne fe prefentent que très-rarement. Encore à prefent il n'y a que le cas de mariage de la fille aînée qui foit en vigueur, & il peut fe faire qu'il fe paffe un fiécle fans que cette occafion fe prefente, enforte que dans ce cas l'abonnement ne peut fe prouver ou que par un acte, ou après contradiction formelle.]

ARTICLE CXXXII.

Le Seigneur Jufticier fujet de la Comté de la Marche à caufe de la Juftice en la Marche, n'a point de Taille aux quatre cas, ains feulement le Seigneur direct & foncier duquel l'heritage eft *mouvant*.

Mouvant.) Par la raifon que telles Tailles font des charges réelles & foncieres, c'eft pourquoi elles ne regardent que le Seigneur de Fief & de directe.

ARTICLE CXXXIII.

Madame a droit de Taille aux quatre cas fur tous ceux qui font en fa directe : car tout eft tenu d'elle en franchife, directe, fervitude, Fief ou arriere-Fief, finon fur les hommes de fes Jufticiables tenant d'eux en franchife, fervitude ou en condition mortaillable.

ARTICLE CXXXIV.

Tout homme tenant servement son heritage ou mortaillablement doit faire par chacune semaine à son *Seigneur* le ban ou arban, c'est-à-dire, une corvée à bras du mêtier qu'il sçait faire : Et s'il fait arban avec deux bœufs, il en vaut deux ; si avec deux bœufs & charette, il en vaut trois ; & s'il le fait avec quatre bœufs & charette, l'arban en vaut & est compté pour quatre ; sinon qu'il y ait usance ou convenance au-contraire, par laquelle ils en doivent moins.

Seigneur.) Si le Seigneur décede laissant plusieurs heritiers, comme ce droit de servitude est indivisible, & ne se multiplie pas en autant d'heritiers que le Seigneur en a laissé, il est au choix du conditionné de faire le ban & l'arban à celui des heritiers du Seigneur auquel il le voudra faire, moyennant quoi il en sera quitte envers tous les autres heritiers. *Argum. Jacob. de feud. in verb. qui quidem*, num. 39.

Si au-contraire le conditionné décede laissant plusieurs enfans & heritiers qui se divisent, le ban & l'arban se multiplie en autant de parties qu'il se fait par cette division de feux distincts & séparez, ainsi que les autres droits de servitude. *Article* 171 *infrà.*

La Coutume ne disant pas ici aux dépens de qui le conditionné qui fait l'arban sera nourri : Il faut avoir recours au Droit commun en ce cas obmis, qui est au dire de Balde, *L. liberti*, *Cod. de oper. lib. quæ operæ præstantur ex curialitate*,

& tunc homo debet habere recompenfationem in alimentis, L. in rebus, §. poffum, D. commod. aut præftantur ex neceffitate, & tunc debent præftari fumptibus ipfius hominis, L. fuo victu, D. eod. Jacob. de Royd. num. 6.

Mais fi le conditionné rompt quelque outil en faifant le ban & l'arban, le Seigneur n'eft obligé de le faire refaire. *Jacob. au même lieu.*

* Dès que la Coutume ne dit pas aux dépens de qui l'arban ou corvée doit fe faire, il faut dire que c'eft aux dépens du Corveable, s'il n'y a titre au-contraire, comme je l'ai montré dans mon premier volume des Corvées, chap. 5. Si, dans le cas de la vinade qui eft la corvée pour aller chercher le vin du Seigneur, corvée que l'on convient être plus rude que l'arban, la Coutume charge le Seigneur d'un *furplus* de dépenfe, ce n'eft pas une raifon pour y obliger le Seigneur dans le cas de l'arban.]

ARTICLE CXXXV.

L'homme tenant fervement ou en droit de mortaillable, n'eft tenu faire arban plus loin qu'il ne puiffe retourner de jour en fa maifon, foit en Châtellenie, *ou dehors.*

Ou dehors.) Par la raifon que dans la promeffe que l'on a faite de faire le ban & l'arban ; cela s'entend tacitement dans le lieu ou dans le territoire où le Seigneur eft demeurant, & où fon homme a de coutume de le faire, *L. quod nifi cum L. fequenti, D. de oper. libert. Jacob. de Royd. num.* 7. Jufques-là même, que s'il employe toute la journée à aller & revenir, il eft quitte de fa corvée, dit Guy-Pape, décifion 317, ce qui arrivéroit fi le Seigneur faifoit venir en Hyver des conditionnez de deux ou trois lieuës chez luï pour lui faire l'arban.

ARTICLE CXXXVI.

Outre eft tenu tout homme qui tient heritage ferf ou mortaillable, s'il a bœufs, la plûpart de l'an, à aider à fon Seigneur d'une paire de bœufs ou d'une *charette*, s'il l'a, au choix du Seigneur, pour aller au vin ou vignoble le plus aifé & con- venable pour le Seigneur & pour ledit homme, en fourniffant par ledit Seigneur, ou faifant fournir par fes autres hommes, ou du fien propre, le furplus qui eft nécef- faire pour vinade entiere & la dépenfe *accoutumée* : Et n'eft tenu ledit homme aider à conduire ledit vin ailleurs qu'en la *Châtellenie* où ledit homme eft demeu- rant.

Charette.) Quand même le conditionné auroit réuni en lui tous les heritages d'un tennement & d'un Village auparavant poffedez par plufieurs conditionnez, qui devoient chacun une paire de bœufs ou une charette, comme tels droits de fer- vitude qui croiffent & décroiffent, ainfi que l'a- voine & la geline, Article 171, il ne devra qu'une paire de bœufs ou une charette feulement : & non pas la vinade entiere, par la raifon qu'il ne fe peut pas multiplier en plufieurs têtes, lui qui n'eft qu'un feul.

Accoutumée.) Comme il n'y a rien de certain fur cette dépenfe, il faut fuivre l'ufage qui eft dif-

ferent. Il y a des Seigneurs qui donnent du pain
& du salé pour le conditionné, & du foin tout
ensemble pour les bœufs ; d'autres ne donnent
que pour le manger du conditionné, & rien pour
les bœufs ; d'autres ne donnent que du bled pour
le pain dudit conditionné, à raison d'un boisseau
pour paire de bœufs, comme il a été jugé par
Arrêt du 30 Juillet 1639, en faveur du Commandeur de Maisonnisses, contre les Habitans de
Membut : Si-bien que dans une si grande diversité d'usages il est difficile de déterminer rien
de certain, & en faut demeurer au dernier état,
& à ce qui a été pratiqué depuis les trente ans
derniers.

Si pendant la vinade il meurt quelque bœuf,
ou la charette se casse, ou il se perd quelque outil,
ou il est rompu ou volé, le Seigneur n'est pas
tenu de ce cas fortuit s'il ne veut ; mais compa-
tissant au malheur du conditionné, il lui pourra
remettre, s'il veut, quelque chose de ce qu'il lui
doit. *Argûm.* de ce que dit *Bal. an. agn. C.* 1,
num. 27.

Châtellenie.) *Secus*, s'il y a titre au-contraire,
pour lors le conditionné sera contraint de le conduire hors ladite Châtellenie, si le Seigneur y
est résident.

* Cet article parle de la vinade que doit le
Corveable à une paire de bœufs ou charette, qui
est la demie vinade ; car la vinade entiere est de
deux paires de bœufs & une charette, art. 138.
Ce que dit Jabely sur notre article 136, que celui qui auroit acquis tout un tennement, ou de
plusieurs qui devroient demie vinade, ne devroit
pas pour cela vinade entiere, parce qu'il ne peut
se multiplier en plusieurs têtes, n'est pas bon :
1°. Parce que la vinade n'est pas une corvée qui
se doive par tête, elle se doit *à cause de l'heritage;*
ainsi

ainſi dès qu'il acquiert des heritages, il en doit
les charges. 2°. Il ne peut par ces acquiſitions
faire perdre au Seigneur ſes droits, qui dans ce
cas les perdroit. Je crois qu'il doit au moins la
vinade entiere, pour compenſer toutes les de-
mies vinades que le Seigneur auroit été en droit
de demander, ſi les heritages étoient dans les
mains de pluſieurs.]

ARTICLE CXXXVII.

Vinade entiere eſt entenduë de deux
paires de bœufs & une charette, & droit
de bovade eſt d'une paire de bœufs ou
d'une charette.

ARTICLE CXXXVIII.

Quiconque eſt tenu faire vinade, ſoit
homme franc ou tenant heritage ſerf ou
mortaillable, il eſt au choix du Seigneur
de le contraindre à faire ladite vinade,
pourvû que ledit Seigneur lui ſomme de
tel tems que le Sujet puiſſe être de retour
à la ſaint Martin d'Hyver; en ce cas le
Seigneur a l'option de le contraindre de
faire icelle vinade, ou prendre pour vinade entiere quinze ſols, & du plus, plus,
& du moins, moins. Mais ſi ledit Seigneur
n'a ſommé ſondit Sujet de faire ladite vinade devant la ſaint Martin, en tel tems
qu'il puiſſe être de retour en ſa maiſon à
ladite ſaint Martin, il eſt à l'option du Serf
de faire ladite vinade, ou de payer leſdits

quinze fols pour vinade entiere, ou de plus,
plus, ou de moins, moins ; & où ledit
Serf fommé en tems dû auparavant la faint
Martin auroit été refufant de faire ladite
vinade, en ce cas ledit Serf eft tenu à la
vraie eftimation de ladite vinade, & des
dommages & interêts du Seigneur auquel
eft dûë ladite vinade.

L'article 136 *suprà*, parle du conditionné Coutumier, qui n'eft obligé que d'aider fon Seigneur
d'une paire de bœufs, ou d'une charette pour la
vinade ; celui-ci eft pour le conditionné par reconnoiffance, ou par prefcription, qui doit la
vinade entiere de deux paires de bœufs & d'une
charette, comme j'ai écrit dans mon Commentaire ; c'eft pourquoi ils font différens l'un de
l'autre.

ARTICLE CXXXIX.

Hommes tenans heritages ferfs ou mortaillables qui n'ont bœufs tout du long
de l'an, ne font tenus aller à la vinade :
mais font quittes envers leur Seigneur ;
c'eft à fçavoir celui qui doit vinade entiere pour *quinze fols* tournois, & les autres pour plus ou moins au prix deffus
dit ; mais fi l'homme a charette, & le Seigneur la veut, il fera tenu la bailler, &
fera quitte de cinq fols en déduction de la
vinade.

De l'an.) S'ils n'avoient que des vaches, quoi

que dans les cas favorables elles foient comprifes fous le nom de bœufs, néanmoins elles ne le font pas ici, non-feulement parce qu'elles n'ont pas la force pour conduire du vin de douze lieues loin, où il le faut aller querir ; mais parce qu'elles ne peuvent quitter leurs veaux, & encore moins les mener avec elles, outre que tel pourroit nourrir fix vaches qu'il ne pourroit tenir deux bœufs : Si-bien que celui qui n'auroit que des vaches ne peut être contraint à la vinade, comme il a été jugé contre le Sieur de Burantlure par Arrêt de 1584, quoique fes hommes euffent eu auparavant des bœufs, qu'ils avoient été contraints de quitter, à caufe qu'ils avoient abandonné partie de leurs heritages. A plus forte raifon s'ils labouroient avec des bêtes afines, moins fortes que des vaches. *Voyez* Guy-Pape, décif. 470, *num.* 2.

Quinze fols.) Cette fomme de quinze fols pour vinade entiere doit être augmentée, par la raifon qu'encore que par l'ufement de l'Evêché de Cornuailles, locale de Bretagne, il ne foit dû que vingt-quatre fols pour les corvées à hommes & à chevaux & charettes, que douze fols pour les hommes & chevaux, & fix fols pour la journée de l'homme ; néanmoins les Arrêts du Parlement de Rennes approuvent à prefent que l'argent eft diminué, & les denrées augmentées, ces fortes de devoirs & corvées à de plus groffes fommes, comme je l'ai lû dans le Commentaire de cet ufage.

ARTICLE CXL.

L'homme franc qui doit vinade de rente par droit reconnu ou *conftitué*, doit fatisfaire aux interêts s'il ne l'a fait, ait bœufs ou non.

Conſtitué.) Quoique ces termes, *reconnu &* *conſtitué*, ſemblent être la même choſe, ils ſont néanmoins bien differens l'un de l'autre; car conſtitué eſt le Titre de la vinade, & reconnu eſt la déclaration du Titre auquel elle a ſa relation : tellement que la reconnoiſſance, qui eſt moins que la conſtitution, ne ſuffiroit pas pour demander la vinade, ſi elle n'étoit geminée par deux reconnoiſſances baillées ſucceſſivement l'une après l'autre, ou accompagnées d'autres adminicules, ou d'une poſſeſſion qui ne doit pas être moindre de trente ans. *Voyez* l'article 125 *ſuprà*, & mes Notes deſſus.

ARTICLE CXLI.

Homme qui tient heritage mortaillable n'eſt tenu envers l'Egliſe, dont il tient à double d'Août, quête courant, ne Taille aux quatre cas; & jaçoit ce qu'il fût de nouvel acquit par l'Egliſe d'aucun Seigneur lay, qui paravant eût ſur lui les droits deſſus dits. Bien doit pour raiſon dudit heritage mortaillable faire bans, arbans & vinades, comme fait l'homme tenant ſervement : Et ſi tel tenant mortaillablement revient en main laye, il retourne à ſa premiere nature touchant le double d'Août, quête courant, arbans & Taille aux quatre cas, & autres droits de *ſervitude.*

Servitude.) Par la raison que durant cet entre-
tems ces droits de servitude ne font que dormir,
tellement que les choses retournent en leur premier état, comme *Res de facili redit ad suam*
primevam naturam, les charges se réveillent
comme auparavant.

Si au-contraire les conditionnez tenant de l'E-
glise, appellez mortaillables, viennent à des
Seigneurs Laïcs, ils ne deviennent pas pour cela
serfs, ni ne font pas tenus au double d'Août,
quête courant, ni à la Taille aux quatre cas, &
ne doivent pas de plus grands droits que ceux
qu'ils avoient accoutumé de payer avant leur
changement de Seigneur, non seulement parce
que c'est un cas obmis par la Coutume, auquel
il faut demeurer à la disposition du Droit commun; mais parce que la mutation de Seigneur ne
leur fait pas changer d'état, ni ne leur peut préjudicier, ni les charger de plus grands droits
qu'ils ne doivent.

En effet, la Demoiselle du Cher ayant acquis
du Prieur de Gueret une directe, voulut obliger
les conditionnez qui en dépendoient de se reconnoître serfs; sur ce qu'ils soutinrent qu'ils étoient
mortaillables, & que l'aliénation de la directe à
laquelle ils étoient attachez, ne les avoit pû assujettir à de plus grands droits que ceux qu'ils devoient par le passé, elle abandonna sa poursuite
loin d'y insister; au lieu que le Sieur Antoine Se-
glier, Vice-Senéchal de la Marche, succomba en
une semblable demande qu'il avoit formée contre
les Habitans de Château-vieux, par Arrêt du 6
Avril 1621, qui les confirma dans leur condition
mortaillable. *Voyez le septiéme Arrêt du Président*
de Lestang vers la fin.

Article CXLII.

Le Seigneur peut contraindre fon homme tenant heritage de lui fervement ou mortaillablement à faire feu vif & *refidence*, fur l'heritage tenu de lui en l'une ou l'autre defdites conditions, fi ledit heritage eft fuffifant pour y entretenir une paire de bœufs; & à faute de ce faire peut ledit Seigneur moyennant Juftice fe faire emparer dudit heritage, & le faire déclarer à lui acquis; & s'il y a plufieurs parfonniers communs audit heritage, l'un pourra faire feu vif, & payer les droits de fervitude pour tous les autres fes confors.

Refidence.) Par la raifon que les heritages étant mieux cultivez, le Seigneur fera non-feulement payé de fes Tailles & Rentes, tant ordinaires qu'extraordinaires; mais le conditionné venant à déguerpir l'heritage, ce qu'il peut faire, article 345 *infrà*, le Seigneur trouvera auffi-tôt à qui le donner, s'il eft en bon état & à un plus haut prix que s'il étoit en friche.

Le Seigneur d'ailleurs étant l'heritier du conditionné, s'il décede fans enfans & fans commun, il ne pourroit recueillir fa fucceffion mobiliaire, qui fuit la perfonne du conditionné & fon domicile, s'il décedoit autre part que fur l'heritage, comme il a été jugé par Arrêt du 10 Avril 1693, rendu à la Seconde des Enquêtes au rapport de Monfieur de Saint-Martin, au profit de Gilberte Cloîtrier, contre le Sieur Olivier Tournial, Sei-

gneur de la Faye, pour raiſon de la ſucceſſion
de Jean Cloîtrier, oncle de ladite Gilberte, décedé dans un lieu franc, où il faiſoit ſon domicile & reſidence, & non dans le lieu des Marlauds
qu'il tenoit ſervément dudit Sieur de la Faye ;
c'eſt pourquoi le Seigneur a grand interêt d'obliger ſon conditionné de faire feu vif & reſidence
ſur l'heritage.

Article CXLIII.

Si l'heritage ſerf ou mortaillable n'eſt
ſuffiſant pour entretenir une paire de bœufs,
l'homme n'eſt tenu y faire feu vif & reſidence : Toutefois eſt tenu payer les rentes
& tout droit de ſervitude, comme s'il y
demeuroit ; mais s'il veut & voit que l'heritage ne vaille les charges, il le peut quitter & délaiſſer en payant les rentes & devoirs *échus*.

Echus.) Si le conditionné a démoli les édifices qui étoient ſur l'heritage, il n'eſt pas obligé
de les rétablir en le quittant, ſi avec l'heritage
on ne les lui avoit pas donnez, mais lui ou ſes
Auteurs les avoient fait conſtruire : car étant le
Seigneur utile de la choſe tant qu'il la tient, il
en peut uſer comme bon lui ſemble, pourvû
toutefois qu'il rende l'heritage en auſſi bon état
qu'on le lui avoit donné, ou à ſes auteurs, il n'eſt
pas obligé à davantage, en payant les arrerages
des rentes & droits échus.

Article CXLIV.

Arbans, bans & vinades qui ſont dûs

par droits de servitude ou mortaillable
condition, ne chéent en *arrerages*, s'ils ne
font requis & *commandez*, c'est à sçavoir
la vinade dedans l'an, & les arbans dedans la semaine : Et à faute de faire ledit
arban, doit le redevable dûëment sommé,
trois fols à fon *Seigneur*, lesquels il peut
demander par Justice ; & de ladite som-
mation fera cru ledit Seigneur, fon Mes-
fager ou Serviteur, en l'affirmant par ferment.

Arrerages.) Par la raifon qu'il est impoffible de
les faire faire ; car ce qui a dû être fait en un
tems est different de ce qui est fait en un autre,
L. *fi non fortem*, §. *libertus*, D. *de cond. indebit.*
Barth. L. *ftipulationes*, D. *de verb. oblig.* Jacob.
de Royd. *num.* 2. Il faut ici noter avec Bald. *de
allod. num.* 19, que quand la fommation de faire
le ban & l'arban est de l'effence d'iceux, la feule
connoiffance de l'obligation de les faire ne fuffit
pas, il faut être fommé.

Commandez.) Parce que le conditionné n'est
pas tenu, s'il ne veut, de s'offrir de faire les corvées, il faut qu'elles lui foient commandées,
comme on a écrit & remarqué, D. *de cond indeb.*
L. *non fortem*, §. *libertus.* C'est pourquoi, comme
il est libre au Seigneur de les commander ou non
fous une condition poteftative, *quæ non retrotra-
hitur retrò*, s'il ne les commande pas dans le tems,
il ne les peut commander après.

Seigneur.) C'est l'eftimation de chaque ban ou
arban, autrement dit corvées, fi ce n'est que le
Seigneur ne s'en pût paffer, en ce cas il faudroit
les faire en efpece, autrement le conditionné
feroit

feroit tenu des dommages & interêts du Seigneur, qui feroit obligé de prendre des gens à journée pour faire fa befogne que le conditionné eft obligé de faire. *Argum.* de l'art. 138 *fuprà*.

* La Coutume nous dit que les corvées de ban, arban ou vinade ne s'arreragent pas, qu'elles doivent être demandées, & que quand le Sujet eft fommé de faire l'arban, & il ne le fait, il doit trois fols par arban. Jabely ajoute que fi le Seigneur ne peut s'en paffer, on lui doit l'arban en efpèce, autrement le Corveable feroit tenu des dommages-interêts du Seigneur qui feroit obligé de prendre gens à journée, la raifon eft que l'article 138, outre l'eftimation de la vinade qui eft à quinze fols, prononce des dommages-interêts.

Je tiens le contraire : *In odiofis de cafu ad cafum non fit extenfio.* Dès que la difpofition de l'art. 138 ne fe trouve pas repetée dans le cent quarante-quatriéme, on ne doit pas l'y fuppl er, & c'eft dans cette difference que l'on voit que la vinade eft plus rude que l'arban, & comme elle eft de plus de dépenfes, & que le Seigneur y contribuë, ce qu'il n'eft pas obligé de faire pour l'arban, voilà pourquoi dans le cas du prefent article, outre l'eftimation on n'accorde pas de dommages-interêts, & on en donne dans le cas de l'article 138.]

ARTICLE CXLV.

L'homme tenant heritage ferf ou mortaillable, & qui a payé fes droits & devoirs échus, doit être reçu à guerpir & *délaiffer* l'heritage qu'il tient en l'une defdites conditions, & après la guerpie ou quittance reçuë par le Seigneur, il n'a au-

I

cune pourſuite ſur la perſonne dudit hom‑
me, ſes enfans, ne ſes autres biens.

Délaiſſer.) A la difference des ſervitudes per‑
ſonnelles, telles qu'elles ſont dans d'autres Cou‑
tumes plus rudes, où le conditionné ne s'affran‑
chit pas en quittant l'heritage ſerf; mais il de‑
meure toujours ſerf. Il n'en eſt pas toujours de
même dans cette Coutume, où les ſervitudes ſont
ſeulement réelles : car comme les perſonnes y
ſont franches, & s'ils y ſont conditionnez, c'eſt
à cauſe de leur heritage, article 123 *ſuprà.* Si le
conditionné quitte l'heritage, il demeure franc
lui & ſa famille, & libre de toute charge de ſer‑
vitude; mais doit toujours l'honneur & le reſpect
à ſon Seigneur, bien qu'il ne ſoit plus ſon hom‑
me. *L. fin. verb. reverentia, Cod. de bon. lib. Jacob,
de Rhoydes, num.* 40 *& ſuivans.* Voyez l'article
173.

Et s'il déguerpit juſques à ce que le Seigneur
ait accepté la déguerpie, le conditionné eſt en
droit de retourner dans l'heritage & le reprendre:
car dans l'entre‑tems du déguerpiſſement & du
retour, il n'y a pas eu de tranſlation de la com‑
modité d'heritage, qui eſt demeurée cependant
ſuſpenduë.

ARTICLE CXLVI,

L'homme qui tient heritage de ſerve
condition ne peut *vendre, donner, ſur‑
charger,* ne autrement *aliéner,* ſans le congé
de ſon Seigneur, ledit heritage qu'il tient
de lui en droit de ſervitude par contrat
entre‑vifs, ou par diſpoſition ayant trait
à *mort,* & s'il fait le contraire, ce qu'il

en a aliéné doit être déclaré acquis audit *Seigneur*.

Vendre.) Ni échanger, ni donner en payement qui équipole à vente, *Dec. con.* 106, *num.* 2, *verf. Pau. Caft.* après les autres Docteurs, & Dumoulin deffus. *Dec. in verbo pro certa*.

Donner.) Il faut que la donation fut non-feulement bonne & valable ; mais encore qu'elle eût été fuivie de tradition avec effet, qui feroit la tranflation du domaine utile : car fi la donation avoit été faite à perfonne prohibée qui ne pourroit recevoir, tel qu'un incapable, elle feroit nulle, & feroit une exception à l'article. *Alex. con.* 76, *num.* 5, *liv.* 7. Ce terme, *donner*, eft compris fous le terme general, aliéner, *infrà Anch. con.* 102.

Surcharger.) Comme s'il impofoit un furcens, tel que feroit une rente feconde, appellée en la Marche rente feche. Articles 154 & 408, *infrà*.

Aliéner.) Ce terme, *aliéner*, eft general, il comprend non-feulement la vente, la donation & la furcharge ; mais encore les baux à ferme à longues années, qui excedent au-de-là de trente ans, comme de vingt, vingt-neuf années, par une feule location ou diverfes révolutions par un même contrat, comme tel contrat eft reputé vente & en font dûs les lods & ventes. Art. 118 *fuprà, Alex. con.* 76 *ci-deffus, Dec. con.* 204. C'eft proprement une aliénation de l'heritage, qui n'a dû être faite que du confentement du Seigneur.

A la difference du bail pour trois, fix & neuf années : car comme il ne transfereroit pas le domaine utile ni la poffeffion ; mais feulement la nuë détention de l'heritage, *L. non folium, D.*

locat. il n'y auroit pas d'aliénation ; mais il n'en eſt pas de même du bail au de-là de neuf ans, c'eſt une aliénation de même que la vente, l'échange, la donation, & la furcharge : car il tranſmet le domaine utile & l'utilité, *L.* 1 *in fin. cum L. feq. D. fi ager. vect. Emph. Alex. con.* 104, *num.* 5 *& fuivans, con.* 119, *num.* 7 *& 8, liv.* 4, & la poſſeſſion naturelle du fond ſe tranſmet, *Alex. con.* 1, *num.* 6, *liv.* 4, *& Dumoulin ci-deſſus.*

Quoique ſous ce terme, *aliéner,* ſoit compriſe la preſcription acquiſe contre le conditionné, ſi néanmoins un tiers a acquis l'heritage, ou partie par la preſcription de trente ans qui vaut titre, article 89, ce qui eſt preſcrit ne tombe pas en commiſe; car l'aliénation telle qu'eſt la vente, l'échange, la donation & les autres eſpeces, & non la feinte, telle qu'eſt la preſcription, comme remarque *Alex. con.* 97, *num.* 24 *& fuivans, liv.* 6.

Mort.) La Coutume ne limite pas la prohibition aux ſeuls contrats & aux diſpoſitions entrevifs, elle l'étend même juſques aux teſtamens & diſpoſitions pour cauſe de mort, afin de retrancher les conteſtations qui pourroient ſurvenir ſur l'interprétation de cet article. —

Elle ne dit pas non plus que ſi le conditionné fait le contraire de ce qui lui eſt défendu, l'heritage doit être déclaré acquis au Seigneur; mais ſeulement ce qu'il en auroit aliéné. Il n'eſt pas coupable en tout, mais en partie, il ne ſeroit pas juſte qu'il fût privé de tout; mais de la portion dont il auroit diſpoſé au mépris de la Coutume, qui veut qu'elle ſoit acquiſe au Seigneur.

Seigneur.) Afin qu'on déclare l'heritage acquis au Seigneur, il faut qu'il y ait priſe de poſſeſſion par l'Acheteur, Donataire & autres Acquereurs;

car avant la prife de poffeffion, comme la vente n'eft pas parfaite ni confommée, *L. alienatum*, *D. de verb. fignif.* & que l'heritage n'eft pas encore forti des mains du conditionné, il ne feroit pas jufte que dans un cas odieux le conditionné Vendeur portât la peine de l'article, & perdît fon heritage & le prix, qu'il ne doit perdre qu'après la poffeffion prife. *Clarus*, *§. de Emph. q.* 13. *Dumoulin fur la Coutume de Paris*, *§.* 14, *glof.* 5, *num.* 3 *& fuiv.*

Car par la vente feule il n'y a pas de tradition de la chofe, il faut qu'il y ait prife de poffeffion par l'Acquereur pour la rendre efficace, dit *Alex. même con.* 76, *num.* 5 *& 6, liv.* 7.

Il en faut dire la même chofe de la promeffe de vendre, que de la vente; car fi elle n'eft fuivie de la vente & de la tradition, il y a encore moins de peine. *Alex. con.* 173, *num.* 7, *liv.* 2. Voyez la Coutume du Comté de Bourgogne, Titre des Rachats, & *Alex. même con.* 173, *num.* 2.

Quand on dit prife de poffeffion, cela s'entend de la réelle & actuelle; car fi elle n'étoit que feinte, c'eft-à-dire, que fi par le contrat il étoit dit que le conditionné Vendeur tenoit après la vente, donation & aliénation, l'heritage à titre de précaire au nom de l'Acheteur & Donataire; comme le conditionné ne feroit pas par-là dépoffedé, il n'y auroit pas d'ouverture au droit de commife. *Guy Pape décif.* 101.

Et bien que la commife foit acquife au Seigneur de plein droit, *L. fin. Cod. de Jur. Emph. glof. in verbo cadat*, le même *Clarus*, *& Dec. con.* 146, *num.* 7, veulent après la glofe *in L.* 2, *de Emph.* que le Seigneur fe mette en poffeffion de fon autorité privée de la chofe à lui acquife; néanmoins l'ufage univerfel de la France veut au-contraire que ce foit de l'autorité du Juge, après

avoir fait déclarer la commife acquife par Sentence, comme veut cet article en ces termes ;
ce qu'il en a aliéné doit être déclaré acquis au
Seigneur, ce qui demande une Sentence déclaratoire préalable ; ce qui eft conforme à la Coutume d'Auvergne, *chap.* 21, *art.* 4, *& la décif.*
46. *de Guy Pape.*

Ce qui s'entend fi le Seigneur veut la commife
& la demande, & non autrement. *Alex. même
con.* 173, *num.* 7, *liv.* 2, *& Dumoulin deffus,
Dec. con.* 185, *num.* 11 *& 12.* Telle Sentence
n'eft pas néceffaire *ad fubftantiam effe, fed ad
executionem,* fans qu'il foit befoin, fi le Seigneur
ne veut, d'appeller le Conditionné ni l'Acheteur ;
car ce qui fe peut faire malgré eux, à plus forte
raifon à leur infçu & abfence. *Alex. con.* 92,
num 22 *& fuivans, liv.* 6. *Dec. con.* 38, *num.* 5.
*quia privatio non eft in faƐto effe, fed eft in po-
tentia fieri Domino volente,* dit Balde *in L.* 1,
*D. fi ager veƐt. & in auth. qui rem, Cod. de facr-
fanƐt.* à l'exemple de la compenfation qui n'a
lieu qu'au cas qu'on la demande. Si le Seigneur
déclare fa volonté, qu'il veut que l'heritage acquis foit à lui, la demeure ne peut plus être
purgée. *Dec. con.* 106, *num.* 6. *Corn. con.* 115,
num. 8, *tom.* 1.

Si l'Acheteur a payé le prix, il le perd après
qu'il eft évincé de la chofe vendue ; car il doit
être puni d'avoir ainfi méprifé les Loix : & parce
qu'il n'eft pas permis aux Acheteurs injuftes de
répéter le prix des chofes défendues qu'ils avoient
acquifes, il ne peut non plus le demander au
Seigneur qui n'a fait que revendiquer fa chofe,
que le conditionné n'auroit pû vendre à fon préjudice. *Bal. con.* 337, *num.* 9 *& 10, liv.* 5. Mais,
s'il ne fçavoit pas la qualité de l'heritage, il a
l'action de garantie contre le conditionné Ven-

deur. *Bal. quib. mod. feud. omitt.* §. *rurfus*, *num.*
2 & 3.

Si le conditionné avoit racheté l'heritage avant
que le Seigneur eût fait fa demande en commife,
quoiqu'il femble qu'il n'y eût pas lieu à la commife, à caufe qu'il avoit rétabli les chofes en l'é-
tat qu'elles étoient avant la vente ; néanmoins
comme dès le moment de la vente la chofe a été
acquife au Seigneur, le conditionné n'a rien retiré fans le confentement du Seigneur, & ne purge
pas fa faute après que le droit lui a été une fois
acquis par l'exécution de la vente, mettant l'A-
cheteur en poffeffion. *L. fi fervum*, §. *fequitur* D.
*de verb. oblig. & Bal. quid fit fi poft de feud. ch. 1.
num. 2. Dec. au même con. 160, num. 6, & Dumoulin deffus.*

Autre chofe feroit s'il n'y avoit pas de prife de
poffeffion ; car comme les chofes feroient encore
entieres, & qu'il faudroit Sentence déclaratoire,
la faute pourroit être réparée par le rachat ou
par la refolution du contrat de vente. *Bal. C.
Imperialem*, *num.* 3, *de feud.*

Il en faut dire la même chofe fi le Seigneur eft
demeuré dans le filence après qu'il a fçu que
l'Acheteur a été mis en poffeffion ; car s'il n'agit
pas, c'eft un confentement tacite de la vente,
qui vaudroit approbation & remife de la commife, furtout s'il avoit reçu de lui les devoirs de
fervitude accoutumez pour raifon de l'heritage
vendu, fans avoir protefté : S'il avoit au-contraire ignoré la vente, la commife ne feroit pas
pour cela remife. *Dec. con.* 138, *con.* 185, *n. 9,
10 & 11.*

S'ils font plufieurs Seigneurs, dont l'un confent
l'aliénation, la commife n'aura lieu qu'à l'égard
des autres. Si la directe étoit entr'eux indivife,
fecus fi elle étoit divifée, & la vente n'eût été

faite que de l'heritage, qui seroit la directe du Seigneur qui auroit consenti.

Si le conditionné aliéne, sauf le droit du Seigneur, cela n'empêchera pas la commise ; car, n'étant pas dénoncé au Seigneur, cela est censé avoir été fait à son insçu, & par conséquent on la méprise, outre que dans les choses préjudiciaires la protestation est inutile : Mais si dans la vente on avoit ajouté à ces mots, sauf le droit du Seigneur, ces termes, *& non autrement* ; comme le conditionné n'auroit rien fait qui lui pût faire perdre l'heritage, il paroît qu'il n'a prétendu aliéner qu'en ce qu'il peut, avec cette clause, sauf le droit du Seigneur, & non autrement. *Bal. quæ fuit prima, &c. C. 1, §. denique, num. 5.*

Mais s'il y avoit tradition de l'heritage & prise de possession, cette protestation ne mettroit pas à couvert de la commise, parce que comme dit le même *Dec. con. 160, num. 4, vers. præterea,* après Balde, la tradition du fait & le fait sont contraires à la protestation : *Et quando est de facto cogitatum protestatio non excusat delictum, talis, ajoute-t-il, protestatio non excusat quominùs incidat in pœnam, quia in tali traditione durior fit conditio Domini, & dicta protestatio tanquam fraudulosa non valet, quia non ex bona fide res geritur,* & le reste de cet Auteur.

Pour qu'il y ait commise, il faut que le Vendeur sçache la qualité de l'heritage qu'il vend, & qu'il est conditionné ; car s'il l'ignoroit, il n'y auroit pas lieu à la privation ; le conditionné qui est dans l'erreur rentrera dans son heritage, ne sera tenu que des dommages & interêts de l'Acheteur. *Bal. si de feud. fuerit contr. C. 1, §. si Vassallus, num. 2 & 3, vers. 3,* y ayant une regle commune que l'ignorance excuse de la peine. *Dec. con. 164, num. 3, vers. 3.*

La même chofe feroit du mineur conditionné qui auroit vendu fans Décret de Juge, la commife n'auroit pas non plus de lieu. *Bal. con. 9, num. 5, liv. 1.*

Ce qui eft acquis au Seigneur par la commife lui appartient, comme Proprietaire de la directe, & non à l'Ufufruitier. Guy Pape dec. 477, & les Docteurs deffus, Dumoulin fur la Coutume de Paris, §. 1, num. 54 *jufques au 62*, Paul. Caftr. *in L. ufufruclus, D. de ufufr.* Ce n'eft pas un nouveau domaine; mais une confolidation du domaine utile à la directe, qui a une vertu attractive, comme dit Balde *con. 9, num. 1, liv. 1, après Old. con. 240.*

Comme le conditionné ne peut aliéner fon heritage, il ne peut non plus l'hipotequer, qui eft une autre efpèce d'aliénation differente des precedentes; il n'eft pas à lui, mais au Seigneur; il ne peut pas même aliéner la commodité ni les fruits, fans le confentement de fon Seigneur, n'étant pas à fon pouvoir de le faire; & s'il vouloit l'hipotequer, il ne fçauroit, l'heritage eft au contraire exempt de toutes hipoteques : Si bien que fi le confentement du Seigneur furvenoit quelque téms après, il ne fuffiroit pas, il faudroit que le conditionné l'hipotequât de nouveau, par la raifon que l'heritage n'eft pas du conditionné, mais du Seigneur. Dumoulin fur le fecond con. d'Alex, *in verbo privationis*, liv. 4, après *Joan. And. & Sali.* Quand même il auroit obligé tout fon bien en general, l'heritage ne feroit pas pour cela obligé. *Alex. au même con. 2, au con. 19, num 12.*

Ou s'il pouvoit l'hipotequer, que non, l'heritage ne tomberoit pas pour cela en commife au moyen de l'hipoteque, qui ne dureroit qu'autant que le conditionné & fes enfans & heritiers communs vivroient, & demeureroit éteinte par le décès du dernier de tous sans enfans ni communs ; que l'heritage retourneroit au Seigneur libre de toutes hipoteques, article 160 *infra* par la raison que *resoluto jure datoris resolvitur jus acceptoris.*

Autre chose seroit, s'il y avoit eu prise de possession de l'heritage par le créancier auquel il auroit été en gage par contrat pignoratif, le conditionné en seroit privé comme s'il l'avoit vendu. Dumoulin sur le même con. liv. 2 , d'Alex. liv. 4., quoique Dec. con. 645 , veuille que le Statut qui défend d'aliéner, ne défend pas d'hipotequer, l'hipoteque où il n'y a pas de tradition du domaine n'étant pas la même chose que l'aliénation, où il y a translation de proprieté.

Si ce n'est que les dettes pour lesquelles l'heritage eût été engagé eussent été contractées pour subvenir au Seigneur dans les besoins ausquels le conditionné est tenu, tels que la Taille aux quatre cas, article 128 *suprà*, où s'il l'avoit cautionné, par la raison que comme l'heritage passeroit au Seigneur, qui succederoit à son homme décédé sans enfans, ni commun avec cette charge, *Jac. de feud. in verb. dicti, num.* 38, qui est un cas permis au conditionné de l'aliéner. *Alex. con.* 173 , *num.* 5 , *liv.* 2. Il seroit même ridicule de dire que par le moyen de telles hipoteques, dont le Seigneur auroit profité, l'heritage lui fut acquis sous prétexte que le créancier s'en seroit mis en possession après la tradition qui lui en auroit été faite par le conditionné.

La même chose est de la dot de la femme du conditionné, de son douaire, & de ce qu'il donne à ses enfans qu'il marie ; car comme ce sont des dettes nécessaires, que la Coutume lui permet de contracter, l'heritage qui en est subsidiairement tenu au défaut de biens francs, n'eft pas non plus acquis au Seigneur, par la tradition qui en auroit été faite, & la prife de poffeffion. Il y en a un texte exprès, article 172 *infrà*, pour les dots des filles, & les donations des fils du conditionné, qui eft une autre exception de cet article qu'il limite.

Et pour la dot & le doüaire de la femme, nous avons non-feulement l'autorité de Barthole *in L. fi conftante*, D. *de fol. matr.* & du Préfident Doncieu, en fon Traité des Mains-mortes, chap. 8, *num: 8 & fuiv.* & du Spéculateur *de feud. q 19*, qui eft un ancien Praticien François qui fçavoit parfaitement ces matieres; mais encore notre Coutume, article 168, qui voulant que le Seigneur fuccede à la dot de la femme de fon conditionné décedée fans enfans, par une raifon contraire qui doit ici avoir lieu, *L. inter focerum*, §. *cum inter*, D. *de pact. dotal. L. pecuniam*, D. *fi certum petatur*, arrivant que le mari la prédécede, l'heritage conditionné demeure fubfidiairement chargé de la même dot & doüaire au défaut d'autres biens, quand même il feroit retourné au Seigneur; & tel eft l'ufage de la Province, qui eft le meilleur Interprete de la Coutume que l'on fçauroit avoir.

Il y a quelques Praticiens qui ont cru que les autres créanciers qui n'ont pas le privilege de ceux qui ont prêté pour fubvenir aux néceffitez du Seigneur, ni de la dot de la femme, & de ce que le conditionné donne en mariage à fes enfans, ayant faifi l'heritage, le pouvoient faire vendre fur lui, & en pouvoient même continuer les pourfuites, & l'adjudication après fa mort fur le Seigneur auquel il étoit retourné, par la raifon que encore que le conditionné n'en eût pû difpofer par vente volontaire, on le pouvoit enfuite faire vendre par vente forcée, *L. cum fideicommiffùm de fid. libert nam judicium datur in invitum, L. inter ftipulantem*, §. 1, *D. de verb. oblig. L. alienationes, D. fam. hercif.*

Mais fans fondement ; car la Coutume ne diftinguant pas les ventes volontaires d'avec les forcées, ce n'eft pas non plus à nous à les diftinguer, le conditionné ne pouvant volontairement hipotequer l'heritage pendant qu'il le poffede ; fes créanciers qui n'ont aucune hipoteque peuvent encore moins la faire vendre par les voies de Juftice fur lui, ni après fa mort fur le Seigneur ; autrement ce feroit rendre la prévoyance & la précaution de la Coutume inutile, on feroit indirectement par Décret ce que l'on ne peut directement faire par convention, & on trouveroit le moyen de vendre l'heritage contre la volonté du Seigneur, & à fon préjudice, & le conditionné ne le perdroit pas, à moins qu'il n'y eût eu collufion ; ce qui feroit éluder la Coutume. *Bal. in C. Imperialem, num.* 11.

Si-bien que comme le créancier du grevé pour avoir payement de lui, ne peut faire vendre fur lui ni fur le fubftitué après fa mort, les biens chargez ; il y a encore moins de raifon de dire que les créanciers du conditionné puiffent faire vendre fur lui, & après fa mort fur le Seigneur l'heritage, fous quelque prétexte que ce foit, par la raifon que le conditionné n'en eft pas le Proprietaire ; il n'a que l'utilité & la commodité, & la proprieté en appartient au Seigneur qui a le domaine direct ; & par conféquent il ne peut être vendu par décret par les créanciers du conditionné, qui n'a que le fimple ufufruit foumis au Seigneur. *Argum.* de ce que dit Bal. *qual. feud. alien. poff. C.* 1, *num.* 2.

Ce qui eft ici à noter eft, que fi l'heritage étoit

adjugé du vivant du conditionné, il ne feroit pas
acquis au Seigneur, comme s'il l'avoit vendu;
car il n'y auroit pas confenti. *Argum.* du même
Bal. *de prohib. alien. feud. per feder. C. Imperialem, num.* 11. Mais le conditionné en continuera
l'exploitation & la jouiffance comme auparavant
le décret, comme une chofe par lui inaliéna-
ble.

Comme le conditionné perd fon heritage, en
l'aliénant fans le congé de fon Seigneur, le Seigneur eft auffi privé de fa directe, par les mauvais traitemens qu'il feroit au conditionné, qui
demeurera lui & fon heritage affranchi de tout
droit de fervitude. *Jacob. de Rhoyd. num.* 46 &
fuiv. Et il y a quelque exemple de ce dans la Province. *Voyez Boër. decif.* 304.

ARTICLE CXLVII.

L'homme tenant l'heritage mortaillable
ne peut *vendre, permuter, furcharger,* ou
autrement *aliéner* par maniere que ce foit
l'heritage mortaillable, fans le congé de
fon Seigneur, fi ce n'eft à homme de femblable condition, & de même Seigneurie,
dont dépend fon heritage : Et s'il fait le
contraire, l'heritage ainfi vendu ou aliéné
doit être déclaré acquis au *Seigneur* de qui
il étoit tenu.

Vendre.) Voyez ce que nous avons ci-deffus
dit en l'article précedent fur ce mot, *vendre.*

Permuter.) Eft une efpece de vente. *L. fecun-
dum,* §. *deinde, verf. emptorem, D. de Edil edict.
L. fin. D. quib. ex cauf. in poffeff. L. 2, Cod. de
rerum perm.* Tellement que comme le Mortailla-

ble ne peut vendre, il ne peut non plus permuter ni échanger.

Surcharger.) Voyez aussi ce que j'ai dit au précedent article sur ce mot, *surcharger.*

Aliéner.) Ce terme, *aliéner*, comprend la donation que le conditionné Mortaillable ne peut non plus faire que le conditionné Serf, si ce n'est à gens de même condition & de même directe Seigneurie, ausquels il peut donner même avec reserve de l'usufruit, pourvû que la donation n'eût pas été faite en fraude; ainsi qu'il a été jugé par Arrêt de Dijon du 8 Août 1581, rendu dans la Coutume de Bourgogne, qui a pareille disposition que celle de la Marche; & hors ce cas, où il lui est permis de donner son heritage en termes taxatifs, la donation lui en est défenduë à l'égard de tous les autres, non pas même à des hommes Mortaillables, d'autres directes du même Seigneur aussi compris sous ce terme, *aliéner*, generique, qui est un contrat équipolent à vente, *L. apud Celsum, §. authoris, D. de except. dol. L. fin. D. ex quib. causf.* ni ne peut hipoteter avec tradition de la chose, *Jacob. de feud. in verb. cum pacto, num. 1*, ni ne le peut affermer au-de-là de neuf ans, autrement ce seroit une aliénation qui transmettroit le domaine utile, & donneroit lieu à la commise. *Jacob.* au même lieu, *num. 13.*

Seigneur.) Car comme le Seigneur a tous ses hommes dans la même Seigneurie, on ne peut pas dire qu'à son respect ce que l'un de ses conditionnez vend à l'autre de sa même directe, soit proprement une aliénation où il y ait translation en une personne en laquelle il fût nécessaire d'une nouvelle reconnoissance, lui étant indifferent qui de ses conditionnez ayent la chose, vû que ceux qui aliénent aux autres, ne cessent pas d'être soli-

dûirement obligez envers leur Seigneur commun
pour l'heritage, comme ils l'étoient avant la vente,
l'échange & l'aliénation. *Clarus*, §. *de Emph. q.* 14,
Voyez l'article précedent & mes Notes.

ARTICLE CXLVIII.

Si l'homme tenant heritage mortaillable, vend icelui heritage à homme de
même condition & Seigneurie, il eft dû
au Seigneur d'Eglife duquel il tient, pour
droit de lods & ventes, le *tiers* denier
du prix qui eft de trente fols, dix fols :
Toutefois fi en aucun lieu particulier les
Seigneurs des heritages mortaillables en
ont accoutumé prendre plus ou moins,
ils en uferont comme ils ont fait par ci-
devant.

Tiers.) Cette Coutume en a plufieurs autres
femblables, dont parle Jacob. dans fon Traité
des Rhoydes, *num.* 28 ; mais fi les deux Mortaillables, c'eft-à-dire, le Vendeur & l'Acheteur, fe
départent quelque tems après de la vente, le Seigneur pourra demander le tiers du prix de la vente
pour fon droit de lods & ventes qui lui eft acquis;
tellement qu'encore que le Vendeur & l'Acheteur
euffent pû refilir de leur contrat au préjudice
l'un de l'autre, ils ne l'ont pû faire au préjudice
du Seigneur, qui eft un tiers auquel le droit appartient.
Si ce n'eft qu'ils fe fuffent incontinent départis
de la vente, en ce cas le Seigneur ne pourroit
rien prétendre pour fes droits. *Argum. L. plerif-*
que, *D. de rit. nup.* Ils s'en départent incontinent, dit Paul de Caftre *in §. adeo L. Juris gen-*

tium , *D. de paʄt.* quand ils ont refolu le contrat
avant de venir à d'autres actes étrangers , fait à
cela le texte & la glofe , *L. cohæredes* , *§. fin. D.*
de duob. reis , où ils font cenfez s'être incontinent départis : *Juxta ea quæ habentur in L. bonæ*
fidei , *Cod. de paʄt. Jacob. de Rhoyd. num.* 28
& 29.

Mais fi le lendemain de la vente ils faifoient
déchirer le contrat , cela leur feroit inutile ; car
le droit étant déja acquis au Seigneur , ils ne pourroient rien faire à fon préjudice. *Jacob. de Rhoyd,*
num. 35.

Si l'un des Mortaillables ne vend à l'autre fon
heritage ; mais le lui donne en payement ou
échange , quoiqu'il femble que le Seigneur dût
avoir le tiers , par la raifon que donner en payement & échange équipolent à vente ; néanmoins
le même Jacob. décide au-contraire au même
lieu , *num.* 30 , 31 & 32 , qu'il ne lui eft rien dû
par les raifons du Spéculateur , qui dit que la
vente eft differente de l'échange & de la chofe
donnée en payement , où il n'y a pas de prix , &
où on eft contraint de donner en payement faute
de deniers.

Surtout dans un cas rigoureux , tel qu'eft la
Coutume qu'il faut reftraindre , & ne pas l'étendre d'un cas à un autre , comme on l'étendroit
dans un cas favorable ; c'eft pourquoi on ne peut
étendre cet article qui eft fort rude , qui ne parle
que des ventes , des heritages mortaillables , & non
des heritages mortaillables donnez en payement
ou échange , pour lefquels le Seigneur n'eft pas
en droit d'avoir le tiers du prix , comme le tiers
du prix de la vente.

Quand même dans l'échange il y auroit eu de
l'argent donné pour égaler les chofes échangées ,
le Seigneur n'aura pas non plus le tiers de ces

deniers

deniers débourſez, pour ſuppléer la valeur du moindre prix de l'heritage échangé ; car en fait de contrat, il faut regarder l'intention des Parties ſi elles ont voulu échanger : Le contrat eſt un échange, bien que par l'évenement on ait donné une ſoulte pour égaler les choſes. Si l'on ne peut connoître quelle a été l'intention des Parties, on a recours aux conjectures ; & ſi la ſoulte eſt plus forte que la valeur de la choſe donnée en contr'-échange, ce ſera une vente ; ſi elle eſt au-con-traire moindre & au-deſſous, ce ſera un échange. *Jacob. de Rhoyd. num.* 33. *Alex. con.* 119, *num.* 4 *& ſuivans, liv.* 3, où il veut que pour connoî-tre la nature d'un contrat, il faut regarder à quoi il convient le plus, ou à la vente, ou à l'échange.

La même choſe ſeroit ſi les Mortaillables com-muns ſe diviſoient entr'eux. Il n'y a pas de lods & ventes dûs ; car encore que tout l'heritage de-meure à l'un qui donne de l'argent à l'autre, le Seigneur ne peut demander le tiers des deniers débourſez ; c'eſt une aliénation néceſſaire pour laquelle il n'eſt dû aucun droit. *Jacob. de Rhoyd. num.* 34, après Bart.

Et bien que par la Déclaration du Roi les lods & ventes ſont indiſtinctement dûs pour les échan-ges comme pour les ventes, ce n'eſt pas pour ces ſortes d'heritages mortaillables, qui ne ſont pas dans le commerce indifferemment pour tou-tes ſortes de perſonnes, mais pour les heritages francs : Et quand il faudroit étendre cette Dé-claration à ces mêmes heritages, ce ne ſeroit en tout cas que dans les lieux où le droit de lods & ventes ſont dûs, & non pas dans les lieux qui n'en doivent pas, comme il a été jugé contre le Fermier du Roi, au profit de la Ville d'Ahun, par Arrêt du Conſeil d'Etat du 1 Juillet 1684.

K.

Et fuppofé qu'il les fallût payer, ce ne feroit pas du tiers de la valeur de la chofe échangée & donnée en payement ; mais à raifon du denier vingt pour livre , que l'on paye pour les heritages francs dans les lieux de la Coutume où les lods & ventes font dûs, article 150 *infrà* ; mais cependant ces droits ne feroient pas dûs, ni pour les heritages mortaillables donnez en payement, ni pour ceux qui font partagez entre communs , pour raifon defquels la Déclaration ne ftatuë rien deffus.

Si le Mortaillable engage à un autre Mortaillable l'heritage pour autant & plus qu'il ne vaut, comme l'heritage ne fera apparemment jamais retiré ni dégagé , le tiers en eft dû au Seigneur pour fes droits ; car tel engagement eft une véritable vente fimulée pour fruftrer le Seigneur de fes droits. *Jacob. de Rhoyd. num* 36.

La même chofe eft s'il faifoit un Bail de fon heritage de dix, vingt ou trente ans , ou pour la vie du Preneur ; car comme ce feroit une aliénation, les lods & ventes en feroient de même dûs. Article 118 *fuprà*.

ARTICLE CXLIX.

Si celui qui a acheté heritage *mortaillable* ne paye les lods & ventes dans *quarante jours*, les ventes doublent : Et s'il diffère de payer lefdits lods & ventes jufques après an & jour, le Seigneur peut faire faifir par fa Juftice , ou par la Juftice de fon Seigneur , l'heritage, & jouira des fruits , & fait lefdits fruits fiens jufques à ce qu'il aura payé lefdits lods & ventes; & ainfi eft des hommes francs & des heritages tenus en censive ou franchise, ès lieux où lods & ventes sont dûës.

Mortaillable.) Ce qui s'entend des ventes que les Mortaillables d'une directe font de leur heritage à d'autres Mortaillables de même directe, comme il leur est permis dans l'article précedent 147, & non des ventes faites à d'autres, qu'ils ne peuvent faire sans le gré de leur Seigneur, sous peine de commise.

Quarante jours.) Si l'Acquereur décede dans les quarante jours, son heritier ne tombe pas dans la peine où le défunt seroit tombé, & ne sera tenu que quarante jours après qu'il en aura eu connoissance, qui ne commenceront que du jour que le tems de déliberer est expiré, comme aussi l'an de la perte des fruits ne commence pareillement que de ce jour-là.

ARTICLE CL.

Lods & ventes des heritages francs par la Coutume generale *ès lieux où elles font dûës*, n'excedent *vingt deniers* pour livre.

Dûës.) Il faut avoir titre ou possession pour les prétendre, comme il a été jugé par cet Arrêt du Conseil d'Etat du premier Juillet 1684, ci-devant allegué contre le Fermier du Roi, au profit des Habitans de la Ville d'Ahun.

Es lieux où elles font dûës.) Cet article nous montre que les lods & ventes ne sont pas de droit en cette Coutume, qu'il faut titre pour les exiger, comme Jabely le remarque bien.

Vingt deniers.) Les lods & ventes ne sont que de vingt deniers pour livre pour les Seigneurs Laïcs; mais pour l'Eglise elles sont du tiers du

K ij —

prix que le Vendeur reçoit, qui eſt de 30. ſols ; 10 ſols, article 148 ſuprà. La raiſon de cette différence eſt, qu'en cette Coutume, où la plûpart des biens ſont ſerfs ou mortaillables, les ſerfs doivent de plus grands droits que les mortaillables qui ſont les ſerfs de l'Egliſe. P. ex. les ſerfs doivent Taille aux quatre cas, & les Tailles annuelles ; les mortaillables ne doivent pas les Tailles aux quatre cas, quand ils paſſeroient à un Laïc. Article 141 ſuprà. Et voilà pourquoi dans les cas où les heritages mortaillables peuvent produire lods & ventes, ès lieux où elles ſont dûës, elles ſont du tiers du prix, au lieu que les heritages ſerfs ou francs ne doivent que vingt deniers pour livre.]

ARTICLE CLI.

Entre hommes tenans heritages ſerfs ou mortaillables le chanteau part le villain, c'eſt-à-dire, que quand deux ou pluſieurs deſdits hommes parens ou autres qui par avant étoient communs font pain ſéparé par maniere de déclaration de vouloir partir leurs meubles, ils ſont tenus & reputez divis & *ſéparez* quant aux meubles, acquêts, conquêts, noms, dettes & actions.

Séparez.) Si toutefois le Prêtre, fils du conditionné, reſide hors la maiſon de ſon pere & de ſes freres & ſœurs, à cauſe de quelque Benefice dont il eſt pourvû, il n'eſt pas pour cela reputé ſéparé de la communauté, quoiqu'il reſide ailleurs ; mais ſuccedera non-ſeulement à ſon pere & à ſa mere, mais encore à ſes freres & ſœurs, comme s'il étoit demeurant avec eux dans la maison paternelle. *Joan. Fab. Juſt. quib. mod. jus par. poteſt. ſolv.* §. 1 , *L. 2 , de Incol. au Cod. liv. 10. Jacob. de Rhoyd. num. 12.* Telle ſéparation n'étant pas à ſon deſavantage , mais utile. *Voyez* l'article 158 *infrà.*

ARTICLE CLII.

Le Seigneur *ſuccede* à ſon homme tenant ſon heritage ſerf ou mortaillable , qui décede ſans hoirs deſcendans d'icelui ; ſinon que ledit homme qui tient ledit heritage ſerf ou mortaillable , ait à l'heure de ſon décès aucuns parens qui ſoient *communs* avec lui en meubles & immeubles , leſquels en ce cas ſont préferez au Seigneur en ladite ſucceſſion : mais ſi par le chanteau les meubles ſont reputez partis , le Seigneur ſuccedera aux meubles , acquêts & conquêts , noms , dettes & *actions ;* & le parent qui étoit commun avec le trépaſſé ſuccedera aux immeubles , qui n'étoient partis ne divis au tems du décès.

Succede.) Et eſt ſaiſi par la Coutume , article 98 de la Coutume de Bourgogne , ainſi jugé dans cette Coutume par Arrêt de 1570 , pour les Religieuſes de Bleſſac , rapporté par le Veſt , chapitre 103.

Communs.) Par la raiſon que la part de l'un accroît à la part de l'autre , ou qu'elle ne décroît pas de la communauté. Par le contrat de mariage du fils le pere l'inftituë fon heritier univerfel, réduit fa fille à fa legitime, dont il veut qu'elle foit contente; il décede, le frere & la fœur fes enfans demeurent enfemble dans la même maifon, où le frere décede pareillement fans enfans ; le Seigneur dit qu'il lui fuccede ; la fœur au-contraire, que c'étoit elle, indivife de fon frere : Et fa commune, *Jacob. de Rhoyd. num. 27, verf. quid de tali*, décide en faveur du Seigneur, par la raifon qu'elle étoit féparée dès qu'elle n'avoit rien en commun avec fon frere, fuivant ce qui eft porté par la Loi finale, & par la Loi *Quoties, Cod. fam. hercif.*

Actions.) Afin que le Seigneur fuccede en cette nature de biens, qui fuit le Seigneur du domicile du conditionné, article 182 *infrà*. il faut qu'il décede non-feulement fans hoirs, c'eft-à-dire, fans enfans & fans parent commun ; mais qu'il fit feu vif & refidence dans l'heritage conditionné : car s'il demeuroit ailleurs dans un lieu franc, le Seigneur feroit exclus par le plus proche parent du conditionné, comme il a été jugé par Arrêt de la Seconde des Enquêtes du 10 Avril 1693, contre le Sieur Tourniol, au profit de la nommée Cloîtrier ; & s'il décede dans le lieu ferf où il refidoit, il faut qu'il y décede *ab inteftat*, ou qu'il n'ait pas autrement difpofé entre-vifs ; ce qu'il peut faire à l'exclufion du Seigneur. *Specul. de feud. §. quoniam, num. 35. Jacob. de Rhoyd. num. 22*, nonobftant les articles 146 & 147 *fuprà*, que les Praticiens alleguent mal-à-propos, pour lui prohiber le teftament & l'aliénation de fes autres biens ; car ces deux articles limitent la prohibition au feul heritage conditionné, dont il ne peut difpofer, & ne fe peuvent étendre à fes biens francs, meubles, acquêts, conquêts, immeubles, noms, raifons & actions dont il a la libre difpofition, tant entre-vifs que par caufe de mort, comme les perfonnes franches, dont il eft du nombre, n'étant conditionné qu'à caufe de fon heritage, article 123 *fuprà*.

Voyez Federic Huzan. *Tract. de hom. C. 6, q. 4, num. 22 & fuivans*, fait à cet article, *L. 1, de privil. credit. L. antepenul. de pact. & Alex. con. 27, num. 8 & 9, liv. 6.*

* Cet article eft fort favorable aux Seigneurs qui ont des Serfs ou Mortaillables que dans le Païs on nomme Conditionnez, à caufe de la condition de leurs heritages. En quelque part que le conditionné Serf ou Mortaillable decede, foit *ab inteftat*, ou ayant tefté, le Seigneur lui fuccede en l'heritage *conditionné*, s'il ne laiffe enfans ou communs; mais en fuccedant il n'eft tenu des dettes, qu'autant qu'il s'emparera des *meubles*; s'il ne les prend pas, il n'eft tenu que des obfeques & funerailles, article 160 *infrà*. La raifon eft, que ne reprenant que l'heritage conditionné, il ne reprend que ce qui eft à lui, il ne prend rien de la fucceffion du conditionné, au lieu qu'en prenant les meubles outre l'heritage, il fait une efpece d'acte d'heritier qui l'oblige aux dettes.]

ARTICLE CLIII.

Ceux qui tiennent heritages ferfs ou mortaillables, qui une fois ont *parti* leurs immeubles, ne fe peuvent réunir & raffembler quant aufdits immeubles, fans le congé de leur Seigneur, au préjudice de fon droit *fucceffif*: mais s'ils ont parti feulement leurs meubles, ils les peuvent remettre *enfemble* comme paravant, fans congé dudit Seigneur.

Parti.) Le partage & divifion fe préfume par le payement des charges & droits de fervitude que chacun a payé en particulier, & par le pain & feu féparé qu'ils auroient fait, quoiqu'ils euffent demeurez dans la même maifon, à moins qu'ils ne fuffent mineurs ou inhabiles.

Succeffif.) Car par cette réunion ils fruftreroient le Seigneur de fes droits de fervitude de leur vivant, qui fe multiplient en autant de parties qu'il y a de chefs de famille divifez, article 171 *infrà*, que de leur fucceffion après leur mort; c'eft pourquoi il faut avoir fon congé.

Enfemble.) Par la raifon que comme ils peuvent difpofer de leurs meubles, qui font vils, au préjudice de leur Seigneur pendant leur vie, à plus forte raifon les peuvent-ils remettre enfemble.

ARTICLE CLIV.

Homme tenant heritage ferf ou mortaillable peut acquerir & poffeder l'heritage franc, & d'icelui difpofer fans le congé du Seigneur, duquel il tient ledit heritage ferf ou mortaillable; finon que tel heritage franc eût été poffedé par ledit homme tenant ledit heritage ferf ou mortaillable, demeurant & faifant feu vif fur l'heritage ferf ou mortaillable l'efpace de trente ans; après lequel laps de tems l'heritage franc devient de la condition du Serf ou Mortaillable, & la pire condition attire à foi la meilleure. Toutefois *fi le Seigneur*, de qui eft tenu l'heritage franc, continue la perception de fa rente fur

l'homme

l'homme ferf ou mortaillable, il conferve à lui la perception d'icelle par trente ans, & perd la directe Seigneurie feulement : Et s'il laiffe encourir prefcription fur lui, c'eft au profit de l'homme tenant ledit heritage ferf ou mortaillable, & de ceux qui lui doivent fucceder ; mais le Seigneur de qui l'heritage franc eft tenu, peut dedans trente ans, fi bon lui femble, faire vuider à l'homme tenant ledit heritage ferf, fes mains de tel heritage franc pour la confervation de fa directe. Et n'a lieu telle prefcription entre les hommes du Vaffal, & ledit Seigneur du Fief, entre les hommes ferfs des Vaffaux, quand acquerent des hommes francs du Seigneur du Fief, ne pareillement entre les hommes ferfs.

Si le Seigneur.) Ce qui s'entend du Seigneur Laïc de l'heritage franc ; car s'il étoit Ecclefiaftique, il faudroit quarante ans pour prefcrire contre lui fon droit de directe, article 89 *fuprà :* Et telle prefcription n'a pas de lieu contre les mineurs Seigneurs de la directe franche, à l'égard defquels elle demeure en fufpens durant leur minorité, même art. 89.

ARTICLE CLV.

A faute de payer par l'homme les droits de directe ou feudalité, ou de condition de fervitude ou mortaillable, n'y a point de commife de fait en la Marche : mais le

L

Seigneur à faute de payement de trois ans
& la prefente, ou de moins, peut, fi bon
lui femble, proceder par exécution s'il eft
en poffeffion, ou par action, ou affurement pardevant le Juge competant, felon
que la Coutume l'ordonne : Néanmoins
peut formellement, s'il eft ceffé par quatre
années continuelles dernieres, conclure à
ce que le Tenancier foit contraint payer
les arrerages ou quitter la terre, & doit
à ce obtenir. Et fi après la Sentence donnée, ledit Tenancier ne veut payer, le
Juge doit délivrer la terre au Seigneur
pour les arrerages, & fi elle ne vaut les
arrerages; referver fon action pour les
reftes & dépens fur le Défendeur & fes
autres *biens*.

Biens.) Si le conditionné doit cinq, fix & fept
années, & paye à la fin d'icelles quelque chofe,
fans dire fur laquelle il paye, quoiqu'il femble
que l'imputation s'en dût faire fur les plus anciens
arrerages; néanmoins il l'imputera, fi bon lui
femble, fur les dernieres années, & par-là il évi-
tera la peine de l'article, c'eft-à-dire, que le Seigneur ne le pourra expulfer, quoiqu'il lui dût les
quatre précedentes années. *Alex. con* 85, *num.* 2
& *fuiv. liv.* 3, & n'aura qu'une fimple action
pour les lui demander.

Et fi le Seigneur avoit reçu partie de quatre
années à lui dûes fans protefter, il ne peut plus
ufer du droit que la Coutume lui donne, auquel
il a renoncé par le payement qu'il a reçu, qui
couvre la demeure du conditionné, & la purge.

Secus, s'il avoit protesté, cela ne l'empêcheroit pas de l'expulser faute de payement du surplus. *Alex. con.* 105, *num. 6 & suiv. liv.* 3.

Nota. Que le payement des trois dernieres années fait présumer le payement des précedentes, à moins qu'il n'y eût reserve. *L. pen. Cod. de Apoch. liv.* 10.

ARTICLE CLVI.

Si l'homme tenant heritage serf ou mortaillable desavouë son Seigneur, l'heritage qu'il desavouë tenir est *acquis* au Seigneur qu'il desavouë, & doit ainsi être déclaré par Justice à l'encontre dudit homme, en montrant par ledit Seigneur l'heritage être tenu de lui en l'une desdites conditions : Et néanmoins peut être convenu pour les arrerages & droits de servitude encourus, & pour les interêts si aucuns en y a.

Acquis.) Il faut que dans le desaveu il y ait de la malice, du dol & de la fraude ; car si le conditionné ignoroit quel fut le Seigneur, parce qu'il est heritier ; comme on punit la malice, il faut excuser l'ignorance, s'il n'y a pas de sa faute; car il ne seroit pas juste que le conditionné qui ignore son Seigneur soit puni comme celui qui le connoît, & qui ne le veut pas reconnoître. Dumoulin sur la Coutume de Paris, §. 74, *num.* 171.

ARTICLE CLVII.

Si quête courant n'est imposée & demandée judiciellement dans l'an qu'elle doit

être impofée, elle eft prefcrite, & ne fe
peut plus demander pour celle fois.

Article CLVIII.

Les *enfans ou neveux en directe ligne* demeurans fur l'heritage franc, peuvent fucceder à leur pere & ayeul refpectivement,
ès meubles & heritages par lui tenus en
ferve ou mortaillable condition , jaçoit
qu'ils demeurent féparément par feu ,
chanteau & demeurance de leurfdits pere
& ayeul. Et en défaut d'eux pourroit fucceder efdits heritages feulement autre prochain parent dudit homme s'il étoit commun quant audit heritage ferf ou mortaillable. Jaçoit que celui parent venant à ladite fucceffion fût demeurant fur l'heritage
franc féparé dudit *défunt :* Mais efdits cas
ou l'un d'eux, celui ou ceux qui fuccederont efdits heritages feront tenus faire
feu vif, & tous autres droits de fervitude,
felon la nature & qualité defdits heritages
ferfs ou mortaillables.

Défunt.) Par la raifon que ce que l'on fait par
d'autres, on eft cenfé le faire foi-même. *Socin.
con.* 292 , *num.* 1 , *liv.* 2 , après le C. *Qui per de
Regul. Juris* , au fexte.

* *Enfans ou neveux en directe ligne.*) Ce font
les enfans & petits-enfans. Le Droit Romain appelle les petits-enfans *nepotes.*]

ARTICLE CLIX.

L'homme qui tient heritage serf ou mortaillable peut succeder à son parent commun ou séparé ès biens & heritages tenus
en franche condition : Mais sera permis
au Seigneur dudit heritage franc en faire
vuider les mains du Serf, comme dit a
été *dessus*.

Dessus.) Article 154.

ARTICLE CLX.

Quand le Seigneur succede à l'homme
qui tient de lui heritage serf ou mortaillable, si ledit Seigneur succede & s'empare
des meubles du défunt , il est tenu de
payer ses dettes ; mais s'il répudie les meubles & s'empare de l'heritage , il sera tenu
faire faire les obséques du défunt , & n'est
tenu payer lesdites dettes.

* Je l'ai expliqué *suprà.* Art. 152.]

ARTICLE CLXI.

Le Seigneur ne peut contraindre aucun
tenant portion d'heritage tenu en droit de
servitude ou condition mortaillable , à faire
residence , ne payer les devoirs de servitude , tant qu'il y a autre commun ou
parsonnier audit heritage , qui les fasse &
paye.

L iij

Parsonnier.) Car il feroit par lui ce qu'il ne pourroit faire en personne. Art. 158 *suprà.*

ARTICLE CLXII.

Si aucun tient heritage serf ou mortaillable de deux ou plusieurs Seigneurs, & que sa succession advienne ausdits Seigneurs, chacun d'eux succede en son *heritage.* Et quant aux meubles, acquêts & conquêts, noms, dettes. & actions, le Seigneur sur l'heritage duquel ledit homme faisoit feu vif & residence au tems de son trépas, y succede.

Heritage.) Tel droit de succeder est réel, *L. sed si lege, §. petitio, D. de pet. hær. & Barth. in L. hæreditas, Cod. eod.* Cet article regle la maniere de succeder entre les Seigneurs aux heritages conditionnez, & autres biens que le conditionné décedé *ab intestat,* sans hoirs & commun, a laissé dans la directe serve ou mortaillable de chacun d'iceux, & veut que le Seigneur, dans la directe duquel il demeuroit, succede aux meubles, noms, raisons, & autres acquéts & conquéts qui suivent le lieu du domicile, en quelque part qu'ils soient situez, même dans les directes des autres Seigneurs, qui ne succedent qu'aux seuls heritages seulement, chacun dans sa directe. *Alex. con.* 16, *num.* 2, 3 *& 4, con.* 31, *num.* 4, *liv.* 1, qui est la commune opinion ; c'est pourquoi *Jacob. de feud. in verb. cum mero, num.* 17, & en ses Rhoydes, num. 16 & suivans, dit : *Si ergo nomen debitoris concernit personam subditi mei, qui decessit in loco meo, & ego qui illi ex privilegio, vel consuetu-*

dine fuccedo illi homini meo , certe debeo fuccedere in nomine illo debitoris , & per hoc facit , quia actio perfonalis eft affixa offibus creditoris adeoque avelli non poteft , &c. ce qu'il avoit pris du Confeil 31, *liv.* 1, *con.* 19, *num.* 9, *liv.* 6 *d'Alex.* pourvû que le conditionné n'en eût pas tefté ou autrement difpofé, *Specul. de feud. §. quoniam, num.* 35. *Jacob. de Rhoyd. num.* 22. La Coutume aux articles 146 & 147, ne lui prohibant que la difpofition de fon heritage feulement, ne s'étend pas à ces fortes de biens, comme nous avons dit à l'article 152 *fuprà.*

ARTICLE CLXIII.

Femmes tenans heritages ferfs ou mortaillables , font de femblable condition comme les *hommes*, quant ès droits de fervitude & mortaillable condition.

Hommes.) Par la raifon que les femmes ne peuvent être d'une condition differente de celle des hommes : Tellement que fi elles tiennent des heritages conditionnez, elles font tenuës aux droits de fervitude, comme les hommes qui les poffedent y font tenus ; joint que ce terme, *homme*, comprend auffi-bien la femme comme l'homme, *L. qui duo, in fin. D. de legat.* 3, & *L. fervis legat. in princip. Cod. tit.* & *L. fi ita fcriptum in princ. D. de leg.* 2, *L. D. de verb. fign.*

ARTICLE CLXIV.

Quête courant, double d'Août, arbans, vinades, & tous autres droits de fervitude, font dûs par celui qui tient he-

ritage ferf ou mortaillable : Combien qu'il
ne faffe feu vif ou refidence fur ledit heritage , & qu'il demeure en autre *Seigneurie.*

Seigneurie.) Par la raifon qu'étant des droits
réels à caufe de l'heritage , ils font dûs par le
poffedant heritage en quelque part qu'il demeure,
& de quelque condition qu'il foit, Ecclefiaftique,
Noble, Bourgeois & Paifans , ils font tous également tenus à ces devoirs, qu'ils doivent faire
acquitter.

ARTICLE CLXV.

Le Seigneur ne peut demander à l'homme, tenant de lui heritage ferf ou mortaillable, argent pour vinade ne pour arbans,
s'il les veut faire dedans le tems fur ce
introduit ; & ne peut ledit Seigneur vendre
ou tranfporter à autrui la commodité d'i-
ceux vinades & arbans ; mais faut qu'il les
employe à fon ufage , & de fon Hôtel,
& non *ailleurs.*

Ailleurs.) Ce qui s'entend, fi le Seigneur eft
accommodé, & s'il n'a pas befoin de ces bans &
arbans & vinades : *Secus* , s'il étoit dans une extrême néceffité, il pourroit convertir ces devoirs
en argent, qui lui font dûs en efpece, pour lui
fubvenir ; fi-bien qu'en ce cas il les pourra vendre
à un autre : Car ce ne font pas des devoirs ref-
pectueux & officieux, mais néceffaires , & le conditionné , quoiqu'attaché à la directe de fon Seigneur, fera tenu de les faire au Ceffionnaire,

ſuivant Bal. *L.* 1 , *in fin. Cod. de oper. lib. & in C.* 1 , *§. fin. col. in tit. de paƈt. Jur. firm. in uſu feud. & de allod. C. ad hoc , num.* 21. Jacob. *de hom. num.* 32.

A la difference des devoirs officieux & reſpectueux, qui étant perſonnels, ne ſe peuvent en aucune maniere ceder. *Jacob. de Rhoyd. num.* 1.

ARTICLE CLXVI.

Si aucun Seigneur baille à ferme ſa Seigneurie, l'Accenſeur ſe peut aider des arbans pour amender ou recueillir les fruits des heritages dudit Seigneur , non pas pour les appliquer à lui, ne à ſon heritage. Et peut faire faire la vinade pour mettre le vin en la *maiſon* dudit Seigneur , ſi lui ou ledit Accenſeur y font leur reſidence.

Maiſon.) Si l'ancienne maiſon du Seigneur étoit démolie, & il en eût fait rebâtir ailleurs une autre, le conditionné ſera obligé d'y conduire le vin du Seigneur ou de ſon Fermier , pourvû que cette nouvelle maiſon ſoit dans la même Châtellenie où étoit l'autre, par la ſubrogation d'une maiſon à l'autre, & par conſéquent cenſée de même nature, *Jacob. de Rhoyd. num.* 50, *Ferer. de feud.* 6, *num.* 3, parce que le conditionné ne ſert qu'à cauſe de la choſe : c'eſt-à-dire, de ſon heritage qu'il tient du Seigneur & de la Loi, de la convention dont il eſt avec lui convenu.

* Il ſemble que cet article diſe que les corvées peuvent être cedées; mais il faut l'entendre étroitement à la lettre, c'eſt-à-dire, que toutes les corvées qui ſervent à l'amenagement & culture des terres du Seigneur, peuvent être affermées & entrer dans le Bail , parce qu'on ne peut obliger un Seigneur à faire valoir sa Terre par lui-même. L'article précedent nous dit précisément, que le Seigneur ne peut les vendre ni transporter à autrui , mais qu'il doit les employer à son usage & de son Hôtel & non ailleurs. Cela marque bien diserrement qu'il ne peut que les affermer ; je ne tiens pas l'avis de Jabely sur l'article 165, qui dit qu'en cas de nécessité le Seigneur peut les vendre; tant qu'il a sa Terre , la nécessité n'est pas assez pressante pour l'autoriser à vendre les corvées. *Vide* mon premier volume des Corvées , chapitre 11.]

ARTICLE CLXVII.

En vendition de chose tenuë en serve condition ou mortaillable , retrait lignager n'a lieu, sinon qu'entre Mortaillables la chose fût venduë par leur parent tenant de même qualité & *Seigneurie*.

Seigneurie.) Par les raisons touchées en l'article 147 *suprà*.

ARTICLE CLXVIII.

Si femme tenant servement heritages d'aucun Seigneur , est mariée à homme qui tient heritage serf ou mortaillable d'autre Seigneur , & meurt sans hoirs descendans d'elle , la péculiere dot & meuble qu'elle a apportée , & payée lui a été, appartient par succession au Seigneur de

l'heritage ferf de fon *mari*, & non au
Seigneur dont elle eft partie : Et quant à
ce qui refte à payer, il demeure à celui
qui l'a promife, & à fes *hoirs* : Et fi
elle eft mariée à homme franc, les heritiers qui lui devoient fucceder lui fuccederont.

Mari.) Parce que le mariage de fa nature re-
nouvelle l'origine de la femme, & la rend de
l'origine de fon mari, & la transfere en lui, à
caufe de la puiffance d'une certaine union entre
eux ; car l'homme & la femme deviennent un
même corps, une même chair, & que ce qui eft
de plus fort attire à foi ce qui l'eft moins, comme
on remarque au *Cod. de mun. & orig. L. originem,*
Bal. con. 139, *liv.* 5, ou pour mieux dire, par
le moyen du mariage la femme paffe en la Jurifdiction de ceux qui ont fait la Coutume du mari.
Bal. con. 208, *liv.* 3.

D'ailleurs, la dot eft reftituable au domicile
du mari, *L. exigere dotem, D. de Jud.* ainfi il faut
fuivre la Coutume fous laquelle il eft foumis,
qui eft que le Seigneur lui fuccede s'il decede
fans enfans & commun ; c'eft pourquoi le même
Seigneur fuccede à la femme du conditionné auquel elle avoit apporté fa dot, aux termes de la
même Coutume. *Arg. L.* 1, *Cod. de Eman. lib.*
Socin. Jun. con. 14, *liv.* 1, *Bal. de inveft. de re*
alien. C. 1, *S. quamvis,* & l'Archidiacre *diftinct.*
12, *c. illud, num.* 7, qui difent, qu'il eft tacitement dit que la dot eft reftituable au domicile
du mari ; & par conféquent le Seigneur du même
domicile y fuccede. *Voyez* les Notes fur l'article
126 *fuprà,* Alex. *con.* 100, *num.* 8 *& fuivans*,
liv. 3.

Mais il faut par la Coutume que cette femme, à la dot de laquelle le Seigneur du mari fuccede ait des heritages conditionnez ; quand ils feroient dans la directe d'un autre Seigneur, il n'importe, autrement les chofes feroient réduites au Droit commun, & fes heritiers *ab inteftat* y fuccede-roient ; car encore qu'elle fuive la fortune de fon mari, foit bonne ou mauvaife ; néanmoins com-me elle ne feroit pas conditionné, le Seigneur aux termes de la Coutume ne lui fuccederoit pas en cette portion de dot payée à fon mari. *Specul, de feud. §. quoniam, Jacob. de hom. num.* 23 *, fed. Huz. hom. c.* 5 *, num.* 45 *, & fuivans.*

La même chofe feroit fi elle avoit été affiliée, c'eft-à-dire, fi la fille de la maifon conditionnée où elle feroit entrée avoit été par mariage échan-gée avec elle, & étoit entrée l'une à la place de l'autre, ainfi qu'il fe fait parmi les Païfans ; com-me par cette affiliation elle feroit devenuë la com-mune de fon mari, il lui fuccederoit lui & fes communs à l'exclufion du Seigneur, article 152 *fuprà, Jacob. de hom. même num.* 23, ainfi jugé par Arrêt de Dijon dans la Coutume de Bour-gogne femblable à la nôtre, rapporté par Bouvot *tom.* 1 *, part.* 1 *, in verbo,* adoption & affilia-tion.

Et fi elle & fon mari alloient demeurer en un lieu franc, & elle y décedoit, le Seigneur des heritages conditionnez de fon mari, ni de ceux qu'elle tiendroit, n'y fuccederoit pas non plus ; car comme il ne fuccederoit pas aux noms, rai-fons & actions du mari, il pourroit encore moins fucceder à la dot de la femme : afin que ie Sei-gneur y fuccede, il faut non-feulement qu'elle & fon mari poffedent des heritages conditionnez ; mais que le mari faffe feu vif & refidence dans

'heritage conditionné , autrement les parens y
'uccederont , article 162 *suprà*. Quand même
:lle feroit décedée dans le lieu conditionné , d'où
:lle & fon mari feroient fortis pour aller demeu-
er dans le lieu franc , où ils faifoient leur refi-
lence ; car comme elle n'y feroit pas décedée au
lomicile de fon mari , qui n'y demeure plus ;
nais par occafion , dans le deffein de s'en retour-
ier au lieu franc , le Seigneur n'y fuccederoit pas
ion plus. *Argum. du con.* 100 *d'Alex. num.* 23 ,
iv. 3.

Hoirs.) Quoique la femme paffe au domicile
le fon mari , toutefois elle eft fille de fon pere,
& retient la cognation naturelle qui en eft infé-
:arable. *Argum. Cod. de adopt. L. cum in adop-
ivis ;* c'eft pourquoi il ne faut pas s'étonner fi le
efte de la dot à payer demeure à fon pere ou à
ès freres qui l'avoient promife , & qui la doivent
:ncore. *Voyez Cur. Sen. con.* 27 , *num.* 26.

Si cette femme laiffoit un enfant qui la furvê-
juit , & qui mourut incontinent après fans pof-
eder d'heritages conditionnez , ce ne feroit pas le
Seigneur de fon pere qui lui fuccederoit à la par-
ie de cette dot payée , & ce qui en refte à payer;
nais le pere heritier du fils , qui n'auroit jamais
té conditionné , de même qu'il herite de fes au-
:res parens , article 159 *suprà*. C'eft un cas au-
juel la Coutume n'a pas pourvû , qui eft réduit
iu Droit commun.

ARTICLE CLXIX.

L'homme tenant heritage ferf ne peut
porter témoignage pour fon Seigneur , duquel il tient fondit *heritage* , mais fi fait bien
le *mortaillable.*

Heritage.) Parce qu'il eft fon domeftique,
& lui peut commander. *Alberic. de Rof. de teft.
parte prima, in verbo fupereft, num.* 15, *Lanfranc,
ab arianos de teft. num.* 84, *fecus* s'il ceffoit d'être
conditionné par le déguerpiffement de l'heritage :
comme il feroit fon indépendant, il pourroit dépofer pour lui, *quia conditio teftis infpicitur tempore reddendi teftimonii, num.* 85, quand un Mé-
tayer, un Colon & un Domeftique peuvent dépofer pour leurs Maîtres. *Voyez Alex. con.* 57,
num. 14 *& fuivans, liv.* 7, *& Dec. con.* 100,
num. 8.

La même chofe feroit fi le conditionné étoit
Notaire ; car il ne pourroit recevoir de contrat
pour fon Seigneur par la même raifon ; & comme il a été jugé par Arrêt de Dijon de 1618,
rendu dans la Coutume de Bourgogne, qui déclara nulle la donation faite par Anne Efpear en
faveur de fa mere, veuve de l'Elû Efpear, parce
qu'elle avoit été reçuë par un Notaire jufticiable
& mortaillable de la mere Donataire.

Mortaillable.) Pourvû que le Seigneur ne fût
pas fi violent qu'il obligeât fon conditionné de
dépofer, *Maynard, liv.* 4, *c.* 95. La même chofe
eft de l'homme franc & du Vaffal ; car bien que
le Speculateur *de tefte, §. oponitur,* rejette leur
dépofition pour leur Seigneur, parce qu'il leur
peut de même commander comme à fes domeftiques ; néanmoins *Bal. con.* 445, *num.* 10, *liv.* 5,
& les autres Docteurs l'admettent, s'ils font de
bonne vie, de bonnes mœurs, & de bonne renommée, furtout fi ce qu'ils difent eft vraifem-
blable, & conforme à ce que les autres Témoins
ont dépofé ; on doit donc ajouter foi à leur témoignage, fortifié de leur bonne réputation &
de la dépofition des autres Témoins qui leur font
conformes, autrement il s'enfuivroit, dit Alex.

on, 88, *num.* 16, *liv.* 5, après Cynus & les aures Docteurs, une abfurdité & des inconveniens,
qu'un Seigneur perdroit le plus fouvent fes droits
& devoirs faute de les pouvoir prouver.

ARTICLE CLXX.

Si l'homme tenant heritage ferf ou mortaillable s'en va hors ledit heritage fans le
congé de fon Seigneur, duquel il tient,
s'il revient dedans trente ans, il peut reprendre ledit heritage dedans ledit tems,
en payant les arrerages & droits encourus,
déduction faite des fruits, & ne peut ledit
Seigneur le *refufer*.

Refufer.) Autrement le conditionné payeroit
des arrerages pour des fruits qu'il n'auroit pas recueillis, ce qui feroit abfurde, *L. defuncta, D. de
ufuf.* Il feroit même injufte que le Seigneur eût
encore les fruits & le payement des arrerages,
c'eft-à-dire, en bon François, l'argent & le drap :
*Ut L. 1, Cod. fi fervus extero, L. bona fides, D.
de act. empt. & vend.*

A la différence de l'emphitéote, qui quitte &
qui ne paye pas la rente de fon heritage tenu en
emphitéofe ; il en eft déchu & n'y rentre même
pas en offrant de payer. *Auth. qui res, Cod. de
Sacr. fanct. Eccl. Bal. con.* 131, *liv.* 1. Mais fi
un tiers paye en fon propre nom, il empêche la
commife & la déchéance, & prorogera au-de-là
de trente ans. *Dec. con.* 650, *num.* 16.

Article CLXXI.

Si avoine & geline font dûs par le Tenancier d'heritage ferf ou mortaillable, à caufe de rente ordinaire, ladite avoine & geline ne croît point par partage fait entre telles manieres de gens. Mais fi ladite avoine & geline font dûs *à caufe de feu & fervitude*, ladite geline croît & en font autant dûs au Seigneur, comme lefdits Tenanciers ont fait de portions & feus *féparez*. Auffi croît ladite avoine plus ou moins felon la Coutume des lieux. Et ainfi eft-il de la feigle dûë en autres lieux à caufe des bœufs arans,

Séparez.) Par la raifon que les droits de fervitude font indivifibles de leur nature, *L. 3, de oper. libert.* arrivant donc que fi d'une feule famille il s'en en fait plufieurs par le partage, chacune de ces familles divifées doit autant elle feule de ces droits de fervitude qu'elles en devoient toutes enfemble avant leur divifion, qui fe multiplient en autant de droits qu'il y aura de feus.

Ce qui eft ici à noter eft, que chacune de ces familles divifées ne doivent pas ces droits comme heritiers de leur pere décedé & commun; mais comme conditionnez : Et comme leur pere devoit ces devoirs à fon Seigneur, à caufe qu'il étoit fon conditionné, de même chacun de fes enfans & communs féparez, qui font pareillement conditionnez du même Seigneur, les lui doivent par identité de raifon tous entiers, qui
font

font de leur nature indivifibles. *Specul. de feud. & hom.* §. *quoniam*, *num.* 19 & 25, *Jacob. de Rhoydes*, *num.* 3 & 5.

★ *A caufe de feu & fervitude.*) On pourroit induire de cet article, que cette Coutume admet des Tailles perfonnelles, mais l'article 132 *fuprà* prouve qu'elles font réelles ; cet article ne parle que de la multiplication des corvées, lorfque les Tenanciers communs ont divifé entr'eux les heritages à caufe defquels ils doivent corvées ; c'eft qu'en cette Coutume, comme dit Jabely fur cet article, les droits de fervitudes font indivifibles, c'eft-à-dire, qu'on ne fert pas la fervitude *pro parte* ; mais chaque Tenant feu nouveau doit la fervitude entiere, parce qu'elles font dûes par feu & ménage : Cependant je tiens avec Callæus qu'il peut y avoir des corvées perfonnelles, non de droit, mais de convention, cela ne croife pas l'article 132, qui ne parle que des corvées qui font *de droit* fur les heritages.]

ARTICLE CLXXII.

Tenans heritages ferfs ou mortaillables ne peuvent en contrat de mariage & faveur d'icelui *difpofer* de leurs biens au profit d'autres que leurs enfans, qui leur peuvent fucceder.

Difpofer.) Par une raifon contraire, s'ils n'ont pas d'enfans, ils peuvent donner par contrat de mariage, tefter & donner pour caufe de mort & entre-vifs leurs biens francs, meubles, noms, raifons & actions, comme nous l'avons dit en l'article 152 *fuprà*, n'y ayant que le feul heritage conditionné dont ils n'ont pas la libre difpofition; finon en faveur de leurs feuls enfans & defcen-

M

dans, qui est l'exception des articles 146 & 147.
Voyez l'article 158 *suprà*.

ARTICLE CLXXIII.

Si aucun Roturier tient deux heritages ou hebergemens de deux Seigneurs fonciers en condition serve ou mortaillable, & il se veut remuer de l'heritage où il tenoit feu vif, pour aller à l'autre ; & le Seigneur où il demeuroit ne le veut souffrir, il faut qu'il reside & fasse feu vif, & paye les droits de servitude accoutumez, ou qu'il quitte l'heritage : Car audit cas homme qui tient heritage d'aucun Seigneur en condition de servitude ou mortaillable, ne peut faire de nouvel autre feu vif ne residence personnelle, s'il ne plaît à son Seigneur où il demeuroit, mais bien peut quitter l'heritage en payant les droits encourus.

Voyez ce que j'ai dit à l'article 142 *suprà*, & appliquez-le à cet article.

ARTICLE CLXXIV.

Celui qui a payé à son Seigneur les cens ou devoirs seigneuriaux de la derniere année, & est prêt d'affirmer qu'il a payé les précedentes, doit être quitte, sinon que le Seigneur veuille montrer par lettres ou témoins, qu'en prenant payement de ladite derniere année a protefté, ou a été refervée fon action ou pourfuite des précedentes. Autre chofe feroit fi le payement dernier a été fait generalement en déduction de ce que feroit dû des années paffées.

ARTICLE CLXXV.

On ne peut demander arrerages que de quatre années , comprins la prefente , fi l'on ne montre fommation ou diligence des *précedentes.*

Précedentes.) Ce qui a auffi-bien lieu contre les Seigneurs mineurs comme contre les majeurs, même contre l'Eglife. *Secus* des Métayers & Colons, foit perpetuels ou pour un tems : Comme les loyers qu'ils doivent à leurs Maitres font des actions perpetuelles, qui ne s'éteignent qu'en trente ans de tems , il leur peut demander vingt-neuf années d'arrerages, fans qu'ils puiffent excepter de la prefcription de quatre ans portée par cet article, qui n'eft que pour les arrerages des feules rentes feigneuriales & foncieres dûes , tant par les conditionnez que par les perfonnes franches, à leurs Seigneurs, compris fous cet article, comme les conditionnez ; Arrêt dans le Veft 119 conforme à icelui.

ARTICLE CLXXVI.

Celui qui doit rente fonciere ou autre droit feigneurial pour raifon d'aucun heritage , eft tenu aux dépens du Seigneur une

M ij

fois en ſa vie faire montre *oculaire* à ſondit
Seigneur de l'heritage qu'il tient *de lui :*
ou s'il affirme que nonobſtant qu'il ait accoutumé de payer, il ne ſçait ſur quel heritage la rente eſt dûë, & le Seigneur
ne peut montrer, le Redevable eſt tenu
aſſeoir ladite rente ou devoir ſur heritage
valable.

Oculaire.) *Segnius irritant animos emiſſa per
aures, quam quæ ſunt oculis ſubjecta fidelibus,*
Socin. Jun. con. 61, liv 3, Gozad. con. 34, *circa
dubium,* num. 10, Pariſ. con. 67, *num.* 11, con.
93, *num* 19, liv. 1.

De lui.) Fait à ce ſujet Balde *con.* 225, *liv.* 1,
où il dit que le Débiteur de la rente doit déclarer
l'heritage ſujet, reconnoître & répondre du fait
de celui auquel il a ſuccedé, qu'il croit ou qu'il
ne croit pas; & s'il ne répond pas, ſon ſilence
paſſe pour confeſſion; ſi le Seigneur demande la
repreſentation du Titre en vertu duquel l'homme
poſſede, il l'y pourra obliger. *Dec. con.* 61, après
Bal. in L. inſtrumenta, Cod. de fideicom. Voyez
Dumoulin ſur la Coutume de Paris, §. 5, *num.* 3
& ſuivans.

TITRE XVIII.

Des Fiefs & Droits d'iceux.

ARTICLE CLXXVII.

LE Seigneur Justicier n'est fondé d'être Seigneur féodal de tout ce qui est situé en sa *Jurisdiction*.

Jurisdiction.) Par la raison qu'encore que le Roi, comme Comte de la Marche, ait une Jurisdiction universelle, il n'a néanmoins pas immédiatement la propriété, ni la directe dans les choses féodales particulieres de ses Sujets qui n'ont pas de Jurisdiction. La même chose est des autres Seigneurs Justiciers particuliers, ils n'ont pas non plus de propriété & de directe dans les choses féodales de leurs Justiciables. *Decius con.* 528, *num. 9, après Oldr. Bart. & Bal.* Voyez ce que j'ai dit aux articles 1 & 5 *suprà*.

* Jabely dit que la raison de cet article est, qu'encore que le Seigneur ait la Jurisdiction universelle, il n'a pas néanmoins immédiatement la propriété, ni la directe dans les choses féodales particulieres de ses Sujets qui n'ont pas de Jurisdiction. Cette explication n'est pas bonne, elle est obscure : 1°. Parce que quand le Seigneur de Jurisdiction seroit en même-tems féodal, il auroit bien la directe féodale, *id est*, la mouvance sur ses Vassaux, mais il n'auroit pas la *proprieté*, telle que nous l'entendons ordinairement : 2°.

C'eſt qu'en ce cas ſa directe ne ſeroit pas reſtrainte aux choſes féodales, elle s'étendroit auſſi ſur les rotures étant dans ſa Seigneurie.

Cet article n'eſt que la répétition ſimple de l'article 5 *ſuprà*, & ne veut dire autre choſe, ſinon que *Fief & Juſtice* n'ont rien de commun, c'eſt-à dire, que la Juſtice peut être à un, & le Fief à l'autre.]

ARTICLE CLXXVIII.

Le Vaſſal ou Tenant en franchiſe ou cenſive peut charger la choſe ainſi tenuë de rente annuelle, ſans le congé du Seigneur, & ne doit être la ſurcharge déclarée acquiſe au Seigneur dont il tient, mais le Seigneur la peut *prendre par retenuë*, ſi bon lui ſemble, dedans quarante jours *à tempore exhibitionis* des contrats ou notifications faites à perſonne ou domicile, au Seigneur, ſon Receveur ou Procureur, en préſence de Témoins, ou prendre vente de prix *au lieu où ventes ſont dûës*. Et ſi la choſe ſur laquelle la rente eſt venduë vient ès mains du Seigneur, dont elle eſt tenuë par quittance, guerpine, ou autrement, c'eſt au choix du Seigneur de laiſſer la choſe au Rentier, & ſe faire payer de ſon devoir, duquel il ſera toujours premier payé, & des premiers fruits, ou retenir ledit heritage & payer ladite rente qui ſera reputée rente ſeche.

* *Prendre par retenuë.*) Cela sera expliqué *infrà* sur le retrait.

Au lieu où ventes sont dûës.) Cela se rapporte à l'article 150 *suprà. Vide* ma Note.]

ARTICLE CLXXIX.

La chose tenuë en Fief, Censive *ou Franchise*, se peut vendre sans le congé du Seigneur, & pour ce ne chet *en commise.*

En commise.) Parce que la directe ou proprieté & le domaine utile sont possedez conjointement par le Débiteur de la censive, Possesseur de l'heritage franc, *C. constitutus & Inn. de Reb. Dom. Bal. con.* 518, *liv.* 5, Alex. *con.* 14, *num.* 8, *liv.* 2, Dec. *con.* 164, *num.* 2, *vers. & hoc confirmatur, num.* 3, *vers. ultimo, con.* 149 *in fine,* Socin. *con.* 167, *num.* 6, *liv.* 2, à la difference des heritages conditionnez & tenus à titre d'emphitéose, dont le Possesseur n'a que le domaine utile & la commodité ; c'est pourquoi si la commise a lieu pour les heritages conditionnez vendus sans le congé du Seigneur, article 146 *suprà,* & pour l'heritage tenu à titre d'emphitéose, *L.*1, *Cod. de empt.* elle n'a pas de lieu pour l'heritage franc tenu en franchise, que le Possesseur qui en est Proprietaire peut volontairement vendre, même contre la volonté du Seigneur.

* *Ou franchise.*) Cela ne veut pas dire franc-aleu, cela n'est que par opposition aux heritages conditionnez, *id est*, serfs ou mortaillables, qui ne peuvent se vendre sans le congé du Seigneur, & qui tombent en commise par la vente faite sans le congé du Seigneur, articles 146 & 147 *suprà.*

La preuve que cela ne signifie pas franc-aleu eſt, 1°. Dans l'article 130, où l'homme tenant heritage en franchiſe à devoir d'argent qui eſt cenſive, doit la Taille aux quatre cas : 2°. Dans l'article 150, qui dit que les lods & ventes des *heritages francs* ès lieux où elles ſont dûës n'excedent vingt deniers pour livre.

Or cet article nous dit, que tout heritage fief ou roture non conditionné, *id eſt*, non ſerf ni mortaillable, n'eſt de danger, & peut ſe vendre *irrequiſito Domino*, ſauf ſes droits de lods & ventes, ès lieux où ils ſont dûs. Ces mots, *non conditionnez*, nous indiquent que le terme, *en franchiſe*, ne veut pas dire en franc-aleu, mais un heritage qui n'eſt ni de condition ſerve, ni de condition mortaillable.]

ARTICLE CLXXX.

Il eſt au choix du Seigneur direct, féodal ou foncier, venir par action perſonnelle, pour le payement de ſes droits Seigneuriaux, contre le Détempteur de la choſe de lui tenuë, ou venir par ſaiſie ou empêchement ſur ladite choſe, & en faire défendre au Détempteur tous Us & exploits. Mais toutefois ledit Seigneur direct ne peut proceder par exécution ſur les meubles du tiers-Détempteur, ſinon que ledit tiers-Détempteur eût paſſé titre nouveau & fût obligé, ou que le Seigneur direct fût en poſſeſſion de recevoir ladite rente dudit tiers-Détempteur, comme ſi ledit tiers-Détempteur eût ja payé une année

née ou deux ladite directe : Car ès cas
deſſuſdits le Seigneur direct peut proceder
contre le tiers-Détempteur par exécution
ſur ſes meubles. Et ſi ſur la poſſeſſion y a
débat pardevant le Juge, le Seigneur en
doit faire apparoir dedans huitaine ou plus
brief délai à l'arbitrage du Juge ; autrement le Détempteur aura délivrance de ſes
gages, avec dommages & interêts ; & ſi
pendant le délai d'informer, le Défendeur
veut bailler caution, il recouvrera ſes gages par proviſion.

* En cette Coutume le Seigneur a deux voies
pour ſe faire payer de ſes droits ; ſçavoir l'action
perſonnelle, ou la ſaiſie. Cela s'entend-t-il des
lods & ventes qui ſont droits caſuels, ou de ſes
rentes annuelles ? La ſuite de l'article fait connoître qu'il ne parle que des rentes, puiſqu'il dit,
ſinon que le tiers-Détempteur eût paſſé titre nou-
veau, & fût obligé, ou que le Seigneur direct fût
en poſſeſſion de recevoir ladite rente. Cependant,
ſuivant notre Auteur, il paroît que pour les lods
& ventes il n'a que la voie de la ſaiſie, ſans être
obligé à ſaiſir conjointement pour la foi & les
lods, *ut dixi ſuprà*, article 4.]

ARTICLE CLXXXI.

Si le Fief eſt ouvert du côté du Vaſſal
par mort ou autre mutation d'homme, le
Seigneur peut ſaiſir & mettre en ſa main
la choſe féodale quarante *jours* après l'ouverture, & iceux paſſez durant la ſaiſie,

N

& depuis icelle dûëment fignifiée en perfonne ou domicile du Vaffal, fon Procureur, Entremetteur de fes affaires, ou au
Fermier du lieu en préfence de Témoins,
fera les fruits *fiens*, jufques à ce qu'il aura
homme qui ait fait la foi & *hommage.*

Jours.) Ce terme, *quarante jours*, eft donné
en faveur des Vaffaux ; c'eft pourquoi il ne peut
être réduit ni diminué. Si durant le tems de quarante jours l'heritier décede, fon fucceffeur aura
quarante jours entiers de fon chef du jour du décès du défunt : car il n'y vient pas par la provi-
dence & par le benefice du défunt, mais en vertu
d'un certain droit fucceffif ; c'eft pourquoi le
tems qui s'eft écoulé pendant le vivant du défunt
Vaffal ne doit pas être compté à fon fucceffeur,
*per L. 1, §. quibus de fucceff. edict. Jacob. de feud.
in verb. qui quidem, num.* 34, après les Docteurs par lui alleguez, fuivis de Cujas fur les
Fiefs, *liv.* 1, *tit.* 21, où il dit : *Æquum eft re-
integrari tempora ex fua perfona, ficut fi is cui
fuccefit poft inveftituram deceffiffet ;* ce qu'il avoit
pris de Balde, *de feud. quo tempore, c.* 1, *§. nifi,
num.* 1, où Balde dit : *Si hoc accidit ex integro
tempus incipit nec continuantur tempora, nam ex
perfona fuccefforis incipit dies non ex perfona præ-
deceffioris, quod eft notandum.*

Siens.) Afin que le Seigneur vange l'injure
& le mépris qu'on fait de lui : *Ut fuæ injuriæ &
contemptus habeat ultionem,* dit le même Cujas,
livre 3, titre 2, des Fiefs. Le Seigneur n'a pas ici
le Fief de fon Vaffal par droit de commife, il en
fait feulement les fruits fiens, jufques à ce que le
Vaffal fe foit mis dans fon devoir ; c'eft pourquoi
l'Anglois n'ayant pas rendu au Roi Philippes de

Valois l'hommage pour la Guyenne, les Docteurs que le Roi consulta lors lui répondirent qu'il ne pouvoit que saisir le Fief : si-bien que le Roi envoya l'Evêque d'Arras & le Seigneur de Craon mettre les fruits du Duché de Guyenne en sa main, jusques à ce que le Roi d'Angleterre son vassal eût satisfait à la Loi du Fief, & lui eût rendu l'hommage.

Hommage.) Du tems de Justinien la foi & hommage & serment de fidelité étoient inconnus, on n'en trouve nul vestige dans le Droit ancien ni dans le nouveau, l'infidelité des Vassaux est venuë dans la suite, & l'avidité insatiable des Seigneurs qui ont été suivies de ce nom servile de fidelité de foi & hommage. Cette tache est demeurée à la liberté des Vassaux ; car comme foi, hommage & serment de fidelité, & la fidelité même sont une véritable servitude obédientielle, & soumise toutefois, sans perdre pour cela sa liberté : si-bien que la foi, hommage & serment de fidelité ont été introduits par leurs peres, comme un frein pour retenir les Vassaux rebelles; car comme dit l'Ecclesiaste, *Jugum & lorum curvant collum durum.*

Ces termes, *foi, hommage & serment de fidelité*, étoient entierement bannis des anciennes Loix, comme nous le voyons par les monumens qui nous en restent parmi les Peuples libres. *Bal. con.* 410, *num.* 2, *liv.* 5, où il dit encore que la foi & hommage ont été inventez à cause des Fiefs & des bienfaits.

.* Cet article est semblable au septiéme de Paris.

La question de sçavoir, si l'heritier du dernier Vassal étant décedé dans les quarante jours, sans avoir fait la foi, aura autres quarante jours, ou le restant du délai, est controversée, les Auteurs font partagez, néanmoins je tiens l'opinion de Jabely. *Vide* mon quatriéme volume, Traité de la Foi, chap. 2.

Jabely dit que la foi & hommage eſt une véritable ſervitude. Ce ſentiment eſt tiré de Caſſeneuve dans ſon Traité du Franc-aleu de Languedoc. Dumoulin même a dit que c'étoit une eſpece de ſervitude ; mais le même Dumoulin, §. 3, *hodie* 35, gl. derniere *in verbo* acquitte, dit que la foi , *magis eſt beneficii accepti gratiarum actio , quam onus vel gravamen;* ainſi le penſe d'Argentré , & c'eſt le vrai.]

Article CLXXXII.

Mais ſi l'ouverture advient par mutation du Seigneur, le Vaſſal n'eſt tenu faire foi ne hommage juſques à quarante jours après que le Seigneur aura fait crier ſes Fiefs ou ſignifier à ſon *Vaſſal* qu'il faſſe ſon devoir *par ſaiſie dûëment ſignifiée ou autrement.*

Vaſſal.) Cet article eſt contraire à ce que nos Feudiſtes diſent, que le ſerment de fidelité, la foi & l'hommage ne ſe réiterent pas par le Vaſſal après qu'il l'a eu un coup fait à ſon Seigneur qui l'a reçu , tant pour lui que pour ſes ſucceſſeurs, par la raiſon que tel hommage eſt réel & perpétuel au reſpect du Seigneur & de ſes ſucceſſeurs, envers leſquels le Vaſſal s'eſt obligé ; ſi-bien qu'il n'eſt tenu, s'il ne veut, de réiterer le ſerment au ſucceſſeur , ni de prendre de lui une nouvelle inveſtiture.

Mais il n'en eſt pas de même des ſucceſſeurs du Vaſſal ; car comme le ſerment eſt perſonnel à leur égard, le ferment eft réiterable par l'heritier du même Vaffal, & par fon fuccefleur. *Jacob. de feud. in verb. qui quidem, num. 35.*

Mais notre Coutume directement oppofée aux livres des Fiefs & aux Docteurs qui ont écrit deffus, veut, en cet article, que le Vaffal réitere fon ferment de fidelité, fa foi & fon hommage à fon nouveau Seigneur dans les quarante jours portez par cet article, après que le nouveau Seigneur l'aura fait fommer de ce faire.

* Cet article eft femblable au foixante cinquiéme de Paris, en ce qu'il veut que le Seigneur s'annonce aux anciens Vaffaux avant qu'ils viennent à la foi.

Par faifie düement fignifiée ou autrement.) On diroit que la Coutume permette au nouveau Seigneur de faifir pour faire venir les anciens Vaffaux à la foi; mais l'article, en le joignant au précedent, nous apprend que l'ancien Vaffal ne doit venir à la foi que quarante jours après que le Seigneur aura fait crier fes Fiefs, c'eft-à-dire, aura fait publier fa venuë, & quand il ajoute, *ou faffe fignifier à fon Vaffal par faifie düement fignifiée ou autrement*, cela ne veut dire qu'une fommation au Vaffal, à perfonne ou domicile, & Jabely nous l'infinuë par ces termes, *après que le nouveau Seigneur l'aura fait fommer de ce faire.*

En effet dans l'article précedent les quarante jours courent du jour du décès du Vaffal, *dies interpellat pro homine.* Dans le prefent article, ils ne courent qu'après les proclamations ou fommations, donc les anciens Vaffaux ne font en demeure que quarante jours après que le nouveau Seigneur s'eft annoncé. Ainfi il faut fuivre la difpofition de l'article 65 de Paris, qui forme le Droit commun.]

N iij

ARTICLE CLXXXIII.

Celui qui achete terre ès lieux où ventes sont dûës, est tenu de les payer dedans quarante jours & exhiber ses contrats, autrement les ventes doublent. Et s'il cesse d'exhiber & payer dedans an & jour, les fruits de la chose sont acquis au Seigneur à qui lesdites ventes étoient dûës, déclaration sur ce faite par Juge competant, Partie appellée.

* En cette Coutume la peine du défaut d'exhibition de contrats, qu'à Paris on nomme ventes recelées, est le doublement des lods & ventes. Ce qui est pour les rotures seulement, *ut dicam infrà*, article 195.]

ARTICLE CLXXXIV.

Si aucun Fief est divisé entre deux freres ou autres personnes, chacun des Détempteurs est tenu faire foi & hommage de ce qu'il *tient. Et ne peuvent les freres ou autres*, en faisant tel partage, retenir à l'un d'eux l'hommage & l'autre au préjudice du Seigneur. Mais après le trépas de pere & de mere à plusieurs enfans survient quelque Fief, & entre iceux y ait quelques mineurs, ou que ledit Fief, en attendant partage, soit possedé par iceux par indivis; en ce cas l'aîné pourra porter l'hommage pour tous : Mais la divifion faite, un *chacun fera fon hommage pour fa part.*

Tient.) Cet article eft conforme à la Conftitu-tion de l'Empereur Federic, §. *Præterea ducat de prohib. feud. alien.* qui dit, *omnes qui partem feud. habent jam divifi vel dividendi fidelitatem fa-ciant.*

Et ne peuvent les freres ou autres, &c.) Cet article défend l'inféodation des parts cadettes par le partage, je crois auffi que c'eft une prohibition de partage, qui eft en vigueur en Poitou, Cou-tume voifine, qui régit une partie de la baffe Marche. *Vide infrà*, ce que je dis fur l'art. 200.

* *Chacun fera hommage pour fa part.*) *Id eft per modum quotæ feudi principalis*, fans divifion du *titre* du Fief, comme je l'ai dit en mon premier volume, Traité du démembrement, & dans mon troifieme, *ibid.* Le partage de fucceffion ne fait pas un démembrement de Fief, fi la Coutume ne le dit textuellement. Or cet article eft formelle-ment contre le démembrement du Fief, & en difant fera hommage *pour fa part*, elle conferve l'unité du Fief : *Quia*, dit Dumoulin, *commemo-ratio partis neceffario præfupponit & infert uni-tatem unius totalis feudi.* C'eft auffi la pure doc-trine de d'Argentré fur le 329 de Bretagne : *Co-hæredes*, dit-il, *homagium præftabunt unius & ejufdem feudi, nomine quod in fuo toto manabit ut non plurium feudorum fed ut portionum unius uni-verfi à pluribus poffeffarum.*

La Note de Callæus fur cet article ne vaut rien. Il prend le *corps materiel* du Fief, de la divifion duquel l'article parle, pour le *titre* du Fief.

Dans cette Coutume l'aîné peut couvrir le Fief pour tous les autres en deux cas. Le premier, quand il y a des mineurs. Le fecond, pendant l'indivis de la fucceffion ; mais aprés partage chacun fait la foi pour fa part, lors des ouvertures qui y arriveront.

ARTICLE CLXXXV.

Celui qui prétend aucun tenir de lui en foi & hommage, le peut convenir pour avoüer ou defavoüer, & doit le Défendeur avoüer ou defavoüer dedans le terme qui lui fera préfix par le Juge : Et s'il defavoüe, & le requerant fait apparoir la chofe être tenuë de fon Fief, celui qui a defavoüé perd le Fief : Car qui Fief dénie, *Fief perd.*

Fief perd.) C'eft une félonie, une ingratitude & une perfidie que commet celui qui nie que fon Fief ne releve pas du Seigneur duquel il le tient, qui lui fait perdre le Fief, que l'on appelle fouvent exhéredation du Fief. Jean Roi d'Angleterre ayant fait tuer Artus Comte de Bretagne, pour raifon de quoi étant accufé par les Barons devant le Roi de France, dont il étoit Vaffal, & n'ayant pas voulu comparoître après plufieurs affignations qui lui avoient été données, il fut desherité par le Jugement des Pairs de France.

Le Roi de Sicile desherita auffi le Comte de Beffeville qui l'avoit quitté, *Una ex utriufque exhæredationis caufa fi generaliter rem univerfam fpecies felonia & perfidia*, dit Cujas, *liv. 1, de feud. tit.* 2. Si-bien que fi le Vaffal denie le Fief, il le perd, parce qu'il méprife fon Seigneur, ou parce qu'il a honte, ou parce qu'il rougit d'être fon Vaffal. Cujas, *livre 4, des Fiefs, titre 5.*

Mais il faut que le Vaffal defavouë de deffein formel fon Seigneur ; car s'il ignoroit qu'il feroit le Seigneur, étant dans l'erreur on l'excuferoit, & il ne perdroit pas fon Fief. *Bal. fi de feud. fuer. contr. c. 1, S. Vaffal. num.* 1 *& 2*, par la raifon que *ad inducendum delictum requiritur fcientia ;* parce qu'il ne dénie pas, à plus forte raifon s'il répond en doute, *dubitans negat, fed negat infcienter pro errante & ignorante habetur ;* ce qui fe doit entendre hors jugement. *C. Vaffallus in tit. fi de feud. defunct. Jacob. de feud. in verbo dictiq. Vaffalli, num.* 16. Car fi le defaveu étoit fait en jugement, & que le Vaffal y perfevera dans icelui, il perdroit fon Fief & ne s'excuferoit pas, fous prétexte qu'il diroit qu'il l'ignoroit. *Cujas & Jacobin. aux mêmes endroits ci - deffus citez.*

Si le Vaffal ne defavouë pas fon Seigneur, mais l'avouë, & à même-tems en avoüé un autre pour Seigneur qui ne l'eft pas, néanmoins quoiqu'il femble qu'il ne commette pas fon Fief, puifque la Coutume ne le dit pas. Si eft-ce que *Bal. con.* 250, *num.* 4, *liv.* 2, dit qu'il eft plus coupable que s'il n'avoit que fimplement defavoüé à caufe de fa tergiverfation pour & contre ; c'eft pourquoi le Seigneur qu'il a trahi peut le dévêtir de la poffeffion de fon Fief dont il l'avoit invefti.

Même avec reftitution des fruits, que le Vaffal fera tenu de reftituer du jour de fa félonie par lui commife, qu'il a commencé à être poffeffeur de mauvaife foi, par la raifon que le Seigneur ne fait que lui demander ce qui a été autrefois fien : de maniere qu'encore que la Sentence déclarative de la félonie encouruë foit pofterieure, les fruits auparavant perçus doivent être reftituez. *Jacob. de feud. in verb. dictiquë Vaffalli ,num.* 53, *in fine.*

Si le Vaſſal eſt évincé par un étranger faute par le Seigneur de le revendiquer après que le Vaſſal lui a dénoncé le trouble, le Vaſſal a ſes dommages & intérêts contre lui de la valeur du Fief évincé. Bal. avec le Texte *ſi de feud. Vaſſal. ab aliquo, c. 1, num. 1, num. 6 & 7.*

* On peut expliquer fort bien cet article & le cent quatre-vingt-ſeiziéme *infrà* par le quarante-troiſiéme de Paris. *Vide* mon quatriéme volume, chap. unique, de la commiſe par deſaveu ou par félonie.

On ne ſçait ce que Jabely veut dire ſur cet article, que *ſi le Vaſſal eſt évincé par un étranger, faute par le Seigneur de le revendiquer, après que le Vaſſal lui a dénoncé le trouble, le Vaſſal a ſes dommages-intérêts contre lui, de la valeur du Fief évincé.* Il cite Balde, & les livres des Fiefs.

Cette opinion ne vaut abſolument rien. Le Seigneur n'eſt point garant envers ſon Vaſſal, faute de le revendiquer; il perd ſa mouvance, & le Vaſſal eſt forcé de reconnoître celui qui l'aſſigne, voilà tout ; & dans ce cas le Vaſſal avoüant un autre, après avoir dénoncé le trouble à ſon Seigneur, n'encoure point la commiſe, & ne fait point un faux aveu. Ce texte des Fiefs qui eſt le titre 25 du livre 2 des Fiefs, imprimé à la fin du Corps de Droit, n'eſt plus d'aucun uſage.]

ARTICLE CLXXXVI.

Le Vaſſal eſt tenu bailler ſa nommée par écrit à ſon Seigneur féodal dedans quarante jours après le ſerment de fidelité par lui fait, ſinon qu'il ait répit de ſondit Seigneur de plus long terme : Et à faute de bailler ladite *nommée*, peut le Seigneur saifir les fruits, mais pour ce ne les fait fiens. Ains doivent demeurer en main tierce jufques il ait eu fa nommée. Et fi dedans autres quarante jours de ladite nommée baillée, le Seigneur ne la débat, elle fera tenuë pour véritable à fon *préjudice*.

Préjudice.) Et fi le Seigneur demande au Vaffal la reprefentation du titre en vertu duquel il poffede, il l'y peut contraindre. *Bal. L. inftrumenta, Cod. de Fideicom. dec. con.* 61, & Dumoulin fur la Coutume de Paris, §. 5, *num.* 3 *& fuivans.*

* *Nommée.*) *Id eft*, fon démembrement, qu'en Bretagne on nomme aveu ou minû. Cet article eft entierement conforme à la Coutume de Paris. Pourquoi *vide* les Commentateurs, & Dumoulin fur les 5, *6* & 44, *hodie* 8, *9* & 10.]

ARTICLE CLXXXVII.

La façon d'entrer en hommage d'autrui eft telle : C'eft à fçavoir, que le Seigneur féodal doit être requis humblement par fon homme qui veut faire foi & hommage d'être reçu à foi ayant la tête nuë. Et fi le Seigneur fe veut feoir faire le peut : & le Vaffal fe doit defceindre fa ceinture s'il en a, ôter fon épée & bâton, & foi mettre à un genoüil, tête nuë, & dire ces paroles, fi le Vaffal n'a autre pour lui qui les die : Monfieur ou Madame j'entre vers vous *en foi & hommage*, & me avoüe votre Vaſſal pour raiſon d'un tel lieu que je tiens de vous à cauſe de vôtre Seigneurie de tel lieu : & vous promets & jure vous ſervir dorénavant envers & *contre tous* ; & accomplir tout le contenu ès chapitres de fidelité, vieux & *nouveaux* : Et ſi le Seigneur veut, avant que le recevoir, il les peut faire déclarer. Et ce fait, le Seigneur doit dire : Je vous reçoi à hommage, ſauf mon droit & l'autrui : & en ſigne de ce, le baiſer *à la joüe*, & après la réception, lui peut & doit enjoindre de bailler ſa nommée dedans quarante jours.

En foi.) Ce terme, *foi ou fidelité*, quoiqu'il puiſſe être diverſement conſideré ; néanmoins foi & fidelité dans les Fiefs ſe dit par excellence, & par cette excellence le Fief eſt dénommé de la foi & de la fidelité. *Bal. in proem. feod. Alvareto* au même lieu, & les heritages ſont appellez féodaux, à cauſe de la fidelité qu'il faut prêter.

Et hommage.) Ce terme, *hommage*, n'eſt autre choſe en France que ſerment de fidelité que l'on fait pour quelque Fief, appellé en Italie vaſſallage, *Specul. de feud.* L'hommage eſt different du ſerment de fidelité ; car l'hommage eſt l'acte de preſtation du ſerment de fidelité avec ſa ſolemnité, & ſe fait au commencement ; au lieu que le ſerment de fidelité eſt une obligation permanente, perſéverante dans la ſuite des tems, comme le contrat, quant à la volubilité des paroles, paſſe en un inſtant, comme acheter, vendre ; mais l'achat & la vente durent toujours. *Bal. con.* 291, *num.* 3 *& ſuiv. liv.* 2.

Ou bien ce terme, *hommage*, au dire de Dec. *con*. 413, *num*. 3, après Alvareto, eft, quand quelqu'un promet être l'homme de quelque Seigneur, d'être & demeurer où le Seigneur voudra qu'il demeure, lui rendre les devoirs & fervices qu'il lui ordonnera; c'eft pourquoi il lui fait l'hommage, c'eft-à-dire, il lui promet d'être fon homme, & ce terme, *hommage*, eft fouvent pris pour fidelité.

Contre tous.) C'eft-à-dire, contre des Villes, des Communautez entieres, contre fon propre fils, contre fon frere; pourvû néanmoins que ce ne foit pas contre le Droit naturel, qui eft immuable. *Bal. de nova forma*, *c*. 1, *num*. 2 & 3. Jacob. & plufieurs autres Feudiftes veulent que le Vaffal foit obligé de fervir auffi fon Seigneur contre fon propre pere; mais Balde au même lieu, fuivi de Cujas, *de feud. liv*. 4, *tit*. 31, en exceptent le pere du Vaffal, auffi-bien que fa Patrie, aufquels il doit fidelité, & contre lefquels il n'eft pas obligé de fervir fon Seigneur, non plus que contre lui-même ni contre le Roi, art. 189, *infrà*.

Tout au-contraire, fi le Roi vouloit le mener à la guerre contre un Prince étranger, & le Seigneur en avoit affaire en une autre occafion contre fes ennemis, quoiqu'il femble que le Vaffal dût fuivre le Seigneur à caufe du ferment de fidelité de le fervir envers & contre tous, contenu dans cet article; néanmoins le Spéculateur *de feud*. §. *quoniam*, *num*. 31 & 32, décide que le Vaffal doit fuivre le Roi où il le voudra mener, & où il le voudra envoyer, préferablement à fon Seigneur; & l'experience, qui eft la maîtreffe de toutes chofes, nous l'apprend; & fi le Seigneur le taxoit faute de l'avoir fuivi, le Vaffal en feroit déchargé; car il ne pourroit être doublement

chargé envers le Roi qu'il auroit suivi & envers
son Seigneur. *Old. con.* 234.

Si le Vassal avoit un autre Fief dépendant d'un
autre Seigneur, il ne seroit pas non plus obligé
à suivre l'un contre l'autre, tout au-contraire, il
les doit tous deux servir, le plus ancien en personne, & l'autre par un homme qu'il mettra à sa
place pour le servir, à la différence de deux Fiefs
que le Vassal tiendroit de deux differens Princes ;
car comme il ne les pourroit tous deux servir en
personne l'un à l'encontre de l'autre, il doit re-
futer le dernier Fief, pour me servir de termes
des Feudistes, & l'abandonner, retenant le premier Fief, servir le premier Seigneur, auquel il
avoit promis d'abord fidelité : *Quia contra naturam est, quod ille gaudeat beneficio, qui non potest
servitium exhibere ;* & le second Seigneur ne seroit
pas obligé de recevoir, s'il ne vouloit un Substi-
tut au lieu de son Vassal ; car il ne doit pas être
auteur du parjure.

Comme le Vassal est obligé de servir son Seigneur contre son fils, contre son frere, & generalement contre tous, fors contre le Roi, sa Patrie, son pere, & contre soi-même ; parce que
dans les termes generaux n'est pas comprise la
personne de celui qui parle, *L. inquisitio, D. de
solut.* Le Seigneur est aussi respectivement obligé
de secourir le Vassal dans les guerres justes,
même contre son fils & contre son frere, sous
peine d'être privé de la directe ou proprieté du
Fief, qui demeurera réunie à l'usufruit & au domaine utile du Vassal. *Jacob. de feud. in verb. &
promiserunt, num.* 8, *& num.* 15.

Nouveaux.) Ce qui est contenu dans l'Epître
101 de Fulbert, Evêque de Chartres, canonisée
par Gratien, dans son Décret 22, *q.* 5, *c. de
forma,* & du depuis inserée dans les Livres des

Fiefs par Girard Niger & Obert de Orto, Confuls de la Ville de Milan, & autres Compilateurs des Us & Coutumes des Fiefs, *liv.* 2, *tit.* 6, *de forma*, qui font, *Incolume, tutum, honeftum, utile, facile, poffibile;* qui font ces chapitres de fidelité aufquels Balde au même endroit a ajouté ces deux autres; fçavoir, *confilium & auxilium.*

A la joüe) Le Spéculateur *de feud.* §. *quoniam, num.* 66, *verf. porro,* dit que le Roi recevoit le baifer de paix des Gentilshommes qu'il recevoit à foi & hommage; & non des hommes roturiers, & les Evêques la lui faifoient l'étolle au col, les faintes Evangiles prefentes, lui promettant foi & fidelité.

* Comme cet article & les quatre fuivans ne concernent que la forme de la faction de foi & hommage, ils n'ont befoin d'aucun Commentaire.]

ARTICLE CLXXXVIII.

Si le Vaffal fait la foi & hommage au Prince, il doit être à deux genoux : fi c'eft à un moindre, fuffit d'être à un genoüil; & eft accoutumé que le Vaffal doit avoir les mains jointes, & le Seigneur les doit prendre entre les *fiennes,* en le recevant & baifant.

Siennes.) Les mains fignifient ici puiffance *D. de Juft. & Jur. L. manumiffiones,* donner la main à quelqu'un, fignifier fureté & fermeté, *ut not. inft. de verb. oblig. in Princ.* C'eft pourquoi fi le Vaffal met ici fes mains entre celles de fon Seigneur, il devient fon homme & fujet, & il n'y a pas lieu à s'en répentir. *Bal. con.* 291, *num.* 11, *liv.* 2, *Jacob. de homag. num.* 3.

Article CLXXXIX.

Si l'hommage eft fait à moindre que du Prince, le Vaffal en faifant le ferment peut dire, je vous jure & promets *fidelité & fervice* fors contre le Roi & le Prince de qui vous tenez, & quand il ne le diroit, le Superieur eft toujours *excepté*, & fi le ferment eft fait au *Prince*, il peut excepter la perfonne *du Roi* & de fon *fils aîné.*

Fidelité.) Le ferment de fidelité eft demandé, parce qu'il n'y a rien de plus dangereux, ni de plus nuifible qu'un ennemi familier, L. *data*, Cod. de *donat.* & tels Vaffaux, appellez par les Feudiftes domeftiques & familiers, méditent & machinent la ruine de leurs Seigneurs ; c'eft pourquoi pour ôter tout foupçon, ils font tenus leur faire ferment de fidelité, appellé ferment de fureté.

Mais il n'en eft pas ainfi du Seigneur; car il n'eft pas dit dans les livres des Fiefs par aucun texte qu'il doive à fon Vaffal aucun ferment de fidelité ; car comme le Patron, auquel on compare le Seigneur, ne doit pas de ferment à fon affranchi comparé au Vaffal, de même le Seigneur n'en doit pas non plus à fon Vaffal. *Jacob. de feud. in verb. qui quidem*, num. 4 & 6.

Excepté.) Ce terme qui excepte le Roi & le Prince, *Si recte intelligitur nulla quidem indiget adjectione, fed integram & perfectam in fe continet fidelitatem, fed propter fimplices & nominis fignificationis ignaros ad illius verbi interpretationem adjici folet.* Cujas de feud. liv. 2, tit. 7.

Prince.

Prince.) C'étoit le Comte de la Marche, Duc de Bourbon, Prince du Sang.

Du Roi.) Afin que le ferment de fidelité ne foit pas inique, *C.* 1, *de nat. feud. & in C. Imperialem*, §. *præterea*, *num.* 23, *de prohib. feud. alien. per feder. Bal. con.* 291; *num.* 6, *liv.* 2. Et fi l'on dit le Roi Louis XIV. quoiqu'il femble que fes fucceffeurs à la Couronne ne feroient pas de même exceptez, ils le font néanmoins pareillement, parce que c'eft la dignité qui eft la caufe finale & non la perfonne, qui ne feroit ajoutée à la dignité de Roi que par démonftration. Balde fur le même *C. Imperialem.*

Fils aîné.) C'eft-à-dire, Monfeigneur le Dauphin, heritier de la Couronne.

Article CXC.

Si le Seigneur veut, avant la reception, le Vaffal jurera fur les faintes *Evangiles.*

Evangiles.) Quoique cette cérémonie ne foit plus néceffaire ni en ufage, non plus que la bouche & les mains, comme remarque Brodeau fur la Coutume de Paris, *art.* 3, *num.* 4, finon pour la preftation de l'hommage lige dû au Roi, & non pour l'hommage fimple; néanmoins afin de rendre le ferment de fidelité plus folemnel d'obliger le Vaffal envers fon Seigneur plus étroitement, & de donner davantage de terreur & de crainte dans fon efprit; & afin qu'il ne le viole pas legerement, la Coutume permet au Seigneur avant de le recevoir au ferment de le faire jurer fur ce que nous avons de plus faint, c'eft-à-dire, fur le Livre des Evangiles.

ARTICLE CXCI.

Et pour ce que les Seigneurs qui con-
noiſſent leurs Vaſſaux de bonne volonté,
diſpenſent deſdites ſolemnitez qui ſont in-
troduites par uſage raiſonnable, ſi l'hommage eſt autrement fait que ce que dit eſt,
n'eſt fait préjudice aux droits du Seigneur
du Vaſſal qu'autrefois ne ſe faſſe l'hommage en la maniere que dit eſt.

ARTICLE CXCII.

Le Seigneur n'eſt tenu, ſi bon ne lui
ſemble, recevoir le Vaſſal à foi & hommage par *Procureur* nec è contra, *fors le
Prince.*

Procureur.) Quoique la foi & hommage puiſſent être prêtez par Procureur fondé de procuration ſpéciale, ſuivant tous les Feudiſtes, notamment l'Archidiacre, *C. tibi* 63, *deſt. Bal. §. niſi,
num. 6, quo tempore miles, & Barb. deſſus* le même
Balde, néanmoins ſi le Seigneur veut que le Vaſſal le lui rende en perſonne, il l'y obligera malgré lui : *Quia juramentum habet annexam exhibi-
tiōnem reverentiæ, quæ præſentialiter debet fieri
non autem per alium,* dit le même Balde, *L.* 1,
col. 1, *D. de rer. diviſ. & in c. in fine de Ord. cogn.*
où il ajoute que *homagium requirit corporalem
præſentiam, & ideò juramentum fidelitatis non
poteſt præſtari per Procuratorem.*
En effet, le Seigneur eſt bien aiſe de voir ſon
Vaſſal pour le connoître, ou parce qu'il lui eſt
ſuſpect ; il le veut lui-même avertir de ſon de-

Voir, & lui-veut peut-être faire une correction : c'est pour cela qu'il n'est pas obligé, si bon ne lui semble, de le recevoir à foi & hommage par Procureur ; *vice versa*, le Vassal n'est pas non plus tenu, s'il ne veut, faire la foi & hommage au fils de son Seigneur, s'il n'y a convention qu'il la fera au fils, ni au Seigneur de son Seigneur, s'il n'a Jurisdiction sur lui. *Jacob. de feud. in verb. qui quidem, num.* 11, 12 *&* 14.

Fors le Prince.) C'est-à-dire, le Comte de la Marche, Duc de Bourbonnois, lequel étant occupé à d'autres affaires de l'Etat plus importantes, ne pouvoit pas être en personne sur les lieux ; c'est pourquoi il pouvoit recevoir la foi & hommage par ses Gens ; & à present le Roi qui lui a succedé les reçoit de ses Vassaux par le moyen de ses Officiers en la Chambre des Comptes à Paris, quant aux Fiefs de dignitez, & par le moyen des Trésoriers Generaux à Moulins pour ce qui est des simples Fiefs.

* Cet article est tout semblable au soixante-septiéme de Paris. *Vide* mon quatriéme volume de la foi & hommage, chap. 4.

Fors le Prince.) Ces termes sont inutiles, à present que le Comté est au Roi.]

ARTICLE CXCIII.

Le Seigneur qui par faute d'homme a saisi le Fief de son Vassal, si nonobstant la saisie faite par le Seigneur du Fief, le Vassal a prins les fruits de son Fief, & requiert après à être reçu à foi & hommage, n'est tenu recevoir sondit Vassal, qu'il ne paye & rétablisse les fruits encourus depuis la saisie faite par le Seigneur *féodal* ; mais

pour empêcher que tels fruits ne croissent;
le Vassal les peut consigner en main de
Justice.

Féodal.) Si au tems de la saisie tous les fruits
avoient été recueillis par le Vassal , quoiqu'il
semble que le Seigneur n'en pût prétendre aucun,
si le Vassal lui rend la foi & hommage avant que
les fruits de l'année courante soient en nature
d'être saisis : Néanmoins Cujas sur les Fiefs , *liv. 4,
tit.* 30 , décide que les fruits recueillis avant la
saisie féodale ; & ceux à recueillir après au tems
que le Vassal s'est mis en devoir , seront partagez
entre le Seigneur & le Vassal , suivant la Loi *di-
vertio , D. de solut. matr.* de la même manière
qu'ils se partagent entre les heritiers de l'Usufruitier & le Proprietaire de la chose , ou entre la
femme & le mari séparez , c'est-à-dire , qu'il en
sera donné au Seigneur à proportion du tems que
sa saisie a duré.

* Cet article est de Droit commun, il se rapporte au vingt-neuviéme de Paris. *Vide* mon quatriéme volume du bris & infraction de saisie.

L'observation de Jabely sur cet article n'est pas
bonne , le Seigneur ne gagne les fruits qu'autant
qu'il a saisi ; & si la recolte est faite avant la saisie,
il n'en a rien. Ce qu'il dit qu'on en donne au
Seigneur à proportion que sa saisie a duré , ne
s'accorde pas avec ce qu'il suppose que les fruits
étoient cueillis au tems de la saisie ; car si lors de
la saisie les fruits étoient cueillis, donc le Seigneur ne peut en avoir autant que sa saisie a duré,
puisqu'elle n'étoit pas lors de la cueillete. La
regle est certaine , *tant que le Seigneur dort le
Vassal veille* , c'est-à-dire , que le Vassal joüit
pleno jure , tant qu'il n'est pas saisi , & que le Seigneur ne gagne les fruits qu'autant qu'il a saisi ;
cela est incontestable.

Pour empêcher que tels fruits ne croissent.) Cela suppose un refus du Seigneur de recevoir la foi ; & les offres que le Vassal fait de restituer les fruits, Alors la Coutume lui permet de consigner, sauf si les offres sont insuffisantes, à le condamner de suppléer ; mais du jour de la consignation la saisie cesse, suivant cet article. Cela est dans le principe, le Seigneur n'est pas tenu de recevoir en foi un Vassal qui a enfreint sa saisie, s'il ne restituë tous les fruits perçus : Or le Vassal ne peut mieux faire que d'offrir réellement de restituer, en ce cas le refus du Seigneur est poussé trop loin, aussi la Coutume permet au Vassal de consigner, afin que pendant la contestation sur le refus de la foi, la perte des fruits ne tombe plus sur un Vassal qui se met en regle par les offres de restituer & de faire la foi.]

ARTICLE CXCIV.

Si le Vassal est nouvel Tenancier, il peut faire foi & hommage à celui qui l'a sommé de ce faire pour sauver les fruits, & protester par ladite fidelité faite qu'il n'entend faire faux aveu, si le Fief se trouvoit tenu d'ailleurs ; laquelle protestation faite, comme dit est, lui sauvera *la commise*, si la chose étoit trouvée être tenuë d'aucun autre Seigneur. Néanmoins sera tenuë la foi & hommage ainsi faite pour pure & simple, quant à celui à qui elle avoit été faite, s'il n'appert d'autre Seigneur féodal.

Voyez ce que j'ai dit en l'article 185 *suprà*.

La commise.) *Secus* de l'ancien Vaffal, la proteftation qu'il feroit contre fa propre connoiffance, qu'il n'entendoit pas de faire faux aveu, ne
l'excuferoit pas de fa perfidie envers fon nouveau
Seigneur, & ne le garantiroit pas de la commife
de fon Fief; car il fçait tout le contraire de ce
qu'il protefte, ce qu'un nouveau Vaffal ne peut
fçavoir.

L'article n'a lieu que lorfqu'il ne paroît qu'un
feul Seigneur; car s'il en paroît plufieurs, comme ce feroit un combat de Fief, le Vaffal ne fera
obligé d'en reconnoître aucun, s'il ne veut; mais
cependant fe fera recevoir par main fouveraine,
article 60 de la Coutume de Paris, & joüira
jufques à fin de Procès; fans qu'il foit obligé
de configner aucune chofe, ne devant que la
bouche & les mains, article fuivant, & par ce
moyen aura main-levée de la faifie féodale refpectivement faite par les deux Seigneurs contendans.

ARTICLE CXCV.

Pour mutation d'homme ou Seigneur,
le Seigneur féodal n'a aucun droit fur fon
Vaffal, fors la bouche & *la main*, s'il n'y
a expreffe reconnoiffance *au-contraire*.

La main.) Par la raifon que les Fiefs dans
notre Coutume n'ont pas été donnez à la charge
de quelque devoir ou fervice, ou pour quelque
chofe certaine; mais on a fimplement donné la
proprieté utile, quoique quand on promet fidelité fans aucune charge de fervice, on les peut
appeller du nom de Fiefs francs. *C. inter dilectos,
de fid. inftr. Bal. con.* 245, *n.* 2, *liv.* 1, comme
en effet ils font francs de toutes charges, fors de

celles portées par les conventions, *Old. con.* 234.
Tel devoir, la bouche & la main, est le symbole
de la directe Seigneurie. Tasillo, Duc de Baviere,
suivant l'usage des François, se reconnut Vassal
de Pepin, se soumettant à lui, lui fit serment de
fidelité : *Quod ita Ado Viennensis Tasillo se illi
Vassallum commisit, Ricardus se in manibus Caroli
commendavit.* Cujas *de feud. lib.* 1, *in præm.*
vers la fin.

Au-contraire.) Parce que le Fief se regle par
fois selon la nature des Fiefs, par fois suivant la
convention, qui est une autre nature : *Ut in c.* 1,
*de eo qui sibi & hæred. mascul. & fæm. nam con-
tractus ex conventione legem actui pariunt. Bal.
con.* 352, *num.* 2, *liv.* 1. Bien que le Vassal pût
par pacte & convention s'assujettir à de plus grands
devoirs, il ne peut néanmoins pas se faire dé-
charger de la fidelité, qui est de la nature des
Fiefs, bien qu'on l'eût déchargé du serment Cujas
de feud. lib. 1, *in præm.* vers la fin.

* En cette Coutume les Fiefs sont d'honneur,
& ne doivent aucun profit pour quelque mutation que ce soit, la Coutume ne distingue pas :
Mais lors de la conversion le Seigneur peut imposer des services pécuniaires, ou autres, parce
qu'il concede *ad modum quem vult*, aussi l'article
reserve ces conventions. *Vide* ma Note sur le
cent quatre-vingt-troisiéme *suprà.*

Quoiqu'en cette Coutume les Fiefs ne doivent
aucun profit de bourse, néanmoins en cas de
vente le retrait féodal y a lieu. *Ut dicam infrà*,
article 273.]

ARTICLE CXCVI.

Le Vassal pert son Fief en trois cas :
c'est à sçavoir, par *félonie*, & par faux
aveu, ou desaveu *formel*.

Voyez l'article 204 *infrà.*

Félonie.) Par une identité de raison, le Seigneur qui commet au-contraire félonie contre son Vassal perd semblablement la directe ou mouvance du Fief, suivant la Loi des Fiefs Cujas *de feud. liv.* 4, *tit.* 24, & les Auteurs chez Jacob. *de feud. in verbo dictique Vassalli, num.* 53.

Si la félonie n'étoit pas commise contre le Seigneur immédiat, mais contre le Seigneur médiat, tel que le Roi, en ce cas, comme le Roi ne pourroit être Vassal de son Vassal, il seroit obligé de vendre le domaine utile second de l'arriere-Fief, qui lui seroit acquis par la félonie de l'arriere-Vassal, afin que le Seigneur immédiat son Vassal Seigneur du domaine utile premier, soit servi du Fief qui releve de lui. *specul. de feud.* §. *quoniam,* q. 40, 62 & *suiv. Jacob. de feud. in verbo & cum pacto, num.* 22.

Et si le Roi Seigneur, Superieur médiat, remet à son arriere-Vassal son injure, & lui pardonne sa faute, le Seigneur immédiat ne peut rien prétendre dans l'arriere-Fief, comme Socin. Jun. décide en son *con.* 134, *liv.* 3, en faveur du Duc de Virtemberg, contre Ferdinand, Roi des Romains, Archiduc d'Autriche, qui prétendoit que ce Duché lui avoit été acquis, comme Seigneur immédiat, par la félonie du Duc de Virtemberg commise contre l'Empereur Charles-Quint, Seigneur médiat, nonobstant que l'Empereur eût pardonné à ce Duc rebelle son crime, où cette question aussi difficile qu'elle étoit fameuse & importante, a été de part & d'autre traitée par ce grand Jurisconsulte, & enfin décidée en faveur du même Duc, contre le Roi des Romains, & encore par Alciat, *con.* 451. C'est une action pénale qui ne s'étend pas du Seigneur médiat au Seigneur immédiat.

Formel.

Formel.) Si le Seigneur de son vivant ne se plaint pas de son Vassal ingrat, son heritier ne s'en peut non plus plaindre après sa mort, parce que le Seigneur ayant gardé le silence jusques au dernier soupir de sa vie, est réputé avoir remis la félonie, le faux aveu & desaveu formel. *Glos. in c. 1, in tit. quib. mod. feud. amitt. & in c. 1, §. porro in tit. quæ sit prim. causf. benef. amitt.* Balde au même lieu, *num. 3, in c. Imperialem de prohib. §. insuper, num. 5, vers. considera.*

Où il dit, *actio ista est quasi actio injuriarum quæ tendit ad vindictam, & ideò non datur hæredibus, nec contra hæredes.* Jacob. *de feud. in verb. dictique Vassalli, num. 5,* par la raison que c'est une action qui a dû être préparée pour être transitoire ; s'il faut Sentence déclarative comme ici; *secus* si la commise étoit acquise *eo ipso,* Socin. *con. 66, num. 19, liv. 3.*

Pourvû néanmoins que le Seigneur en ait eu connoissance de son vivant ; car s'il ne l'avoit sçu, ou s'il l'avoit appris, ç'avoit été quelque tems avant sa mort, & n'avoit pas eu le tems de poursuivre, son heritier seroit en droit de s'en plaindre. *Jacob. de Belevisu in c. 1, quib. mod. feud. amitt.* suivi par les autres Docteurs, rapportez par Jacob. *à Sanct. Georg.* au même lieu, *de feud. in verb. dictique Vassalli, num. 51. Cujas de feud. liv. 1, tit. 1, in fine.*

La même chose seroit si la félonie, faux aveu, &c étoient tels qu'ils privassent le Vassal *eo ipso* du Fief, parce que l'injure qui attire avec elle l'exécution passe à l'heritier, quoique la plainte n'eût pas été formée en Justice par le Seigneur féodal de son vivant, prévenu par la mort. *Bal. in c. Imperialem, §. insuper, num. 7.*

Si le Vassal prédecede au-contraire le Seigneur

P

quoiqu'il femble que le Seigneur puiffe priver le
fils & heritier du Vaffal de fon Fief, à caufe de la
félonie de fon pere, de fon faux aveu & defaveu,
décedé avant qu'il s'en fût plaint ; néanmoins le
même Jacob. *de Sanct. Georg.* décide au même
endroit, *dictique Vaffalli, num.* 53 & 54, avec
les Docteurs qu'il allegue, qu'il ne feroit pas recevable à fe plaindre, par la raifon que c'eft une
action pénale qui vient du délit, qui fe reffent de
la vengeance, qui ne fe donnant pas à l'heritier,
ne fe donne pas non plus contre l'heritier ; furtout fi le Seigneur a eu le tems de fe plaindre
lui-même du vivant de fon Vaffal : fi-bien que
l'ingratitude & la perfidie n'ayant pas été pour-
fuivie contre l'auteur du crime, elle ne le doit
pas non plus être contre le fils heritier qui en eft
innocent.

* *Vide* ma Note fur le cent quatre-vingt-cin-
quiéme *fuprà.*

Ce que dit Jabely que le Roi feroit obligé de
revendre l'arriere-Fief commis envers lui, n'eft
pas dans le principe : Il eft vrai qu'ordinairement
le Roi remet ou aux enfans ou ès mains d'autres
Donataires les Fiefs commis qui relevent d'autres;
mais s'il les gardoit il n'en feroit hommage, il
donneroit une indemnité. *Vide* mon quatriéme
volume de la foi, *chap.* 3.]

ARTICLE CXCVII.

Le Seigneur féodal n'eft tenu, fi bon ne
lui femble, recevoir fon hommage; finon
au lieu dont dépend le Fief.

* *Vide* mon quatriéme volume, *ibid.* chap. 4,
Auffi quand le Vaffal a été au lieu dominant, &
qu'il y a fait la foi, il ne la réitere plus, article

206 , à moins qu'il n'eût été faifi avant. Article 208.]

ARTICLE CXCVIII.

Le Seigneur doit recevoir le *Tuteur* de fon Vaſſal pupille, ou le Curateur de fon *adulte* fous âgé de vingt ans , en faifant par lefdits Tuteur ou Curateur diligence fuffifante ou leur bailler fouffrance : Et auſſi au Vaſſal malade ou néceſſairement *abfent.*

Tuteur.) Ce qui s'entend auſſi-bien du Tuteur des filles , comprifes fous le nom mafculin, que des mâles ; car encore que les filles foient plutôt puberes que les mâles , il faut qu'elles ayent vingt ans complets comme les mâles pour rendre la foi & hommage. *Bal. c. Imperialem , §. prœterea , num. 2 , de prohib. feud. alien. per Feder.* Et avant cet âge de vingt ans, ce fera le Curateur des filles , comme le Curateur des mâles mineurs de vingt ans qui le rendra , & le Tuteur des filles impuberes moindres de quatorze ans , comme le Tuteur des mâles , quoique les filles foient puberes & nubiles à douze ans.

Le Seigneur doit pareillement recevoir le Syndic d'une Communauté de même que le Tuteur & Curateur des mineurs , avec cette différence néanmoins que le Tuteur & Curateur n'ont pas befoin de procuration ; au lieu que le Syndic en doit avoir une expreſſe & fpéciale des Habitans. *Jacob. de feud. in verb. qui quidem , num. 1 ,* après Balde.

Autre chofe feroit des Habitans qui doivent le ferment de fidelité , non à raifon de leurs Fiefs , mais de la Jurifdiction , ils doivent le rendre eux-

P ij

mêmes en perſonne. *Jacob. de feud.* au même lieu, *num.* 22, vers la fin, après le même Balde.

Adulte.) Quatorze ans ſuffiſent, ſuivant l'uſage des Fiefs, qui eſt au dire de Cujas, dans ſon Traité ſur les Fiefs, *liv.* 4, *tit.* 13, l'âge de puberté, & de dix-huit ans en Berry ; mais notre Coutume conforme en ce point à la Coutume de Paris, veut que le Vaſſal ait vingt ans pour être en âge de porter la foi & hommage, & faire le ſerment de fidelité.

Abſent.) Sans conſiderer ſi ſon abſence eſt juſte ou injuſte ; car le Vaſſal n'eſt pas tenu de ſuivre toujours le Seigneur, d'être à ſes trouſſes, ni de voler ſi le Seigneur vole. *Bal. quo tempore*, *c.* 1, §. *niſi*, *num.* 14. Outre ces cas de l'article, il y en a pluſieurs autres pour leſquels le Vaſſal eſt excuſé : Entr'autres, ſi le Seigneur eſt encore enfant & ſans Tuteur, s'il étoit banni & exilé du Païs, s'il y avoit inimitié capitale entre le Seigneur & le Vaſſal, ſi le Vaſſal n'avoit pas l'accès libre auprès du Seigneur, à cauſe de ſes ennemis qui ſont aux aguets, qui l'attendent, ou quand il y a guerre ou peſte ſur les lieux qui empêchent la communication, & que le Vaſſal ne puiſſe ſurement aborder le Seigneur qu'au hazard de ſa vie, *Bal. quo tempore miles*, *c.* 1, §. *ſancimus*, *num.* 1 *& ſuivans*, §. *niſi*, *num. & ſuivans*, *Jacob. de feud. in verb. qui quidem*, *num.* 49 *& ſuiv.*

* Cet article eſt dans le Droit commun. Le Seigneur n'eſt forcé de recevoir en foi le Tuteur, qu'autant qu'il ne voudra pas accorder ſouffrance aux mineurs : & s'il reçoit le Tuteur, le mineur venu en âge n'eſt pas obligé de la réiterer, parce que du conſentement du Seigneur il eſt reçu en foi par Procureur, & que la foi faite & reçue par Procureur couvre le Fief, comme la foi faite en perſonne, ſi la Coutume ne dit textuellement

au-contraire. *Vide* mon quatriéme volume, *ibid.*
chapitre 3.

Au Vaſſal malade ou néceſſairement abſent.) Cela
s'entend quand la ſouffrance eſt demandée, autrement le Seigneur peut ſaiſir. *Vide* mon quatriéme volume, chapitre de la Souffrance. Ce
que dit Jabely, que le Seigneur ne doit pas exa-
miner ſi l'abſence eſt juſte ou non, eſt trop crud ;
car ſi le Seigneur prouvoit que le Vaſſal s'eſt ab-
ſenté exprès il peut ſaiſir, & la ſaiſie ſeroit bonne,
à cauſe du mépris marqué.]

ARTICLE CXCIX.

Tout ainſi que le Vaſſal peut vendre ou
aliéner ſon Fief ſans le congé du Seigneur,
le Seigneur peut vendre ou aliéner ſon
droit de Fief, ſans le conſentement du
Vaſſal.

Droit.) C'eſt-à-dire, le Fief dominant, & non
le vaſſallage, qui en eſt dépendant & inſéparable,
& ſuit le Fief dominant. *Bal. quo tempore miles,*
c. 1, §. *ſi quis, num.* 5, & Barbat. deſſus ; Dumoulin ſur la Coutume de Paris, §. 1, *gloſ.* 3,
num. 27, dit que le Duc de Bretagne, & les
grands Seigneurs de la Province firent révoquer
l'aliénation de l'hommage que le Roi Philippes
le Bel avoit fait à l'Anglois du Duché de Bretagne ſans leur conſentement. Les Barons de
Guyenne ne voulurent pas reconnoître le Roi
d'Angleterre pour leur Souverain, en conſé-
quence du Traité de Bretigny, au dire de Froiſ-
fant, livre 1 de ſon Hiſtoire, chapitre 214, qui
ajoute à ſon quatriéme livre, chapitre 11, que
Bourdeaux, Bayonne & autres bonnes Villes,
firent retracter au Roi Richard d'Angleterre le

P iij

don qu'il avoit fait de leur Païs au Duc de Lan-
claftre fon oncle , qu'ils ne voulurent jamais reconnoître pour Maître.

* *Vide* mon troifiéme volume du démembrement où la queftion de la vente de mouvance eft
agitée *ex profeffo* , contre l'opinion de Dumoulin.
L'obfervation de Jabely fur cet article eft directement contre le texte. *Le droit* de Fief n'eft pas
le Fief dominant , mais la mouvance ou la directe,
voilà ce que la Coutume permet de vendre fans
le confentement du Vaffal ; & en effet , falloit-il
un texte précis pour dire que le Seigneur pouvoit
vendre fon propre Fief fans la permiffion de fon
Vaffal ?]

ARTICLE CC.

Quand aucun a fait foi & hommage ,
& après *vend ou aliéne* partie de fon heritage , il demeure chargé pour le tout des
fervices , fauf fon recours à l'encontre de
fes parfonniers qui tiennent partie de ladite chofe féodale. Ainfi eft-il du fils aîné
qui a fait l'hommage pour fes freres qui
depuis ont parti ; *mais après le partage
fait* du Fief, chacun pour fa part eft tenu
faire hommage & fervice felon *la qualité
du Fief.*

La qualité du Fief.) Par la raifon que le ferment de fidelité eft indivifible , & dans les chofes
qui ne fe divifent point chacun des heritiers eft
folidairement tenu , *L. hæredes* , §. *an ea* , *D. fam.
Herc.* & *Jacob. de feud. in verbo qui quidem ,
num.* 22, après Balde, *fi de feud. fuerit controverf.*
§. *omnes* , & les autres Docteurs par lui rapportez,

à quoi on peut ajouter ce que le même Balde dit au même endroit, que tous les enfans du Vaffal font cenfez être un feul, en ce qu'ils ont fuccedé à la place d'un feul.

* Cet article prouve combien cette Coutume eft oppofée au démembrement du Fief.

Vend ou aliéne.) *Scilicet* avec rétention de foi envers foi, qui eft la fous-inféodation, ou de devoir de directe qui eft l'accenfement. Cet article ne peut s'entendre d'une vente *pure & fimple.* La raifon eft claire ; par la vente pure & fimple, *le Fief*, non *le titre*, mais le corps materiel du Fief eft divifé entre le Vaffal & l'Acquereur.

Or l'article 184 prévoit la divifion du Fief, telle que nous l'entendons, entre toutes perfonnes autres que freres ou coheritiers par ces termes, *fi aucun Fief eft divifé entre deux freres*, ou autres perfonnes, en vendant purement & fimplement, ou donnant fans referve une portion du Fief, on divife le corps materiel du Fief, on le partage, & alors, dit l'article cent quatre-vingt-quatre, chacun fait la foi pour fa part, au lieu que dans le cas de notre article, le Fief n'eft pas cenfé *divifé*, il eft toujours cenfé tenu par *un feul*, ce qui ne peut être que le cas de la fous-inféodation, ou de l'accenfement, auquel cas le Vaffal refte toujours homme du Seigneur pour *tout* le Fief. C'eft ce que Dumoulin explique parfaitement fur le §. *hodie* 51, *gl.* 1, *n.* Voyez mon premier volume du démembrement, chap. 2.

Services.) Si aucuns ont été impofez lors de la conceffion.

Mais après le partage fait.) En cette Coutume la foi faite par l'aîné pendant l'indivis couvre le Fief, & les puinez ne font tenus d'y retourner après le partage. L'article 184 *in fine* le dit auffi, & ces termes, *un chacun fera la foi pour fa part*,

P iiij

de l'article 184 & du prefent article, ne mar-
quent pas une réiteration de foi par les puînez :
Donc l'aîné a couvert le Fief & a pû le couvrir.
Aux termes de ces articles, cela fignifie que
l'aîné n'eft admis à faire la foi pour fes puînez
que *cette fois feulement*, à caufe de l'indivis ;
mais qu'avenant des ouvertures, chaque Por-
tionnaire fera la foi de fa portion, l'aîné ne fera
plus admis à la faire, car ce feroit un parage
que la Coutume rejette, *ut notavi fuprà*, article 184.]

ARTICLE CCI.

S'il y a plufieurs Seigneurs féodaux
communs par indivis d'un même Fief,
& que les portions foient entr'eux iné-
gales, le Vaffal peut faire hommage à celui qui a la plus *grande portion*, tant pour
lui que pour les autres Seigneurs *féodaux*.

Grande portion.) Si foi & hommage font dûs
à une Communauté Ecclefiaftique, comme à un
Chapitre, il doit être fait au Doyen ou à la principale dignité du Chapitre pour tous les autres,
comme on les fait au Seigneur qui a la plus grande
portion d'un Fief commun, ou à l'aîné des freres
Seigneurs d'un lieu noble par indivis, article fuivant.

Féodaux.) Et fi les portions font égales & les
Seigneurs ne font pas freres, mais coufins, qui ont
fuccedé à un parent, c'eft au choix du Vaffal de
choifir celui des Seigneurs auquel il rendra le ferment de fidelité au nom de tous les autres. *Jacob.
de feud. in verb. qui quidem, num.* 23, *verf. po-
teftatis.*

* *Vide* mon quatriéme volume de la foi & hommage , chapitre 4 , où toutes les queſtions que cet article peut occaſionner ſont traitées, elles ſervent auſſi aux deux articles ſuivans.

Jabely dit que ſi les portions ſont égales , & que les Seigneurs ne ſoient freres , le Vaſſal a le choix de rendre à celui qu'il voudra. Je tiens qu'il doit aller à celui qui a le principal manoir. *Argument.* §. 197 *ſuprà.* L'article 203 *infrà* , dit bien préciſément , *à celui qui ſe trouvera ſur le lieu* , & *en leur défaut, à la porte dudit Châtel ou Place.* Cela eſt clair.]

ARTICLE CCII.

Si les portions ſont égales, & entre freres ou enfans , ledit Vaſſal eſt quitte en faiſant l'hommage à *l'aîné.*

L'aîné.) Parce qu'un Vaſſal n'eſt pas obligé d'avoir pluſieurs Seigneurs pour un ſeul & même Fief , il ſuffit de faire l'hommage à l'aîné des freres pour tous , *C. Imperialem* , §. *præterea ducatus* , où il eſt dit qu'on ne doit le ferment de fidelité à raiſon d'un Fief qu'à un ſeul. *Bal. ſi de feud. fuerit contra, c.* 1 , §. *omnes , n.* 2. *Jacob. de feud. in verb. qui quidem , num.* 28 , *verſ. contrarium* , & *Cujas de feud. liv.* 4 , *tit.* 9.

Mais ſi les Seigneurs , dont les portions ſont égales , n'étoient pas freres , mais couſins , qui euſſent ſuccedé à un parent commun , ou à quelqu'autre , il eſt au choix du Vaſſal de choiſir celui des Seigneurs qu'il voudra , auquel il rendra l'hommage & le ferment de fidelité au nom de tous les autres Seigneurs. *Jacob.* au même *num.* 28 , *verſ. poteſt.* Voyez l'article ſuivant.

* L'article préfuppofe ce qui eft de Droit commun , que l'aîné a le principal manoir.

Nota. Que dans le cas de cet article , du précedent & du fuivant , il faut que la foi foit renduë *pour tous*, & qu'ils foient *tous* nommez dans l'acte, autrement elle feroit nulle à l'égard de celui qui n'auroit pas été nommé , ou plutôt il n'y auroit point de foi, le Fief ne feroit pas couvert à fon égard , & il pourroit faifir faute d'homme. *Vide* mon quatriéme volume , *ibid.*]

ARTICLE CCIII.

Et s'ils font autres que freres, enfans ou heritiers par commun , il fuffit fe tranfporter au lieu ou place dont dépend ledit Fief, & illec faire fa foi & hommage à celui defdits Seigneurs féodaux qui fe trouvera fur le lieu : Et en leur défaut, à la porte dudit Châtel ou Place.

* Cet article eft fuffifamment expliqué par ce que deffus.]

ARTICLE CCIV.

Ont lieu les chofes fufdites quant à la foi & hommage: *Mais quant ès profits* & droits de Fief, comme de *commife de la chofe feodale* ou fruits d'icelle , ou autres profits divifibles , ils fe départent entre les Confeigneurs féodaux *pro rata.*

Voyez l'article 196 *fuprà.*
Commife de la chofe féodale.) S'il n'y avoit

qu'un des Seigneurs contre lequel le Vaffal eût commis félonie, ou qu'il auroit à fon égard feulement fait faux aveu ou defaveu formel, encore qu'il femble que la glofe, *L. 2, Cod. de lib. & eorum in verbo Patrono*, veuille que l'un des Patrons qui auroit été offenfé de leur affranchi le pût remettre en fervitude pour le punir de fon ingratitude, parce qu'il eft Patron *in folidum*, & que par la même raifon le Fief fut de même acquis au Seigneur offenfé, qui eft auffi Seigneur Patron *in folidum*; néanmoins je ne crois pas que la commife dût avoir lieu pour tout le Fief, mais feulement pour la part du Seigneur offenfé, à moins que les autres Seigneurs n'y donnaffent leur confentement. *L. fi quis hac, S. quoties, D. quis & à quib. man.*

Et de fait, le Vaffal n'a démerité envers les autres Cofeigneurs pour le punir, & le priver de la part de fon Fief qu'il tient d'eux.

* Ont lieu les chofes fufdites quant à la foi.) Cet article prouve de plus en plus l'oppofition formelle de cette Coutume au démembrement du Fief, *quia in fola fidelitate confiftit*. La foi eft indivifible *in fe*, quoique la faction de foi fe divife en autant de Portionnaires du Fief, *ut dixi* article 184 *fuprà*.

Mais quant aux profits.) L'article dit que l'utile du Fief dominant fe partage entre les Cofeigneurs, chacun reçoit fa portion, cela eft de Droit commun.]

ARTICLE CCV.

Le Vaffal qui veut faire foi & hommage à fon Seigneur après requifition ou mainmife, fe doit tranfporter au lieu dont dépend le Fief, & illec ſe mettre en devoir, ſelon la nature & qualité du Fief.

Article CCVI.

Et s'il ne trouve ledit Seigneur, ou le trouve, & ledit Seigneur le refuſe ſans cauſe raiſonnable, ledit Vaſſal ſe peut preſenter devant la porte d'icelui lieu & place dont dépend ledit Fief, & illec en preſence de Notaire & Témoins, faire ſes foi & hommage, comme il feroit, s'il trouvoit ſon Seigneur féodal ou autre pour lui. Toutefois ledit Vaſſal eſt tenu attendre ſon Seigneur féodal au lieu & place dont dépend ledit Fief, l'eſpace de vingt-quatre heures : S'il eſt requis de ce faire par les Gens & Officiers dudit Seigneur féodal. Néanmoins ledit Vaſſal eſt tenu en faiſant ledit hommage à la porte dudit lieu & place dont dépend ledit Fief, en l'abſence dudit Seigneur féodal, ou des gens de par lui commis, notifier ſon devoir & diligence à ſondit Seigneur féodal, dedans les quarante jours qu'il eſt tenu bailler ſa nommée, afin que le Seigneur féodal ſoit aſſuré de ſon Fief ; & de ce en bailler inſtrument contenant le ſerment de fidelité requis & accoutumé.

ARTICLE CCVII.

Et si le Vassal veut faire ses foi & hommage de son gré & volonté, & sans y être contraint par mainmise ou empêchement, il est tenu chercher son Seigneur féodal en personne, où qu'il soit dedans le Païs où le Fief est assis & situé : & en défaut de ce ledit Vassal peut faire sa foi & hommage à la porte dudit Château, comme dit est.

ARTICLE CCVIII.

Quand le Seigneur féodal a saisi son Fief, & fait assigner jour certain à son Vassal, pour faire son devoir, au lieu & place dont dépend son Fief ou ailleurs dedans la Châtellenie, le Vassal est tenu se trouver audit jour & lieu pour faire ses foi & hommage, autrement à faute de soi y trouver, le Vassal est tenu faire la foi en la personne de son Seigneur féodal *où qu'il soit dedans le Païs.*

* *Où qu'il soit dans le Païs.*) C'est à-dire, dans la Châtellenic. *Argument.* §. 207 *suprà.* Le Vassal n'est tenu d'aller chercher le Seigneur *hors* la Seigneurie, si la Coutume ne le dit.]

TITRE XIX.

*Des Testamens, Successions testamen-
taires, & ab intestat, & partage
de biens.*

ARTICLE CCIX.

LE mort saisit le vif son plus prochain heritier habile à lui succeder *ab in-*
testat, sans autre appréhension de *fait*.

Fait.) Ce qui comprend les Seigneurs de directe conditionnée qui succedent à leurs hommes conditionnez sans enfans ni communs, ainsi
que nous l'avons dit en l'article 152 *suprà*.
* Cet article est le même que le trois cens dix-
huitiéme de Paris.]

ARTICLE CCX.

Aucun, soit Noble ou Roturier, ne peut
par testament ou autre disposition ayant
trait à mort, disposer de ses biens, sinon
de la tierce *Partie* & au-dessous *ad pias*
causas, ou autrement à son plaisir ; en laquelle tierce partie sont comprinses les funerailles & tous legats : tellement que les
deux tiers doivent demeurer franchement
& quittement à l'heritier *ab intestat*, sans

charge de funerailles & *legats*. Et s'il y a don ou legat fait à plusieurs personnes, & le tout excede la tierce partie, sera réduit au tiers, au sol la livre. Et si le pere ou *mere* avoient disposé dudit tiers au profit de l'un de ses enfans, telle donation ou disposition est bonne & valable. Toutefois elle demeure chargée de toutes les dettes, obséques & funerailles & laigz testamentaires; & en jouira ledit Donataire par préciput & avantage pardessus ses autres freres & sœurs, sans d'icelle en faire aucun rapport.

Voyez l'article 250 *infrà*.

Partie.) A la déduction des dettes passives, n'y ayant de bien dans la succession qu'après les dettes payées, ou si les heritiers délivrent ce tiers avant les dettes acquittées, les Legataires du tiers, seront tenus pour un tiers d'icelles, & jusques à concurrence, si leurs legs sont au-dessous du tiers: ainsi jugé par Arrêt de la Seconde des Enquêtes au rapport de Monsieur de Bragelonne, du 12 Avril 1685, en faveur des heritiers de Jean le Clerc de Feletin, qui ordonna que Françoise Lamoureux sa veuve & sa Legataire du tiers contribueroit pour son tiers aux dettes mêmes, ou payement de sa dot, dont elle demandoit la restitution.

Si les legs excedent le tiers des biens, même les legs pieux, ils seront réduits à ce tiers; & s'il étoit épuisé par les seuls legs pieux dans le concours, ils seroient préferez, comme plus favorables, aux legs non pieux, qui au défaut de fond pour les acquitter demeureroient caducs, comme il a été jugé par Arrêt de la Grand'Chambre, au rapport de Monfieur Guillard, du 12 Août 1692, rendu au profit des Religieux de Nazareth & des Hôpitaux de Paris, Legataires d'Albert Nourry, à prendre fur fes meubles, acquêts, conquêts, immeubles, & le quint de fes propres fituez dans la Coutume de Paris où il étoit domicilié, qui doit ici fervir d'interprétation à cet article, par la raifon de Feder. de Sen. en l'un de fes confeils, rapporté par Gemin, *C. fin. imm. Eccl. lib. fexto*, qu'ils n'augmentent pas la difpofition au-de-là du tiers, les deux autres étant la legitime des heritiers.

Legats.) Mais les deux autres tiers demeurent chargez de deux tiers des dettes paffives.

Mere.) Afin de garder l'égalité entre les enfans; car un pere & une mere feront bien plus enclins pour avantager l'un de leurs enfans qu'un étranger.

Si avec ces enfans legataires il y avoit des étrangers legataires, comme la faveur des autres enfans ceffe en partie, la difpofition de la Coutume doit auffi ceffer. Les enfans legataires qui font tenus de leur part des deux tiers des dettes comme heritiers, ne feront obligez de payer que leur part de l'autre tiers defdites dettes, comme feroient d'autres Legataires, & à proportion des deux autres tiers; & s'ils abandonnent leur legs, il n'accroîtra pas aux étrangers, mais demeurera dans la fucceffion qui fe partagera entr'eux & leurs freres & fœurs.

✻ En cette Coutume on peut être heritier & legataire d'un défunt enfemble, cela tient du Droit écrit. Les peres & meres peuvent faire à un de leurs enfans un prélegs du tiers de leur bien, & ce prélegs ne fe rapporte point, §. 250 *infrà*, & notre article le dit précifément.

Mais

Mais par tout autre acte que par testament ils ne peuvent avantager un enfant plus que l'autre, si ce n'est par mariage, article 293, qui ne contredit pas celui-ci qui ne parle que des testamens. Le deux cens quatre-vingt-treiziéme parle d'un acte entre-vifs. *Vide* aussi l'article 304, & Jabely sur icelui.

Les deux tiers des biens doivent aller francs aux heritiers, non pas francs de dettes, mais francs des autres legs & frais funeraires qui sont pris sur le legs du tiers, si ce n'est dans le cas où ce tiers est legué par prélegs à un des enfans, auquel cas ce tiers est chargé de toutes les dettes & legs.

La raison de la difference entre le legs fait à un étranger qui n'est chargé que des autres legs & obseques, & du tiers des dettes passives, & le legs fait à un enfant qui est chargé de toutes les dettes & legs, est que l'étranger n'est que simple Legataire, & ne partage point dans les deux autres tiers avec les heritiers, au lieu que l'enfant, outre ce legs du tiers qui n'est sujet à rapport, partage encore avec les autres enfans heritiers comme heritier. La Coutume, en permettant ce prélegs, a voulu dédommager les autres enfans, en leur donnant en ce cas leur portion hereditaire franche de tout. Si l'enfant Legataire trouve la charge trop lourde, il peut renoncer à son prélegs, partager tout comme enfant, & alors il ne sera tenu des dettes que *pro virili.*]

ARTICLE CCXI.

Entre filles, soit en ligne directe ou collateralle, n'y a point de droit d'aînesse en succession, mais autant en emporte l'une comme *l'autre.*

Q

L'autre.) Car le droit d'aînesse, ainsi que parmi les Juifs, n'est donné qu'aux mâles ; Dieu ne demandoit pas qu'on lui offrît la premiere fille, mais le premier mâle, soit qu'il fût né devant ou après les filles ; c'est pourquoi dans la plûpart des Coutumes elles n'ont pas le droit d'aînesse : outre que ce droit étant odieux, remarque Tiraqueau, Traité *de sur. primog. q.* 11, *num.* 22, on ne l'étend pas des mâles aux filles.

Secus, si les filles venoient à la succession de leur ayeul ou ayeule par representation de leur pere noble aîné, comme elles ne sont pas incapables de posseder des Fiefs où elles sont au-contraire admises avec les mâles, article 213 *infrà*, elles emportent pardessus leurs oncles mêmes le droit d'aînesse de leur pere. Tiraqueau au même Traité, même question 11, *num.* 21 *& suivans*, Dumoulin sur la Coutume de Paris, §. 35, *n.* 8, & elles le partagent entr'elles par égale portion.

* Cet article est tout semblable au dix-neuviéme de Paris, pourquoi *vide* les Commentateurs ; ce que dit Jabely des filles de l'aîné qui viennent à la succession de leurs ayeuls ou ayeules avec leurs oncles, est le texte pur de l'article 324 de Paris.]

Article CCXII.

En succession *collateralle* advenuë à mâles seulement, ou à femelles seulement, *ou à mâles & femelles* par ensemble, n'y a point de droit d'aînesse.

Collaterale.) C'est-à-dire, de chaque côté ; car pour ce qui est des Fiefs acquis par le défunt & ses autres meubles & acquêts, comme ils sont réputez

être du côté paternel, les parens paternels y fuccedent à l'exclufion des maternels, article 230
infrà, contre ce que dit Dumoulin en fon apoftille
fur cet article 212, qui eft le deux cens quator-
ziéme du Coutumier general.

* *Ou à mâles & femelles.*) Donc en cette Coutume en collaterale le mâle n'exclut pas la femelle en pareil degré, comme à Paris & autres
Coutumes.]

ARTICLE CCXIII.

En fucceffion directe entre Nobles & de
chofe noble, où il y a mâles & femelles
qui fuccedent par enfemble, le *mâle* a
droit d'aîneffe fur les filles, pofé qu'il foit
moins aîné d'elles, & fur tous fes autres
freres moins nez; & emporte l'aîné fils,
(& fi l'aîné étoit trépaffé, *fon fils* aîné,)
le Châtel ou Maifon principale, tel qu'il
voudra choifir & élire, foit paternel ou
maternel, pour droit d'aîneffe. Et d'avantage en cette maniere, que s'il y a Châtel
ou Place forte, & il y a foffe ou foffez, &
dedans la clôture defdits foffez il y a gran-
ges, étables, ou autres chofes, ils demeureront à l'aîné, ou à fon fils comme deffus;
refervé que s'il y avoit aucuns moulins,
preffoir, ou four bannier, l'aîné pourra,
fi bon lui femble, récompenfer fes autres
heritiers de leurs parts & portions, autrement lefdits moulins, preffoirs, & fours
fe partiront également. Et outre l'enclos

Q ij

defdits foffez, quarante toifes de terre à prendre du bord defdits foffez par dehors, tant que lefdites quarante toifes fe pourront étendre à l'entour defdits foffez; tellement que fi en quelque côté dudit Châtel, ou Place forte, lefdites quarante toifes ne s'y peuvent trouver, il n'aura que ce qui fe trouvera à chacun côté, & ne fe pourra récompenfer aux autres lieux; & s'il n'y a point de Châtel ou Place forte, foffe ou foffez, il aura la maifon, & outre ce qui eft enclos, foit de mur ou de pal, quarante toifes tout entour à prendre de ladite clôture, foit de mur ou de pal; & s'il n'y a mur ou pal, ou autre clôture en ladite maifon, ce fera à prendre à ladite maifon, le tout comme deffus, & eft ladite toife de fix pieds.

Mâle.) Qui comprend le legitimé par mariage fubféquent, *C. Tanta vis extr. qui filii*, quoiqu'il lui refte encore quelque cicatrice de fon origine. Si entre fa naiffance & fa legitimation par le mariage fubféquent de fes pere & mere, il étoit né à fon pere un fils legitime d'un mariage intermediaire contracté par fondit pere avec une autre femme, ce dernier fils, comme premier legitime, aura le droit d'aîneffe, qui lui eft acquis à l'exclufion de fon frere, qui n'a été que pofterieurement legitimé, quoique né auparavant lui. *Joan. And. in c. fine culpa de Reg. Jur. au fexte.*

S'il naît deux jumeaux, comme ce droit d'aî-

neffe eft indivifible, on jette au fort qui doit décider le differend, que les hommes ni la nature
ne décident pas. *Mart. de Mont. Laud. Joan. le
Cirier. Tiraq. de Jure primog.* & Dumoulin fur la
Coutume de Paris, *S.* 3, *q.* 6, *num.* 10, *S.* 10,
q. 9, *& num.* 10, 29 *&* 30.

Son fils.) *Idem* de la fille de l'aîné, fi elle
étoit feule ; & s'il en a plufieurs, elles auront par
réprefentation de leur pere fon droit d'aîneffe,
qu'elles partageront entr'elles par égale portion,
ainfi que fes autres biens, fans aucun droit d'aîneffe, comme nous avons dit à l'article 211 *fuprà*
des prérogatives du droit d'aîneffe. *Voyez* l'article
221 *infrà.*

Article CCXIV.

Chofes Nobles appartenans à Roturiers
fe partent entr'eux par égales portions, &
n'y a lieu de droit d'aîneffe.

Article CCXV.

Entre parens qui font communs en biens,
& perféverent en communauté jufques au
trépas de l'un d'eux, le furvivant ou furvivans *fuccedent*, au prémourant ou pré-
mourans, décedez fans hoirs de fon corps,
ès biens communs entr'eux, pofé qu'il y
ait autre en plus prochain ou pareil degré
de lignage.

Succedent.) Par ce que la part du prédecedé
accroît à la part de l'autre, ou bien elle ne décroît pas, fans faire difference des communs d'une
communauté tacite d'avec les communs d'une

communauté expresse ; les uns succedent également aux autres, nonobstant l'apostille de Dumoulin sur cet article, condamnée par l'usage
contraire qui se pratique, confirmé par deux
Sentences rendues à Gueret, en conformité de
l'Article ; l'une le 19 Mars 1638, au profit de Jean
du Chier, commun d'Estienne, contre Louise
du Chier leur sœur, déboutée du partage demandé ; l'autre du 31 Juillet de la même année,
au profit de Sebastien Combredet, commun d'Antoine Combredet, contre Leonarde Combredet
& autres, précedées d'un Arrêt rendu au profit
de Marc & de Sylvain Brunet, cousins & communs de défunt Brunet, contre Paquette Brunet
sa sœur, confirmatif d'une autre précedente Sentence de Gueret.

Ce qui doit avoir lieu pour les Nobles comme
pour les Roturiers ; car encore qu'ils ne fassent
pas de trafic, ils ne délaissent pas d'avoir des fruits
de leurs biens, des successions, des legs & des
donations qui leur peuvent venir, qu'ils pourroient mettre en commun.

Il faut renfermer l'article aux seules personnes
majeures ; car pour ce qui est des mineurs, ils
ne peuvent pas contracter de communauté, quoiqu'ils pussent continuer celle de leur pere & mere,
ni faire pacte de succeder : car comme ce seroit
une aliénation de leurs biens qui leur est interdite
avant vingt-cinq ans, le commun majeur ne lui
succederoit pas.

Il faut encore ajouter, que si le commun se
porte heritier beneficiaire, il sera exclus de la
succession par un parent plus éloigné non commun, qui se portera heritier pur & simple, article 247 infrà.

ARTICLE CCXVI.

Les parens fuccederont les uns aux autres *tant que le lignage fe peut prouver*, c'eſt
à fçavoir les parens du côté paternel ès
biens de l'eſtoc paternel, & les maternels
ès biens provenus du côté *maternel.*

Maternel.) S'il n'y a pas de parens maternels
pour fucceder aux biens maternels, & *è contra*
des paternels pour fucceder aux paternels, les
parens de l'autre ligne y fuccederont à l'exclufion
du Seigneur Haut-Jufticier, qui fuccede par droit
de desherence, art. 330 de la Coutume de Paris;
& au défaut de parens de l'une & l'autre ligne,
le mari fuccede à fa femme, & la femme à fon
mari, *Tit. unde vir & uxor*, reçu par les Arrêts
dans Monfieur Louet, lettre V. *num.* 13, à l'exclufion du même Seigneur, quand même la femme que le mari auroit furvêcuë auroit été bâtarde. Journal des Audiences, *tom.* 1, *liv.* c. 63,
parce que *fifcus poſt omnes.*

　* *Tant que lignage fe peut prouver.*) Ce n'eſt
pas à dire que l'on remonte *in infinitum.* On ne
remonte qu'à celui qui a mis l'heritage dans la
famille. Pour compter les degrez en collaterale,
on ne remonte qu'à la tige commune des préten-
dans droit, c'eſt-à-dire, où la ligne a commencé
à fourcher depuis l'auteur commun; Jean & Jacques defcendans d'Antoine, c'eſt Antoine qui eſt
la tige commune des defcendans de Jean & Jacques, c'eſt-là que la ligne a commencé à fourcher.

　La regle *paterna paternis, materna maternis,*
a tout fon effet en cette Coutume.]

Article CCXVII.

Reprefentation a lieu en la Marche en ligne *directe*, *in infinitum*, & en ligne collaterale jufques aux enfans des freres.

Directe.) Les petits-enfans de deux enfans qui viennent à la fucceffion de leur ayeul & ayeule par la reprefentation de leurs peres & meres prédecedez, ne fuccedent pas par têtes ; mais par fouches : fi-bien que fi un défunt laiffe fix petits-enfans, ou plus ou moins d'un fils, & un petit-fils d'un autre fils, fa fucceffion fera divifée par moitié, pour une defdites moitiés être donnée au feul petit-fils, & l'autre aux fix autres fes coufins germains.

A la difference de la collaterale hors les termes de reprefentation où l'on vient de fon chef ; car on y fuccede par têtes, c'eft-à-dire, chacun par égale portion ; enforte que s'ils font fix freres d'un côté, & un feul d'un autre qui viennent à la fucceffion d'un coufin, celui qui eft feul ne prendra pas plus qu'un des fix freres.

Si un oncle décede fans enfans ni afcendans, fans freres ni fœurs, laiffant fix neveux enfans de deux freres prédécedez ; fçavoir cinq de l'un, & un de l'autre, quoique Caillé veuille fur cet article avec Azo & la Conftitution de l'Empereur Charles V. précédée d'un Arrét de la Cour, & fuivie par l'article 321 de la Coutume de Paris, que fa fucceffion fe partage par têtes entre fes neveux ; néanmoins l'opinion de Placentinus, ancien Docteur au *Cod. de leg. hæred.* de la glofe fur la Loi *lege in verbo*, *fed in capita*, & fur l'authentique *ceffante* au même titre, reçuë par Cynus Bart. Bal. Paul de Caftre, Angel & Fulgof. & par

Alex.

Alex. *con.* 55 , *liv.* 4 , qui veulent au-contraire
que l'on partage par fouches , & que le neveu
d'un côté prenne autant lui feul que les cinq
autres , eft la meilleure , au dire de Dumoulin ,
fur ce même confeil d'Alex. & la plus faine ,
confirmée par un Arrêt rendu dans la Coutume
d'Auvergne , qui a pareille difpofition que la
nôtre , rapporté par le Veft , chapitre 129 de fes
Arrêts , qui répond à la Conftitution de Charles V.
& à Callæus , & à cet autre Arrêt de 1526 , rendu
au dire de Dumoulin en l'endroit ci-deffus , dans
une Coutume où la reprefentation n'avoit pas de
lieu en collaterale , telle qu'étoit lors celle de
Paris avant fa rédaction pofterieurement faite en
1580 , qui a laiffé fon ancienne difpofition , &
condamne d'erreur les Sectateurs d'Azon : fi-bien
que les enfans des freres dans notre Coutume ,
où la reprefentation a lieu en collaterale , fuccedent par fouches , foit qu'ils fuccedent concurremment avec des oncles & des tantes , freres &
fœurs du défunt , ou fans eux.

 * Dans le cas où un collateral ne laiffe ni freres
ni fœurs , je tiens avec Callæus fur cet article
contre Jabely , que les neveux venans *de leur
chef* partagent par têtes & non par fouches ; la
raifon eft , que quand la Coutume dit que la reprefentation a lieu jufqu'aux enfans des freres ,
cela ne veut dire autre chofe , finon que les neveux ne font pas exclus par leur oncle , frere du
défunt , parce qu'ils reprefentent leur pere auffi
frere du défunt , & cela ne s'entend que dans le
cas où , pour fucceder , les neveux ont befoin
du benefice de la reprefentation ; alors ils partagent par fouches , parce que tous les enfans d'un
frere du défunt venans par reprefentation de leur
pere , frere du défunt , ne font qu'une tête , vis-
à-vis de leur oncle , frere du défunt ; & en par-

R

tageant avec leur oncle, ils n'ont que ce que leur pere qui eft leur fouche auroit eû , *tantum quantum parens habuiſſet* , dit la Novelle.

Mais quand ils viennent *de leur chef* , comme ils ne fe fervent pas de la reprefentation , ils partagent par têtes , le partage par fouches n'ayant lieu que dans le cas où la reprefentation a fon effet.

Ces deux cas font prévûs & décidez par les articles 320 & 321 de Paris, & le fentiment de Callæus eft dans les vrais principes.]

Article CCXVIII.

Hors les termes de reprefentation le plus prochain en degré fuccede , felon ce que deſſus *eſt dit.*

Eſt dit.) En l'article 209 *fuprà.*
* Cet article eft la fuite du 209 *fuprà.* En obfervant néanmoins & la nature des biens , & la qualité des heritiers qui fe prefentent , fuivant l'article 230 *infrà.*]

Article CCXIX.

Fille appanée , ou douée , & fiancée , ou mariée, par pere & mere , ou ayeul paternel, *ou par un tiers , ou d'elle-même* , les pere & mere , ou ayeul paternel vivant, ait renoncé ou non , *elle & ſes deſcendans ſont privez ,* & ne peuvent venir à fucceſſion de pere, mere, ayeul, ayeule, freres, fœurs, ne autres fucceſſions directes ou collaterales, dedans les termes de reprefentation, *tant que desdits pere & ayeul y ait hoirs mâles*, ou descendans de mâles, soit le descendant *mâle ou fumeau heritant esdites successions* : mais ès successions collaterales, hors les termes de representation, elle succedera avec lesdits mâles, ou descendans d'eux, & n'a lieu ladite privation. *Mais si ladite fille* étoit mariée en la maison paternelle par sesdits pere & ayeul sans constitution de dot, en ce cas elle & ses descendans succederont avec les mâles & descendans d'eux.

Fille appanée ou doüée.) On appelle fille appanée ou doüée, autrement dotée, celle qui est mariée des biens de ses pere & mere & ayeul paternel, & lorsqu'elle est appanée & dotée par les trois, ou par l'un d'eux, les deux autres vivans, elle & ses descendans sont non-seulement privez de la succession de celui qui l'a dotée ; mais encore de celle des deux autres, & des autres successions futures comprises en cet article, qui sont à l'infini en directe, & en la collaterale de celle des freres & sœurs, des oncles & tantes ausquels il limite les autres successions collaterales comprises dans les termes de la representation.

Decius veut en son con. 346 dans une Coutume, que la fille mariée ne soit excluse que de la succession de celui de ses parens qui l'auroit dotée, & non des successions des autres. Cette Coutume veut ici tout le contraire, qu'elle soit privée des autres successions, comme de celle du Dotant : *Cum statum in eadem oratione excludit : debet enim talis exclusio fieri pariter, quia una determinatio plura respiciens debet æqualiter res-*

R ij

picere, par la raifon de Balde, con. 37, liv. 4, où il dit : *Confiderandum quod ftatutum in dotatione loquitur alternativè, fed in exclufione loquitur copulativè, unde dotata de uno videtur excludi à fucceffione alterius.*

Mais comme la dot qui lui auroit été conftituée par l'un de fes pere, mere ou ayeul, ne doit point fe prendre conjointement, mais diftributivement ; elle fera encore dotée des fucceffions futures des deux autres qui ne lui ont rien donné, autrement il feroit ridicule de dire que pour la dot des biens de l'un des trois elle fut privée des fucceffions des autres deux ; c'eft pourquoi cette pluralité de perfonnes fe diftribuë en autant de fingularitez, de chacune defquelles elle doit être dotée. Article. 244 *infrà*, après Ancharano, *con.* 80, *num.* 2, *plura*, fur le même article 244.

Il n'eft pas néceffaire qu'au tems du mariage de la fille les pere, mere & ayeul vivent, il fuffit qu'il y en ait un des trois pour la priver de fa fucceffion & des autres fucceffions futures comprifes dans l'article ; car pour ce qui eft des fucceffions des autres deux prédécedez avant fon mariage, elle n'y a pas tant fuccedé, comme ce lui eft un droit déja acquis qu'elle ne perd pas par fon mariage, dit le même Decius après Fulgofe. La raifon de fa privation eft, que par fon mariage elle ceffe d'être heritiere de celui des trois reftant qui l'a mariée, & n'eft plus à fon égard confiderée que comme étrangere, ajoute r il en fon con. 502, *num.* 6.

Ou par un tiers, ou d'elle-même.) La même chofe feroit, fi du vivant defdits pere, mere ou ayeul, ou de l'un d'eux, elle avoit été mariée & dotée des biens d'un étranger, ou fi elle s'étoit elle-même mariée après l'âge de vingt-cinq ans, contre leur volonté, du bien qui lui étoit déja acquis par la mort de quelqu'autre de ses parens, ou d'ailleurs, comme par son mariage, sa part dans leurs successions futures seroit accrue à ses freres, elle en seroit de même privée, par la raison de *Corn. con.* 86, *num.* 6, *tom.* 1. Car la Coutume ne considere pas tant son appanage & sa dot, comme son mariage, qui seul suffit pour la rendre étrangere de sa famille.

Cette disjonctive, *ou*, ci-devant répetée entre fille appanée ou doüée, & entre fiancée ou mariée, & la conjonctive, *&*, entre doüée & fiancée qui conjoint & lie ce qui précede avec ce qui suit, sont ampliatives, au dire de *Socin. con.* 64, *num.* 11 *&* 12, *liv.* 1. Ces termes doivent ici tous concourir pour exclure la fille mariée de toutes ces successions. Ce ne seroit pas assez qu'elle fût appanée, dotée, même fiancée du vivant de ses pere, mere & ayeul, ou de l'un d'eux, si elle n'étoit aussi mariée; car s'ils décedent, ou l'un d'iceux, avant son mariage, comme dans les autres Coutumes, la fille qui, par son contrat de mariage, renonce à leurs successions moyennant sa dot, leur succede, s'ils décedent avant qu'elle soit mariée. Arrêt de 1576, dans Chopin sur Anjou, *liv.* 3; *c.* 1, *tit.* 1, *num.* 15, & dans le Journal des Audiences, *tom.* 3, *liv.* 3, *c.* 26. De même dans cette Coutume la fille appanée, doüée, & même fiancée, qui n'est pas encore mariée, partagera avec ses freres les successions de ses pere, mere & ayeul, ou de l'un d'eux, décedez avant son mariage: c'est la doctrine de Dumoulin sur l'article 305 de la Coutume de Bourbonnois, qui a pareille disposition que celle-ci, & ce qui est décidé par la Coutume d'Auvergne, *cap.* 12, *art.* 37, qui lui est aussi conforme presqu'en tous ses articles.

En effet, il n'y a pas de dot s'il n'y a un ma-

riage, *L. 3 , D. de Jur. dot.* La dot eft promife
fous condition : *Causâ datâ , caufa non fecuta ſtipulatio enim dotis , caufa faĉta tacitam habet con-
ditionem , fi nuptiæ ſequantur , & idĉò nuptiis
non ſecutis ipſo jure evanescit ſtipulatio ; L. item,
S. hujus , D. de paĉt. L. 1 , S. hæc autem , D. quod
quiſq.*

Il faut que la fille foit non-feulement mariée
pour être privée , mais que fon mariage valide ;
car s'il n'y avoit qu'une figure de mariage , qu'on
l'eût mariée à un impubere , à un impuiſſant , à
un mari qui auroit une autre femme , à un Eccle-
fiaſtique engagé dans les Ordres facrez , ou à un
Religieux Profés , comme il n'y auroit point de
mariage avec eux qui font incapables d'en con-
traĉter , elle ne fera pas privée , mais fuccedera ,
nonobſtant cette figure de mariage dont la Coutume n'entend parler , mais d'un mariage effeĉtif
& véritable.

Si la dot avoit été payée au mari qui l'auroit
diffipée , ſçavoir pour qui elle feroit perduë , fi
pour la fille ou pour le pere ou ayeul qui l'auroit
payée ? Il faut diſtinguer avec Dumoulin fur
Decius *in L. ea demum ,* au Cod. *de còll.* ou la
perte eſt venuë par la faute de celui de fes parens
qui l'a payée au mari prodigue , qu'il connoiſſoit
pour tel , il faut qu'il la porte & qu'il repaye la
dot ; ou la perte eſt venuë par la faute de la fille ,
elle fe la doit imputer ; car comme doter eſt l'office du pere & de la mere , c'eſt auſſi à la fille à
bien conferver fa dot qu'on a payée , & veiller à
fa confervation. Bart. Bal. après la gloſe fur l'authentique : *Quamvis , Cod. de rei uxor. Aĉt. Paul.
con. 13 , auth. res quæ comm. de leg. cur. con. 27 ,
num. 32 , plura ,* fur l'article 287 *infrà.*

Elle & fes deſcendans font privez.) Quand
même les deſcendans de la fille mariée feroient

mâles, ils font de même privez comme leur mere, *L. si viva matre, Cod. de bon. matern. fran. crem. singularia* 25. Decius *c. in præsentia de prob.* le tout en faveur des enfans mâles, freres de la fille mariée & de leurs descendans, parce que les descendans mâles de la fille mariée viennent d'une ligne qui ne succede jamais, tant qu'il y a des mâles & de leurs descendans, à cause que le vice qui est en leur mere passe à eux & à sa posterité.

Tant que desdits pere & ayeul y ait hoirs mâles.) Quoiqu'il semble que la privation de la fille ne soit que pour un tems, à cause de cette taxative, tant, qui ne fait que suspendre, suivant *Anch. con.* 220, néanmoins elle étant une fois excluse, elle l'est pour toujours, & ne succede jamais dans les cas de cet article, tant qu'il y a dès mâles & de leurs descendans survivans ses pere, mere & ayeul paternel.

Sans faire différence de la fille mineure d'avec la majeure, dès qu'elles sont mariées, l'une & l'autre sont également excluses par les mâles, en vertu de la Coutume, qui est une Loi utile qui lie les mineurs comme les majeurs, *L. leges, Cod. de leg. L. sint*, §. *interposito, D. de admin. tut.* Voyez le même con. 220, d'Anch. ci-dessus, qui fait *ad hoc.*

Ce qui s'entend de la petite-fille comprise sous le nom de fille mariée par son ayeul paternel, après la mort de son pere, qui est de même excluse de sa succession par ses freres, & à leur défaut par ses oncles paternels & par leurs descendans, comme de la fille par une identité de raison qui n'est pas extensive ni interprétative ; mais intellective & compréhensive, dit *Alex. con.* 89, *num.* 7 & *suivans, liv.* 6, sur une semblable Coutume, par la raison que la fille est excluse par le fils, la sœur par le frere ; à plus forte raison la fille du frere prédécedé le doit-elle de la succeffion de fon ayeul paternel qui l'a mariée de fon bien par fes oncles, & des fucceffions de fes mêmes oncles & tantes échuës depuis fon mariage.

Mâle ou femeau.) C'eft avec raifon que la Coutume dit ici femeau, c'eft-à-dire femelle ; car fi elle n'avoit pas ajouté au terme mâle celui de fumeau ou fille, il faudroit ici diftinguer avec nos Docteurs, ou les mâles feront décedez avant leurs pere, mere & ayeul, ou après ; s'ils étoient décedez auparavant, la fille des mâles comprife fous ce terme, *femeau*, n'excluroit pas fa tante mariée, par la raifon que le fils n'exclud pas la fille, parce qu'il eft fils, mais parce qu'il eft mâle, & cette qualité de mâle ne paffe point à fa fille ; & par conféquent la difpofition de la Coutume cefferoit, la tante mariée viendroit à partage avec fa niéce, fille de fon frere prédécedé, qui ne feroit pas d'une meilleure condition que fa tante, puifqu'elle ne conferve point non plus qu'elle l'agnation, tout ainfi qu'elle viendroit à partage avec fes fœurs, avec lefquelles elle concoure.

Ou fi le mâle étoit décedé après fes pere, mere & ayeul, comme le droit lui feroit acquis dans leurs fucceffions, il le tranfmettroit à fa fille, qui feule heriteroit à l'exclufion de fa tante.

Mais la Coutume ayant ici ajouté au terme, *mâle*, celui de femeau, c'eft-à-dire fille, elle a tranché toutes les difficultez qui feroient furvenuës entre la fille mariée & fa niéte, fille de fon frere, au défaut de mâles, par le moyen de quoi elle ne l'exclud feulement point en faveur du mâle ; mais encore en faveur de la fille du mâle, appellée ici fumeau, autrement la tante auroit

ſuccedé avec la niéce , & tel enfant femelle n'exclud point ; mais confirme l'excluſion de ſa tante
& la continuë , comme veut Decius , *con.* 303 ,
num. 4 *& ſuivans.*

Heritant eſdites ſucceſſions.) Il faut que les
mâles & leurs deſcendans qui excluent la fille
mariée ſoient capables de ſucceder ; car s'ils
étoient incapables , elle & ſes enfans ſuccede-
roient à leur excluſion , par la raiſon que celui
qui n'eſt point admis à une ſucceſſion , & qui n'a
point d'eſperance d'y être admis , n'empêche point
un autre qu'il excluroit ; c'eſt pourquoi *Anch. ſur
le C. Rayn. num.* 50 , dit que la ſœur eſt excluë
par le frere , comme ayant un droit plus fort
qu'elle , & que telle Coutume qui exclud les
filles , *Non eſt rationabilis imò cenſetur continere
odium irrationabile , dicitur ſolùm modo æquum
æquitate abuſiva ſtatutum mandans excludere fœminas.*

Ce ne ſeroit pas aſſez que les mâles qui excluent
la fille mariée ſoient capables de ſucceder , il faut
qu'ils acceptent les ſucceſſions dont elle eſt par
eux excluſe par la Coutume ; car s'ils renoncent,
elle y eſt appellée par la Coutume , par la raiſon
que *non extantibus illis quorum contemplatione
filia excluditur , ita illis non ſuccedentibus admitti
debet , quia paria ſunt non extare , & non ſuccedere , L. & ſic , §. ſi filius , D. de bon. lib. Alex.
con.* 20 , *num.* 2 , *liv.* 1 , *Dec. con.* 296 , *num.* 2
& 3 , après *Imol.*

Il faut encore que les mâles qui l'excluent de
la ſucceſſion de la mere ſoient ſes freres germains;
car s'ils n'étoient qu'uterins , ils ne l'en exclu-
roient point ; elle la partagera avec eux , nonobſtant ſon mariage avant le décès de la mere , par
la raiſon qu'elle ne ſeroit pas excluſe des ſucceſſions de ſes pere & ayeul paternel , autrement ſon

exclufion , que la Coutume n'accorde qu'en faveur du pere qui la dote , & de fes enfans mâles,
ne lui profiteroit de rien ; tout au-contraire, elle
lui feroit nuifible , & utile à des étrangers qu'elle
n'a point en vûë ; c'eft pourquoi fi la fille mariée
eft exclufe de la fucceffion de fa mere par fes
freres germains , elle la partagera avec fes freres
uterins ou fes freres germains , aufquels fa part
en icelle eft accruë pour elle, comme veut Socin. en une femblable Coutume , *con.* 241,
num. 9 & *fuivans , liv.* 2. Voyez l'article 242
infrà.

Sans faire difference des mâles legitimez par
mariage fubféquent d'avec les mâles nez d'un mariage legitime , les uns & les autres excluent également la fille mariée , *Cur. con.* 73 , *num.* 18 &
fuivans , Dec. con. 155 , *num.* 4 & *fuiv.* Quand
même ces mâles feroient Prêtres , comme ils fuccedent ainfi que les Laïcs , ils l'excluent pareillement. *Dec. con.* 282 , après *Bal. con.* 30 , *num.* 2,
liv. 1. *Socin. con.* 241, *num.* 2, *liv.* 2 , contre *Ang.*
qui veut en fon *con.* 232, qu'elle fuccede concurremment avec les mâles Ecclefiaftiques féculiers,
fous prétexte qu'ils ne confervent point l'agnation
comme les mâles mariez.

Autrement les mâles mariez qui n'auroient
point d'enfans mâles , mais des filles , ne l'exclueroient point non plus que les Ecclefiaftiques ; ce
qui n'eft point véritable , puifque les filles des
mâles comprifes fous ce nom, *fumeau,* l'excluent,
comme nous venons de voir *in verbo ,* mâle ou
femeau.

Il en faut dire la même chofe des mâles im-
puiffans que des mâles engagez dans l'Etat Ecclefiaftique , ils l'excluent femblablement ; car,
comme dit Balde en l'un de fes confeils , qui eft
le deux cens quatre-vingt-uniéme d'*Ang. num.*4,

il faut confiderer la nature commune des hommes, & non point le défaut particulier de chacun.
Les Legiflateurs s'attachent à cette nature commune, fans excepter le vice particulier.

Autre chofe feroit des mâles naturels legitimez
par le Roi, comme ils ne font legitimez que par
droit fpécial, dit *Dec. con.* 52, fur une femblable
Coutume, & Dumoulin deffus, & le même *Dec.*
con. 275, *num.* 5, *& con.* 388, & par fiction de
Droit ne font pas ici compris fous le nom de
mâles, ni n'excluent point la fille mariée; ils ne
doivent avoir dans la fucceffion de leur pere
qu'une legitime qu'ils recevront de leur fœur
mariée, heritiere de leur pere commun, à leur
exclufion, comme veut *Cur. con.* 13, *con.* 16,
& con. 19, quoique Socin. *con.* 246, *num.* 13,
liv. 1, Decius *con.* 293, *&* Dumoulin fur le
con. 2, *d'Alex. in verbo legitimo, liv.* 1, les
appellent à la fucceffion du pere concurremment
avec la fille mariée.

A la différence des mâles adoptez ou adrogez,
qui n'exclueroient pas la fille fi l'adoption & l'a-
drogation étoient reçues parmi nous comme au-
de-là des Monts, par la raifon de *Dec. con.* 399;
car comme elle exclueroit fes freres naturels,
même ceux qui font legitimez par le Prince,
comme nous venons de dire, à plus forte raifon
exclueroit elle les adoptifs & adrogez, qui n'étant
que freres par fiction ne lui pourroient rien demander.

Si les pere, mere & ayeul laiffent des mâles,
& les enfans d'un mâle prédécedé, foit que ces
enfans foient mâles ou filles non mariées, les petites-filles & leurs freres qui entrent en la place
de leur pere prédecedé, concourrent avec leurs
oncles pour exclure leur tante mariée des fucceffions defdits pere, mere & ayeul paternel. *Dec.*
con. 87, *num.* 3 *& 4.*

Si les survivans des pere & mere paffent à un fecond mariage après le décès de l'autre, à recueillir la fucceffion d'un enfant, ou de plufieurs enfans du premier lit, dont la fille mariée eft iffuë, le même Decius au même confeil 87, *num.* 3 *&* 4, veut (& il eft vrai dans cette Coutume) que la fille mariée fuccede au pere en la portion des biens que fon défunt ou défunts freres avoient euë par le prédécès de leur mere, à l'exclufion de fes freres confanguins, enfans du fecond lit : *Tanquam æs alienum*, *& non ut hæres; auth. hæres*, au Cod. *de fecund. nupt.*

Par la raifon que comme la fille mariée qui a renoncé par fon contrat de mariage aux fucceffions directes & collaterales, fuccede à fes freres germains à l'exclufion de celui de fes parens furvivans remariez, comme veut le même Decius, *con.* 230, *num.* 2 *&* 3, & les Arrêts dans Maynard : De même la fille mariée excluse par la Coutume fuccede en cette portion, ou en ces portions venuës à fes freres par le décès de leur mere prédécedée, dont elle étoit excluse, dit le même Dumoulin fur le confeil 23 du même Decius après Stephan. Bertrand, fuivant les limitations faites en l'article 223 *infrà*.

On ne confidere pas la faculté de fucceder que la fille perd par fon mariage à raifon du fang; mais ce droit lui eft acquis pour la peine du convol qui lui vient d'une autre voie, & de la difpofition de la Loi, dit *Old. con.* 294, *unde unam in alterius amiffione non clauditur;* cela ne lui vient pas, ajoute-t-il, par la difpofition de celui auquel elle fuccede; mais *principali providentia, & quia in exclufione remittitur fucceffio quæ debetur filiis ex voto parentum.*

En ce cas on regarde la faute de celui de fes parens qui fe remarie, & l'injure faite à fes enfans

du premier lit , *& pœna quæ in ultione talis injuriæ à lege imponitur* , ce qui doit avoir d'autant
plus de lieu en cette Coutume qu'elle est ici conforme à la Loi *fæminæ* au Code *de secund. nupt,
plura* , sur le même article 223 *infra.*

La même chose est du retranchement qui se fait
des grands avantages que le survivant de ses pere,
mere & ayeul auroient fait à une seconde femme,
ou à un second mari, elle le partagera avec les
mâles : car elle n'y vient point comme heritiere ;
mais comme fille, à laquelle l'injure est également faite , comme aux autres enfans du premier
lit ; c'est la doctrine de Salicet *in L. fæminæ , Cod.
de secund. nupt. de Dec. con.* 396, *d'Old. con.* 294,
ci-dessus rapportez dans les cas d'une fille qui
avoit renoncé , par la raison que ce sont des cas
ausquels la Coutume n'a pas pourvu, dit Decius
con. 206, qui sont réduits à la disposition du
Droit commun, qui y appelle la fille mariée avec
les mâles , comme remarque Guy Pape , *q.* 228,
& le même Decius , *con.* 206, *con.* 230, *num.* 2,
ci-devant alleguez.

En effet , ce retranchement, qui est une peine
du convol, est le veritable patrimoine des enfans
du premier lit, & une portion séparée de l'heredité de celui des ascendans qui a passé à un second
mariage, dit *Bal. con.* 131, *num.* 2, *liv.* 2, ce
qui est confirmé par un Arrêt du Parlement de
Provence, où le Statut de Provence est conforme
à notre Coutume, rapporté par Monsieur le Président de Saint-Jean de Monfuron, en sa décis.33,
num. 9.

Il y a pareille raison pour les interêts civils
adjugez aux enfans pour l'homicide commis en
la personne de leurs pere, mere & ayeul, ou
collateraux, dans les termes de representation,
la fille , quoiqu'excluse de leur succession , y

prendra fa part , comme un des mâles, elle n'y viendra pas non plus comme heritiere, mais com-me fille.

Quoique la fille mariée foit excluſe des ſuccef-ſions de ſes aſcendans & de ſes collateraux dans les termes de repreſentation , tant qu'il y a des enfans mâles , & de leurs deſcendans de l'un & de l'autre ſexe heritant; ſi néanmoins ces mâles & leurs deſ-cendans meurent tous avant les pere, mere & ayeul , pour lors ſon excluſion , qui n'auroit été que conditionnelle & ſuſpenduë pour un tems, ceſſeroit ; & par une réintegration à ſes droits, elle leur ſuccedera : *Doctores in L. 1 , §. veteres, D. de acquir. poſſeſſio,* & cet article. Et ſi les mâles refuſent de payer ſa dot, ou ce qui en reſte dû, elle viendra à partage avec eux , en rapportant *plura ,* ſur l'article 242 *infrà.*

Si les mâles ou leurs deſcendans ont au-con-traire ſurvécu les pere, mere & ayeul, elle ne ſera par eux excluſe que des biens ſituez dans la Coutume, & ſuccedera avec eux aux biens ſituez en Païs de Droit écrit, & dans les autres Cou-tumes où les filles mariées ſuccedent avec eux, par la raiſon de la Loi 1 , *Cunctos populos.* La gloſe & les Docteurs, *Cod. de ſum. Trin.* ſurtout *Baro. Bal.* deſſus, *& Alex. con.* 16 , *num.* 1, *liv.* 1, *& de Dec. con.* 13 , *num.* 7 , qui diſent qu'il faut renfermer la Coutume exhorbitante , comme ini-que & odieuſe , telle qu'eſt la nôtre, dans ſon Territoire , & ne pas l'étendre au Païs de Droit écrit , & aux autres Coutumes qui ont des diſpo-ſitions favorables.

La Coutume ne parlant ici que de la fille ma-riée , les choſes à l'égard des autres filles à marier ſont réduites au Droit commun, elles ſuccedent avec leurs freres, article 213 & article 214 *ſuprà,* avec la limitation portée par l'article 242 *infrà,*

qu'elles ne prennent rien dans la portion hereditaire de leur fœur mariée, qui accroît aux freres
en lui payant la dot.

Ce qui eft ici à remarquer eft que l'exclufion
de la fille mariée & l'inclufion des mâles & de
leurs defcendans dans les fucceffions directes eft
à l'infini, & dans les collaterales à celles de fes
freres, fœurs, oncles & tantes feulement, renfermées dans les termes de reprefentation, qui
font au deux ou au troifiéme degré ; car pour ce
qui eft des fucceffions des grands oncles, des neveux & des coufins germains & autres fucceffions
qui font à des degrez plus éloignez & hors les
termes de reprefentation, la fille mariée y vient
à partage, elle & fes defcendans concurremment
avec les males & leurs defcendans, fait à ceci la
Note de Dumoulin fur le conf. 527 de Decius,
in verbo Ravennæ.

Mais fi ladite fille.) C'eft une des exceptions
de cet article 219, qui le déclare & le confirme
dans ce qui n'eft pas excepté ; car la fille mariée
dans la maifon fans conftitution de dot, n'eft pas
confiderée comme étrangere, comme eft celle
qui eft mariée hors d'icelle ; mais elle herite de
fes pere, mere & ayeul qui la retiennent, ainfi
que de tous fes autres collateraux, concurremment avec les mâles ; avec cette difference néanmoins qu'elle ni fes fœurs reftantes à marier, ne
participent point à la portion de leur fœur mariée hors de la maifon, fans referve de fucceder
qui accroît aux mâles feulement. Article 242
infrà.

* *Vide* ma Note fur le deux cens quarantiéme,
infrà.]

ARTICLE CCXX.

Bâtards ne fuccedent point à pere ne à mere ; *néanmoins fi la mere* pour le nourrir & alimenter lui fait donation dedans les termes de la Coutume, (qui eft la tierce partie de tous fes biens par teftament,) telle donation eft bonne & valable.

Bâtards.) Ce terme, *Bâtards*, comprend non-feulement les enfans naturels nez de perfonnes libres au tems de leur conception ; mais generalement tous ceux qui defcendent d'une conjonction criminelle, tels que les adulterins, les inceftueux, les facrileges, & les autres efpeces de bâtards contenus en la glofe du C. *tanta qui filii, &c. In verbo repellendus*, du C. *nifi in verbo manferes de ren.* & dans le Traité *de Nothis, &c.* du Cardinal Paleote, C. 16, *n.* 4. De toutes ces efpeces de bâtards il n'y en a pas de favorables que les feuls enfans naturels qui peuvent être legitimez par le mariage fubfequent de leurs pere & mere, C. *tanta* ci-deffus, & non les autres, qui font fi odieux que le Droit civil leur refufe jufqu'à l'aliment que le Droit canon leur accorde par commiferation, ne peuvent même pas être legitimez par le Prince ; mais difpenfez. *Doctores* C. *per venerabilem qui filii, &c.*

Ne fuccedent point.) *Vice verfa*, leurs pere & mere ne leur fuccedent pas non plus, parce que *non habent gentem, neque familiam* ; mais Madame, à laquelle le Roi a fuccedé, art. 232 *infrà*, *plura* fur le même article 232.

Néanmoins fi la mere.) Il en faut dire la même chofe

chofe du pere qui peut donner à fon bâtard ; car
encore que la Coutume ne parle que de la mere,
c'eft que le pere eft incertain, & la mere certaine :
mais il y a parité de raifon à l'égard du pere que
de la mere, il y a même une raifon plus forte ;
car les Arrêts chargent le pere de nourrir fon
bâtard, de l'entretenir & lui faire apprendre un
Mêtier, & en déchargent la mere : tellement que
comme il eft permis à la mere de laiffer à fon bâtard la tierce partie de fon bien, à laquelle la
nouvelle Coutume a réduit le droit de lui fucceder en tous fes biens par l'ancienne, fi elle n'avoit
pas d'enfans legitimes, par identité de raifon, il
eft pareillement permis au pere de lui laiffer le
tiers du fien ; & s'il ne lui laiffe rien, le Magif-
trat y pourvoira d'office.

Le bâtard Legataire du tiers, qui eft ici confi-
déré comme étranger, ne fera tenu que des feuls
frais funeraires, & du tiers des dettes de la fucceffion, non plus qu'un autre Legataire étranger,
à la difference d'un des enfans legitimes Legataire
du tiers, qui eft tenu, outre les frais funeraires,
d'acquitter toutes les dettes, comme nous avons
dit article 210 *fuprà*, par la raifon que le bâtard
ne prenant pas de part dans les deux autres tiers,
comme fait le fils legitime qui les partage avec
fes freres & fœurs, il ne feroit pas jufte qu'il
payât toutes les dettes qu'un étranger Legataire
ne feroit pas tenu de payer ; c'eft pourquoi il ne
doit contribuer que pour un tiers, outre les frais
funeraires dont il eft feul tenu. *Plura* fur l'article
232 *infrà*.

ARTICLE CCXXI.

En fucceffion commune que l'on défire
partir entre freres, *l'aîné* doit faire les

parts, & les moins nez choisir selon leurs
âges, s'ils ne s'en accordent autrement ;
c'est à sçavoir, quand le plus jeune choisit
le premier, consécutivement les autres.

L'aîné.) Parce qu'il est plus honoré, & qu'il
a des prérogatives que ses freres & sœurs n'ont
pas. Les jours des Fêtes solemnelles & de ceré-
monie, il offroit le sacrifice à Dieu, il étoit assis
au côté droit de son pere, on lui servoit à table
double portion, *Glos. C. quam periculosum* 7 ,
q. 1.

Il étoit de plus seul en droit d'avoir dans les
oblations que l'on faisoit, une robe particuliere
& insigne, & parmi les festins fameux, il étoit
béni de ses puînez, & recevoit enfin lui seul la
bénédiction du pere. C'est ainsi que l'Arch. sur c e
même C. *quam periculosum*, le rapporte.

Dans le partage qui se faisoit des biens du pere,
l'aîné avoit le double de l'un de ses freres, selon
Jean Andr. *in C. licet ex de voto*, & étoit en droit
de prendre les premiers nez des animaux. Il ne
faut donc pas s'étonner, si étant plus honoré que
ses freres, & si ayant de plus grandes prérogatives,
il doit faire le partage, outre qu'il est le plus experimenté. *Cur. Sen. con.* 66 , *num.* 9.

Mais si l'aîné est décedé, sçavoir si son fils fera
le partage ou non, comme la qualité de l'âge ne
peut être cedée ni transmise à son heritier: Fererius sur Guy Pape, décision 289, dit que non,
par la raison que l'aîné doit diviser; parce que,
comme nous avons dit, il est plus experimenté,
plus judicieux, & a une plus parfaite connoissance
des biens de la maison, de leur force & de leur
valeur que ses puînez, ce que son fils n'a pas, &
ne peut même pas avoir, n'ayant ni l'âge ni l'ex-

périence pour cela. *Voyez Maynard , liv. 9, c. 52,
& le même Guy Pape en la même décision ci-dessus,
& les Docteurs dessus.*

Ce qu'il faut ici noter est, que le mineur ne peut
provoquer le partage, s'il n'y a cause nécessaire,
quoiqu'il puisse être provoqué par le majeur ;
parce qu'un tel partage ne seroit que provisionel
à l'égard du mineur. *Socin. con.* 68 , *num.* 50 &
51 , *liv.* 1.

ARTICLE CCXXII.

En partage de succession , ou communauté de biens universelle ou particuliere
entr'autres que freres , celui qui provoque
& demande partage fera les parts, & les
autres *choisiront*, comme en l'article précedent ; & si tous par ensemble requierent
partage , le Juge y pourvoira.

Choisiront.) Si l'Eglise est des copartageans ,
comme elle est mineure , & jouit du privilege des
mineurs , elle doit également avoir le choix, soit
qu'elle soit provoquée , ou soit qu'elle soit provoquante. Fererius sur Guy Pape , décision 289 ,
vers. quo autem pacto.

ARTICLE CCXXIII.

Le pere & la mere, ayeul ou ayeule
succedent à leurs enfans & *neveux en droite
ligne*, décedans sans hoirs naturels & legitimes, quant aux meubles & conquêts ;
& quant à ce, si le pere, mere, ayeul ou
ayeule leur avoient fait donation en avan

S ij

cement d'hoirie, ou autrement, de rente ou de chofe immeuble, telle rente ou chofe immeuble ainfi donnée, fera en ce cas reputée acquêt audit enfant ou neveu; tellement que en ce y fuccedera le pere, mere, ayeul ou ayeule, combien qu'en autre cas fortiffe nature de *propre*.

Succedent.) Ce qui fe doit prendre tant conjointement que diftributivement, que les pere & mere fuccedent aux meubles & acquéts de leurs enfans décedez fans defcendans, chacun par égale portion, & le furvivant d'eux deux en tout, & à leur défaut les ayeuls & ayeules.

Pourvû que le furvivant gardé la viduité; car s'il fe remarioit, les meubles aufquels il fuccede fe limitent aux feuls meubles, qui comprennent les noms, raifons, actions, les fommes de deniers, ainfi que les meubles & beftiaux & acquéts que les enfans auroient acquis, tant par leur travail & induftrie, que par des donations & legs qui leur auroient été faits par des collateraux & étrangers, & les autres enfans, freres de pere & de mere des défunts, fuccedent ès meubles & acquéts qui leur feroient échus par la mort de leur parent prédécedé, tel qu'eft la dot de la mere, fi elle eft la premiere décedée, & tel qu'eft le doüaire conftitué par le pere, s'il avoit prédécedé la femme, à l'exemple du partage qui fe fait de la fucceffion d'un défunt entre fes freres confanguins qui fuccedent au mobilier qui lui étoit venu du pere, comme un bien paternel, & les uterins à ce qui toit venu de la mere, comme un bien maternel.

Avec cette différence néanmoins, que fi le pere avoit furvécu il en aura l'ufufruit, qu'il ne perd pas par son remariage, ni par leur décès, article 224 suivant, en faisant par lui inventaire avant de se remarier, sinon il demeurera privé de l'usufruit, article 86 *suprà*, aussi-bien que la proprieté, par cet article 223.

Ce qui a aussi-bien lieu par la nouvelle Coutume comme par l'ancienne, comme on peut non-seulement voir par ces deux articles 84 & 224, mais encore par l'article de l'ancienne Coutume, auquel le présent article 223 a été subrogé, à cause qu'il sembloit trop obscur, au dire du Procès verbal de la rédaction d'icelle, qui n'a en rien dérogé ni changé de l'ancienne disposition, conforme à la Loi *fœminæ* au Code *de secund.* mais il ne fait que réduire & éclaircir l'ancien article, auquel il faut avoir recours, dont celui-ci reçoit une interprétation passive, *L. non est novum*, & les deux Loix suivantes, *D. de legibus*, ainsi qu'aux deux articles 84 & 224, nonobstant un Arrêt du 11 Août 1692, qui a, contre la disposition de la Coutume, adjugé au fils du second lit du nommé Pelicier, sa part dans la moitié de la dot de la premiere femme de son pere, débiteur d'icelle, que l'on disoit avoir confuse en lui, comme heritier de l'un de ses deux enfans du premier lit au préjudice de l'autre, à qui la dot entiere appartenoit.

Autrement il seroit douloureux aux autres enfans du premier lit restans, ausquels l'injure auroit été faite par le second mariage de leur pere, de voir passer par son canal partie de la dot de leur mere aux enfans d'un second lit, qui avoit contristé son ame, pour s'exprimer avec l'Empereur en l'une de ses Novelles.

Il y a un autre cas auquel le survivant des pere & mere ne succede pas non plus à leurs enfans dans les sommes qui leur seroient venuës par le décès de l'autre, quand même il demeureroit en viduité, si par le contrat de mariage il avoit été stipulé, que tout ce que chacun apporte en mariage, ou qui lui viendra & échoira pendant icelui, par succession, donation ou autrement, leur demeurera propre à eux & aux leurs, de leur côté & ligne, ou que telles sommes seront employées en achat d'heritage, ou assignées sur des immeubles, qui vaut vente, au dire de Corn. *con.* 26, *num.* 5, *tom.* 1, comme tel pacte permis par l'article 294 *infrà*, fait cesser la disposition de cet article 223, le survivant des pere & mere ne succede pas à telles sommes venues à leurs enfans par le prédecès du premier décedé, qui sont des propres fictifs; mais les autres enfans, freres & sœurs des défunts, & à leur défaut les collateraux. Voyez ce que j'ai dit sur l'article 219 *suprà, verf.* Si le survivant, &c.

Propre.) Par droit de retour, c'est-à-dire, que chaque ascendant succede dans les biens qu'il auroit donné; s'il y a des biens acquis par le défunt, les ayeuls, ayeules paternels & maternels, y succederont concurremment chacun par égale portion. *Alex. con.* 168, & Dumoulin dessus, *in verbo verier. num.* 12, *liv.* 7, après Barth.

* *Neveux en droite ligne.*) Id est, les petits-enfans. *Ut dixi suprà*, article 158.

Au reste, à cet article & au suivant on peut fort bien rapporter les 311, 312 & 313 de Paris, & en cette Coutume, comme à Paris, propre ne remonte.

Ce que dit Jabely du cas de remariage du survivant des pere & mere, ne me paroit pas bon. Les articles qu'il cite ne parlent que du bail des mineurs, celui-ci ne parle que de la succession des mineurs, ce qui est bien different dans les principes.]

ARTICLE CCXXIV.

Entre perfonnes franches, le pere eft
Ufufruitier des biens maternels, advenus à
fon fils par le décès de fa mere, & auffi
des autres biens par lui acquis, ou advenus
par quelque autre moyen que ce *foit*, &
ne fe pert par le *trépas* du fils, fauf toutefois pécule, *caftrenfe vel quafi.*

Soit.) Cet ufufruit du pere qui lui appartient
à caufe de fa puiffance paternelle fe reftraint à ce
qui vient au fils d'ailleurs que de fon pere, &
féparément de lui; car fi cela lui venoit d'un
legs ou d'une donation, qu'on lui auroit faite
conjointement avec fon pere par égale portion,
ou de la fucceffion d'un frere ou d'une fœur,
le pere n'auroit pas d'ufufruit. *Auth. accipitur,
Cod. de bon. quæ lib. auth. Item hæred. tit. eod.*

Autrement il n'y auroit pas d'égalité fi le pere
avoit la jouiffance des portions de fes enfans & de
la fienne; cependant qu'ils n'auroient que la nue
proprieté. Il ne faut donc pas étendre cet article
à ce qui eft donné à lui & à fes enfans par égale
portion; car les enfans doivent jouir de leur part
& non le pere, qui ne devant jouir que de la
fienne, n'eft pas Adminiftrateur legitime de celle
de fes enfans; mais doit rendre compte de fes
jouiffances. *Bal. con. 324, liv. 5.*

Trépas.) Ces termes ont été obmis dans le
Coutumier general, ainfi que plufieurs autres
qui manquent aux autres articles de la Coutume,
qui font fautifs; mais, quoiqu'il en foit, ces termes, *& ne fe perd pas par le trépas*, font conformes, & la glofe, *L. 1, Cod. de bon. mater-*

approuvée par les bons Auteurs , comme *Cujas* *tract. ad African. L. si filius familias , D. de mort. causa don.* & auparavant lui *Bened. C. Rayn. in verbo & uxorem , num.* 73 , *d'Ant. Faber. Cod. de bon. quæ lib. de fin. dern.*

Par la raison que comme avant la constitution de Constantin, Auteur de la Loi premiere, *Cod. de bon. mater.* la pleine proprieté des biens maternels , & de tout ce que les enfans acqueroient appartenoient au pere qui les a sous sa puissance; ce Prince n'ayant dérogé à cette Loi qu'au regard de la proprieté seulement , elle subsiste pour l'usufruit, qui étant irrévocablement acquis au pere , & attaché à sa personne , il ne dépend du tout point de celle des enfans , & par conséquent, soit qu'ils vivent , ou qu'ils meurent , le pere conserve toujours son droit d'usufruit, suivant la Loi 3 , *Cod. de usufr.* qui dit que *usufructuario superstite licet Dominus proprietatis rebus humanis eximatur jus utendi fruendi non tollitur.*

Sans faire difference des enfans majeurs d'avec les mineurs ; car jusques à ce que les majeurs soient mariez ou émancipez , le pere est usufruitier de leurs biens , comme des biens des mineurs; autrement il s'ensuivroit que les enfans décedans avant leur majorité , le pere perdroit son usufruit par leur décès , lorsqu'ils seroient venus au tems qu'ils auroient eu vingt-cinq ans, s'ils avoient vécu. Cependant la Coutume décide ici tout le contraire, qu'il ne le perd pas par leur trépas, en termes indéfinis qui équipolent un universel , quand même il les survivroit cent ans il sera toujours usufruitier ; & par conséquent il ne perd pas son usufruit par leur majorité , non plus que par leur décès.

Mais il faut qu'ils décedent sans enfans ; car s'ils en avoient laissé , comme l'usufruit du pere auroit

auroit fini par leur mariage qui les auroit tacitement émancipez ; à plus forte raison , quand ils
ont laissé des enfans qui ne tombent pas en la
puissance de leur ayeul de laquelle leur pere étoit
sorti, fait à ce sujet l'article 317 de la Coutume
de Poitou. Voyez l'article 11 *suprà* , & ce que j'ai
dit dessus. Le pere usufruitier perd néanmoins son
usufruit en quatre manieres , par l'émancipation
de ses enfans , par leur mariage , par son convol
faute de faire inventaire , article 84 *suprà* ; &
après leur majorité , s'il souffre qu'ils demeurent
hors de sa compagnie , comme il a été jugé par
Arrêt de la Premiere des Enquêtes , au rapport
de Monsieur Huguet, le 16 May 1689 , au profit
de Dame Françoise de Mallesset contre la Dame
Marquise du Coudray sa sœur.

Article CCXXV.

Le mari qui survit gagne le lit, robes
& *joyaux* de sa femme , & la doit faire en-
terrer & payer les funerailles , selon son
état ; & si la femme survit, elle recouvre
ses lit garni & *linge* , de telle estimation
qu'ils étoient à l'heure du contrat de mariage, ses bagues & joyaux, tels qu'ils sont
estimez par ledit traité , ou qu'ils seront
trouvez à l'heure du décès , à son choix ,
& ce qu'elle a apporté en traité de mariage.

Joyaux.) Si la fiancée meurt avant d'être mariée, sçavoir si le fiancé qui la survit aura de même
ce qu'il auroit eu si le mariage eût été consommé.
Voyez Bal. con. 110, *liv.* 1, avec les distinctions
qu'il y fait, & le *con.* 464 , *liv.* 4, où il dit que ce

T

que le mari gagne par la mort de sa femme étant accessoire à la dot, comme il ne pourroit demander la dot après la mort de la fiancée, s'il ne l'avoit pas épousée, il ne pourroit non plus prétendre ce profit.

Linge.) C'est proprement ce que l'on appelle ornemens de femmes, ou son trousseau. *Bal. L. de his, Cod. de don. int. vir. & uxor.* & les autres Docteurs appellent ce que la femme reprend *arrodium ;* & si toutes ces choses qu'elle avoit apportées n'avoient été estimées, qu'elles eussent été usées, elle ne reprendroit rien. Balde au même endroit & les additions dessus, & d'Expilly, *part.* 2, *chap.* 96.

Mais si ces choses n'étoient pas usées, & que la femme les eût aliénées, sçavoir si elle en pourroit répéter la valeur des heritiers du mari, la même chose doit être gardée à l'égard de ce qu'elle a aliéné que de ce qui est usé, c'est-à-dire, qu'elle n'en répétera rien.

ARTICLE CCXXVI.

Quand il est question de succession de pere ou de mere entre *enfans* de divers lits, autant emporte l'un que l'autre, & partent par têtes, sinon qu'il y eût communauté entre les aucuns d'eux.

Enfans:) Ce terme, *enfans*, comprend indistinctement les filles à marier & mariées dans la maison paternelle, sans constitution de dot, article 219 vers la fin, comme les mâles avec lesquels elles partagent, à la difference des filles mariées hors la maison, qui sont excluses par les mâles qui prennent outre leur portion hereditaire celle des filles mariées, qui leur accroît en payant leur dot, article 242 *infra*.

ARTICLE CCXXVII.

En succession fraternelle ou autre collatérale, chacun succede ès biens provenus du côté dont il atteint au défunt, & posé qu'il y ait freres consanguins d'une part, & uterins d'autre.

ARTICLE CCXXVIII.

Les biens de ceux qui entrent en Religion, & y font Profession expresse ou taisible, retournent aux plus prochains parens; & ne sont par Profession dédiez à l'Eglise, s'il n'y a expresse *dédication*. Et est le Religieux reputé personne morte, & ne fait nombre entre les enfans en computation de legitime; & ne succede le Religieux, ne le Monastere pour lui, à celui qui a fait Profession taisible ou expresse, ne à autre de ses parens.

Dédication.) Tout-au-contraire, la dédication expresse que le Religieux en feroit, tant par donation entre-vifs que par testament, feroit à present nulle par l'Ordonnance de Blois, article 28, dérogeant à cette Coutume, ainsi que toutes les Loix & Ordonnances generales & posterieures dérogent aux particulieres & anterieures, défend de donner à l'Ordre où l'on entre, suivie des Arrêts qui la confirment; entr'autres, d'un rendu dans la Coutume de Berry en 1627, rapporté

T ij

dans le Journal des Audiences, *tom.* 1 , *liv.* 1 , *chap.* 18 , qui déclare nul le legs fait par une fille au profit du Convent de fainte Claire où elle étoit Novice , quoique les Canoniftes foient de contraire avis. *Alex. çon.* 139 , *num.* 13 , *liv.* 2.

Il y a eu d'autres Arrêts qui ont étendu l'Ordonnance aux donations faites à l'Ordre où le Religieux entroit, quoique faites à un autre Monaftere d'icelui, témoin l'Arrêt dans Monfieur Servin , partie première , dans Montholon , ch. 120, tous deux rendus contre les Chartreux & contre les Capucins, aufquels un Novice du Convent d'Orleans avoit fait avant fa Profeffion des avantages par fon teftament au Convent des Capucins d'Angers.

Si le Religieux apoftafie après fa Profeffion fans s'être fait reftituer contre fes Vœux , il ne fuccede pas, comme il a été jugé par plufieurs Arrêts, particulierement contre un Chartreux d'Auroy en Bretagne, qui s'étoit fait de la R. P. R. *Pel. liv.* 2 *de fes act. for. chap.* 18 , par la raifon qu'étant mort civilement il ne fuccede pas.

ARTICLE CCXXIX.

Teftament fait en prefence de *Notaire* & deux Témoins, ou du *Curé ou fon Vicaire* & deux Témoins , *ou de quatre Témoins* fans Notaire ne Prêtre , ou qui eft écrit & figné de la main du Teftateur, eft réputé *folemnel.*

Voyez l'article 252 *infrà.*

Notaire.) Si le teftament étoit au – contraire reçu par deux Notaires , quoiqu'il femblât qu'il fût bon , il feroit néanmoins nul , non-feulement parce qu'il n'eft pas permis aux Particuliers de fe faire une maniere de tefter contraire à la Coutume, qui donne ici celle qu'elle veut que l'on garde dans les teftamens ; mais parce qu'il n'y auroit que l'un des deux Notaires qui pourroit inftrumenter comme Notaire , & l'autre ne pourroit être que comme Témoin, ce qui ne fuffiroit pas dans la Coutume, qui veut un Notaire & deux Témoins, *L. fi unus* , Cod. *de Teftam. L. fi veritas* , Cod. *de fideicom. auth. de hæred. & falcid. §. fi vero abfunt*, ainfi jugé par les Arrêts, par la raifon que *hæc folemnitas eft Juris publici introducta ideo privatorum pactis ejus forma non læditur* , L. 3 , D. *qui teftam. fac. poff.*

La même chofe eft du teftament qui feroit reçu par le Curé en prefence de fon Vicaire, ou refpective par le Vicaire en prefence de fon Curé ; car comme il faut avec l'un ou l'autre deux Témoins , le Curé avec fon feul Vicaire ne fuppléeroit pas , il lui faudroit avec fon Vicaire encore un autre Témoin , ni le Vicaire avec le Curé , s'il n'avoit avec le Curé encore un fecond témoin.

Curé ou Vicaire.) Par cette disjonctive , *ou* , qui eft entre le Curé & le Vicaire , la Coutume ne demande pas avec les deux Témoins le Curé & fon Vicaire , mais l'un des deux lui fuffit avec deux Témoins.

Mais il faut que le Vicaire ait des Lettres de Vicariat qui le prépofent à la Paroiffe ; car fi ce n'étoit qu'un fimple Prêtre commis par le Curé ou le Vicaire , pour adminiftrer au Teftateur les Sacremens , qui eût reçu le teftament , comme la Coutume en cet article tiré du Code *cum effet ext. de Teftam.* ne fe confie pas tant à lui qu'au Curé & à fon Vicaire qui font établis fur toute la Paroiffe , le teftament feroit nul par les raifons de Corn. *con.* 77 , *num.* 8 , *tom.* 1.

Guy Pape veut en fa décifion 543 , *num. 11*
& 12 , que lors du teftament reçu par le Curé
ou fon Vicaire , le Teftateur foit actuellement
malade & en danger de mort , autrement fon
teftament feroit nul : De même que le teftament
militaire doit être fait dans le combat , ou fur le
point d'y aller , autrement il feroit nul.

La même chofe feroit fi le Teftateur revenoit
en fanté & furvivoit un an fon teftament ; car
comme le teftament militaire après un an devient
nul, tel teftament d'un malade reçu par le Curé,
ou fon Vicaire, ne peut fubfifter un an après qu'il
a été guéri.

A la difference des teftamens reçus par Notaire
qui font bons & valables , quoique faits en tout
tems , aufli-bien en fanté comme pendant la ma-
ladie du Teftateur , quoiqu'il ne décede de plufieurs années après, s'il décede dans cette volonté;
ainfi que les teftamens olographes & ceux faits en
préfence de quatre Témoins qui ne font an-
nullez , que par une volonté contraire qui les
révoque. *Inft. quib. mod. teftam. infirm. §. pofte-*
riore.

Ou de quatre Témoins.) Il fuffit, fi au lieu du
Notaire , ou du Curé ou de fon Vicaire, le Teftateur tefte en préfence de quatre Témoins, c'eft-
à-dire , qu'il faut depuis l'Ordonnance de Moulins , que le teftament foit écrit de l'un des Témoins & de lui figné , & des trois autres , & du
Teftateur, s'il fçait figner , ou d'une autre main,
& figné des quatre Témoins & du Teftateur , par
la raifon que le témoignage de deux Témoins
ajoutez aux deux autres eft plus fort que celui
d'un Notaire , ou du Curé , ou de fon Vicaire,
même que le témoignage d'un Evêque. *C. cum*
à nobis. C. licet ex quadam. C. univerfis de tef-
tam.

Solemnel.) Parce qu'il y a une certaine solemnité néceffaire qui doit être gardée en tems & lieu dans les dernieres volontez ; car toutes les folemnitez doivent être inféparables de l'acte , comme la forme de la matiere , *L. fin. Cod. de teftam. & Not. Inno. in C. dudum de reb. Ecclef. non alien. Bal. con. 447 , liv. 1 , §. de inft. edito , §. compendiofe verf. Item Dec. con. 284, n. 6*, après les autres Docteurs qu'il allegue.

La Coutume ne dit pas ici, ni autre part , à quel âge on y peut tefter ; il y en a qui veulent qu'il fe faut regler fuivant la Coutume de Paris , qui veut en l'article 293 , que pour y tefter des meubles , acquêts & conquêts immeubles , il faut avoir accompli l'âge de vingt ans , & pour tefter du quint des propres, faut avoir accompli l'âge de vingt-cinq ans , que les Arrêts avoient étendu fa difpofition aux autres Coutumes , qui n'en parloient pas non plus que celle de la Marche.

Pour moi je croi au-contraire qu'il faut fuivre le Droit civil , auquel il faut avoir recours dans les cas où la Coutume n'a pas pourvû , comme veulent les Patentes de François premier qui la confirment ; qui en la Loi 5 , *D. qui teftam. facer.* & en la Loi 4 au *Cod. eod. tit.* ne demande que quatorze ans aux mâles pour tefter , & douze aux filles.

En effet, le Bail des perfonnes Nobles , ainfi que la tutelle des Roturiers , finit à cet âge de douze ans à l'égard des filles, & de quatorze ans à l'égard des mâles , qui font devenus les uns & les autres puberes & maîtres de leurs droits , article 73 *fuprà*, il ne faut donc pas s'étonner , s'ils peuvent tefter à cet âge.

Et conformément à cela le teftament d'Alexis de Rocheroles , natif de Gueret en la Marche , mineur de vingt ans , & majeur de quatorze, a été confirmé par Arrêt du 7 Septembre 1675 , rendu à la quatriéme Chambre des Enquêtes, au rapport de Monsieur de Brillac.

* Pour l'explication de cet article, vide l'Ordonnance des Testamens de 1735.]

ARTICLE CCXXX.

Tous biens acquis par le défunt de la succession duquel est question, sont réputez biens paternels, & y succedent les parens paternels, & en sont les maternels forclos.

Paternels.) C'est en faveur de la famille & agnation qui se conserve par-là. *Alex. con.* 141 , *num.* 9 , *liv.* 7.

Forclos.) Une femme décede laissant des enfans du frere & de la sœur de sa mere, & un cousin du côté du pere, quoiqu'il semble que les enfans du frere & de la sœur de la mere, cousins germains de la défunte, lui dussent succeder, comme plus proches, & qui sont entrez dans le degré de l'agnation ; néanmoins Balde dans une semblable Coutume décide en son *con.* 469 , *liv.* 1 , qu'ils n'ont aucun droit en cette sorte de biens délaissez par la défunte, à laquelle le cousin du côté paternel y succede à leur exclusion , quand même il seroit au dixiéme degré de parenté.

Mais si la mere survivoit son fils , elle succederoit elle seule à ces biens acquis par son fils à l'exclusion des parens paternels, article 223 *suprà. Voyez Bal. con.* 179, *& con.* 470 , *liv.* 1. La même chose seroit de l'ayeule maternelle, elle y succederoit pareillement ; & si les deux ayeules paternelle & maternelle vivoient, elles y succederoient concurremment au défaut des pere & mere , chacun pour moitié , à l'exclusion des mêmes parens paternels , article 223 *suprà* ; & si avec les ayeules l'ayeul paternel vivoit , quoiqu'il semble que chacun des trois succedât chacun pour un tiers , néanmoins il prendra moitié , & l'autre moitié sera partagée entre les deux ayeules. *Auth. defunéto , Cod. ad Tertull. & Maynard , liv. 6 , chap.* 93.

Si les parens paternels avoient admis au partage de ces biens acquis les parens maternels , **il faudroit réformer les partages mal faits & inégaux,** *L. majoribus , Cod. comm. utr. jud. cum gloss.* ils feroient restituez contre un tel partage , par les raisons du même Balde , *con.* 386 , *liv.* 1. Voyez *Socin. Jun. con.* 67 , *num.* 2 *& suivans* , *liv.* 3 , sur le Statut de la Ville de Sienne , semblable à cette Coutume , *con.* 86 , *même liv.* 3 , *con.* 24 , *num.* 6 , *liv.* 4 , où il dit après les Auteurs qu'il allegue , que telle Coutume qui n'admet que les parens paternels aux acquêts étoit en faveur de l'agnation , qui appelle le frere consanguin avec le germain , ou leurs enfans , à la succession d'un frere ou d'un oncle , sans considerer le double lien.

La même chose seroit des biens acquis par un cousin , & par ce moyen les choses étoient réduites à l'ancien Droit Romain , qui préferoit les Agnats aux Cognats. *Voyez aussi Alex. con.* 55 , *liv.* 6 , sur le Statut de Boulogne , qui a pareille disposition que cette Coutume.

* En cette Coutume il n'y a point de communauté entre conjoints par mariage , si elle n'est convenue , auquel cas la disposition de l'article cesse ; les acquêts faits pendant le mariage sont conquêts , & conséquemment paternels & maternels pour moitié.]

ARTICLE CCXXXI.

Les biens acquis par aucun d'un sien lignagier ne changent pas la nature ne eſtoc, mais ſont reputez être de l'eſtoc dont ils étoient pardevant ladite acquiſition, quant au droit *ſucceſſif*.

Succeſſif.) La même choſe ſeroit des biens vendus avec faculté de remeré par le pere ou par un collateral, qui auroîent été retirez par les Vendeurs, ou par leurs enfans, ils ſeroient de même nature qu'ils étoient avant la vente; mais ſi ces biens ſont maternels, les heritiers maternels y ſuccederont, en rendant le prix aux heritiers paternels, heritiers des meubles, acquêts & conquêts des enfans qui auroient retiré, comme on voit en l'article précédent par l'Argument de Decius, *ton*. 238, *num*. 4, *verſ. quinto*, & de la Coutume de Paris, article 139.

* Jabely compare cet article au cent trente-neuviéme de Paris, qui décide la même choſe dans le cas du retrait du propre vendu; la comparaiſon peut paſſer en cette Coutume, parce que *ſubintrat ad locum emptoris*, c'eſt comme s'il avoit acquis *primario* de ſon Lignager, la nature du propre ne change point en cette Coutume; mais ailleurs le propre ne ſe fait que par ſucceſſion, ou ſubrogation par échange ou retrait, & non par acquiſition, *mediante pecunia*, même de ſon Lignager.]

ARTICLE CCXXXII.

Madame, comme Comteſſe de la Marche, *ſuccede AB INTESTAT* aux biens meu-

bles & immeubles des bâtards féodaux ou
roturiers, s'ils n'ont defcendans d'eux naturels & legitimes.

Succede.) C'eft à prefent le Roi qui eft au lieu
de Madame la Comteffe de la Marche, qui fuc-
cède aux bâtards, par la raifon que comme en
France ils ne fuccedent à perfonne, à caufe qu'ils
n'ont point de cognation & ne font d'aucune famille, non pas même entr'eux, quoiqu'iffus d'une
même mere, dit Dumoulin fur le confeil 174 de
l'Alex. liv. 5, fi ce n'eft qu'on leur eût legué
quelque fomme en laquelle ils fuccederoient les
uns aux autres par droit d'accroiffement. Arrêt
dans le Journal des Audiences, *tom.* 2, *liv.* 7,
chap. 42, de même perfonne ne leur fuccede, il
n'y a que le Roi, Comte de la Marche, qui eft
leur Succeffeur par cet article; encore qu'ailleurs
les Seigneurs Hauts-Jufticiers foient leurs heritiers, quand avec la bâtardife il y a trois cas qui
concourent; fçavoir, que le bâtard fût né domicilié & décedé dans leur Haute-Juftice.

A la différence du Droit civil, où la mere des
bâtards eft leur heritiere, comme ils heritent refpectivement d'elle fi elle décede fans enfans legitimes. *Inft. & Cod. ad orph.*

Sans faire différence des bâtards conditionnez
d'avec les autres bâtards de condition franche,
car encore que par l'article 152 *fuprà*, le Seigneur de directe ferve fuccede aux autres conditionnez décedez dans fa directe, y faifant feu vif
& refidence, s'ils décedent fans enfans & communs; néanmoins comme la Loi particuliere de
la Province ne peut lier les mains du Prince,
qui ne peuvent être liées que par la Loi de l'Etat,
elles n'ont pû être non plus liées par l'article 152,
au préjudice de la Loi du Royaume, qui le

fait Succeſſeur de tous les bâtards conditionnez, comme les autres bâtards de condition
franche.

C'eſt la raiſon pour laquelle, lors de la rédaction de la Coutume, Monſieur le Procureur Gé-
néral forma oppoſition à cet article, qui donnoit
ce Droit Royal au Comte de la Marche, prétendant qu'il n'appartient qu'au Roi ſeul : Son oppoſition inſerée dans le Procès verbal, fut bientôt terminée par la réunion du Comté à la Couronne.

Si les bâtards en mourant laiſſent des enfans
legitimes qui décedent enſuite ſans enfans, quoique Bacquet, chapitre 15, des Droits de Bâtardiſe,
veuille que leur ayeul & ayeule ne leur ſuccede
pas, mais le Seigneur Haut-Juſticier par droit de
desherence, je croi qu'il faut diſtinguer où les
enfans legitimes des bâtards ſont enfans d'un bâtard & d'une bâtarde, ſon opinion pourroit être
vraie, quoiqu'il y ait des Arrêts contraires ; s'ils
ſont enfans d'un pere bâtard & d'une mere legitime, ou d'une mere bâtarde & d'un pere legitime, l'ayeul ou l'ayeule du côté de leur parent
legitime, & leurs autres parens du même côté leur
ſuccederont, à l'excluſion du Seigneur Haut-Juſticier ; car ils ne ſont pas décedez ſans heritiers,
puiſqu'ils en laiſſent du côté avec lequel & eux il
y avoit cognation.

Ab inteſtat.) Par une raiſon contraire qui eſt
concluante en Droit, comme la diſpoſition de
l'homme fait ceſſer celle de la Loi, la diſpoſition
teſtamentaire des bâtards fait auſſi ceſſer ici celle
de la Coutume, qui n'appelle que le Roi au défaut d'enfans & de teſtament, au lieu duquel les
bâtards n'auront pour ſucceſſeurs que leurs Legataires univerſels en tous leurs biens dont ils peuvent diſpoſer, qui eſt une exception à l'art. 210

fuprà, qui ne permet aux autres perfonnes de legitime mariage de difpofer par teftament que du tiers d'icelui feulement.

Il y a deux autres cas où le Roi eft encoré exclus de la fucceffion des bâtards décedez fans enfans & fans tefter ; l'une eft par la legitimation qu'il fait des bâtards , par le moyen de laquelle il renonce au droit de leur fucceder, & les parens leur fuccedent *ab inteftat*.

L'autre eft, quand le bâtard laiffe une femme ou la bâtarde un mari, la femme du bâtard ou le mari de la bâtarde fuccedent l'un à l'autre, fuivant le Titre *unde vir & uxor* reçu en France. Monfieur Louet, lettre F, *num.* 22, que les Arrêts du Journal des Audiences, *tom.* 1, *liv.* *chap.* 63, ont étendu aux bâtards. Voyez l'article 220 *fuprà*, & ce que j'ai dit touchant les bâtards.

ARTICLE CCXXXIII.

Ceux qui fuccedent du côté paternel, payeront les dettes & legats provenans dudit côté paternel.

ARTICLE CCXXXIV.

Ceux qui fuccedent du côté maternel, payeront les dettes & legats provenans du côté maternel.

Par ces deux articles on voit que les biens de l'un & de l'autre côté, paternel & maternel, qui étoient unis en la perfonne du défunt, de la fucceffion duquel il s'agit, demeurent defunis en la perfonne de fes heritiers contre la nature de l'union, *L.* 1, §. *fciendum*, *D. de fepar. L. fed fi plures*, §. *filio*, *D. de vulg. vel pupil. fubf.* puifque les heritiers de chaque ligne doivent payer les dettes dûes par la ligne dont il est heritier ; & conformément à cela il a été jugé par Arrêt du 7 Octobre 1595, rapporté par Chopin fur Paris, *liv. 2, tit. 5, num. 27*, que l'hipoteque créée par le pere du défunt fur fes biens ne paffe pas fur les biens de la mere, par la confufion des deux patrimoines faite en la perfonne du fils, & qu'arrivant la divifion de la fucceffion du fils entre fes heritiers paternels & maternels, que les heritiers maternels prendroient les heritages maternels fans aucune charge de cette hipoteque. *Argum. L. Paulus 29. D. de pign.*

ARTICLE CCXXXV.

Et fi le défunt a fait des dettes de fon côté, & qu'il délaiffe aucuns meubles & acquêts, les parens du côté paternel qui fuccedent efdits meubles & acquêts, feront tenus payer les dettes faites par ledit défunt, fi lefdits meubles & conquêts font fuffifans, *alias* les heritiers patrimoniaux payeront le reliquat *pro rata.*

Pro rata.) Cela s'entend entre les heritiers ; car à l'égard des créanciers, tous les biens de la fucceffion leur font indiftinctement obligez, & peuvent s'addreffer fur qui bon leur femble pour leur dû, *L. in fideicommiffo, §. tractatum, D. de Judi.* Article 237 *infrà*, fauf le recours des heritiers maternels contre les heritiers paternels qui les doivent acquitter comme heritiers mobiliers, & des acquêts : & s'il n'y a pas de meubles & acquêts, ou s'il y en a, ils font épuifez par les dettes paffives, les heritiers des propres, tant de

l'une que de l'autre ligne , contribueront à proportion de ce qu'ils amendent de l'heredité du
défunt.

ARTICLE CCXXXVI.

Les créanciers des dettes provenuës de
l'eſtoc paternel , ſe pourront adreſſer ſeulement contre les heritiers paternels quant
à l'action perſonnelle ; & des dettes provenuës de l'eſtoc maternel qui ſont à la
charge des heritiers maternels , s'adreſſe-
ront contre les heritiers maternels. .

ARTICLE CCXXXVII.

Mais les créanciers des dettes faites par
ledit défunt , dirigeront leur action perſonnelle , tant contre les heritiers du côté
paternel que maternel ; ſauf aux heritiers
leurs recours l'un contre l'autre , pour être
rembourſez de ce qu'auront payé eſdits
créanciers , outre ce qu'ils étoient tenus
payer par ladite Coutume ; & ſans préjudice en tous leſdits cas du droit d'hipoteque que pourroient avoir leſdits créanciers
ſur les biens du défunt.

ARTICLE CCXXXVIII.

Le pere & autres aſcendans , en mariant
en premieres noces leur fille & autres deſcendans en directe ligne , peuvent *reſerver*
à leurdite fille & autres deſcendans en di-

recte ligne, droit fucceffif de pere, mere, & autres fefdits *parens.*

Referver.) C'eft l'exception de l'article 219.; car comme la Coutume déroge au pacte des Particuliers, de même le pacte & la convention peut femblablement déroger à la Coutume *rebus integris*, & le droit de fucceder fera refervé à la fille mariée qui partagera avec les mâles, comme fes fœurs à marier, & qui ont été mariées dans la maifon fans conftitution de dot, même art. 219 vers la fin.

Secus; fi elle avoit déja été mariée, on ne pourroit plus lui referver ce droit de fucceder par un fecond contrat de mariage, après l'avoir un coup perdu; car étant acquis aux mâles par fon exclufion, on ne la peut plus rappeller que de leur confentement. Article 240 *infrà.*

Parens.) Cela s'entend de l'ayeul, bifayeul & autres afcendans, au refpect de leurs petites-filles qu'ils marieroient en premieres noces, aufquelles ils peuvent referver pareillement le droit de fucceder.

ARTICLE CCXXXIX.

Et fi les *collateraux* la marient vivant le pere ou ayeul paternel, lui peuvent auffi referver leur fucceffion feulement, en tout ou en partie.

Collateraux.) Qui font dans les termes de reprefentation; car s'ils font hors de la reprefentation, elle leur fuccede avec les mâles, comme nous avons dit article 219 *fuprà, in verbo* ce qui eft ici.

ART.

ARTICLE CCXL.

Combien que par ci-devant les Coutumiers dudit Païs ayent été en altercation ,
si la fille mariée en premieres noces , à
laquelle n'avoit été fait refervation de fucceder, peut être rappellée à la fucceffion
de leurs parens en fecondes noces ou autre traité de mariage , à cette caufe a été
advifé par les Etats du Païs & Comté de
la Marche , que dorénavant la fille mariée
en premieres noces ne peut par fondit pere
ne autres parens , de la fucceffion defquels
elle eft forclofe par ladite Coutume en
faveur des *mâles* , être *rappellée* à aucun
efpoir de droit fucceffif, au préjudice d'i-
ceux mâles & leurs defcendans , *fans leur*
confentement , foit par le fecond traité de
mariage ou *autrement*.

Mâles.) Car ils confervent l'agnation , au lieu
que les filles qui font le commencement & la fin
de leur famille , *L.* 191 , *§. de verb. fign.* paffent
en des familles étrangeres ; c'eft pourquoi la Coutume ne cherche qu'à augmenter le droit des
mâles & de leur pofterité : *Quia neceffariæ funt*
maribus majores divitiæ ad agnationem & honeftam
familiam confervandam propter onus, L. Titia cum
teftamento , §. Lucius , D. de leg. & ibi Bald. où
il dit que c'eft la raifon de la Coutume.
    Rappellée.) *Ne conventiones majorem vim ha-*
beant , quam ultimæ voluntates , L. vel negare ,
D. quemadmod. teftam, C. cum dilecti extr. de don-

L. in teſtam. D. de Reg. Jur. fern. in C. uni. de filiis ex matr. ad morgan. art. fin. num. 9.

Conſentement.) Car le droit de ſucceder eſt acquis aux mâles inclus par l'excluſion de la fille ; on ne leur peut donc pas ôter malgré eux ce droit, c'eſt pourquoi s'ils ne conſentent au rappel de la fille pour la remettre dans ſes droits, comme elle étoit avant ſon premier mariage, tout ce que l'on fait eſt inutile, & on ne leur porte pas de préjudice.

Autrement.) Mais ſi les mâles décedent ſans enfans avant leur pere, mere & ayeul paternel, ou leurs enfans, s'ils en avoient laiſſé, la fille mariée pourra, non-ſeulement être rappellée ; mais par une réintegration à ſes droits elle ſuccedera avec ſes ſœurs à marier, & avec celles qui avoient été mariées dans la maiſon ſans conſtitution de dot, par la raiſon que ſon excluſion n'eſt qu'en faveur des mâles, *Bal. L. in quibus, C. de ſecund. nupt. con.* 131, *num.* 6, *con.* 53, *num.* 9, *liv.* 2, *ing. authent. de hæred. & falc. §. ſi vero non implens, & auth. hoc amplius, Cod. de fideicomm. maſuer. §. ita videtur tit. de ſucceſſ. Socin. con.* 63, *num.* 17, *liv.* 3. Socin. jun. con.* 80, *& con.* 100, *liv.* 2. Voyez Caron en ſes Réponſes, *liv.* 8, *chap.* 15, *& l'art.* 211 *ſuprà,* ce que j'ai dit ſur l'article 219, *& Deciſ. Capel. Thol.* 457, & Aufrere deſſus, qui diſent tous que cette excluſion de la fille mariée n'eſt qu'en tant qu'il y a des mâles ſeulement.

Si les pere, mere & ayeul laiſſent des heritages en Païs de Droit écrit, ou dans des Coutumes où la fille mariée ſuccede avec les mâles, quoiqu'Alex. *con.* 141, *num.* 15 *& ſuivans, liv.* 7, après les Docteurs qu'il allegue, l'en excluë de même que des biens ſituez dans la Coutume ; néanmoins comme il faut renfermer la Coutume

dans fon territoire, comme exhorbitante & odieu-
fe, la fille mariée y fuccedera concurremment
avec les mâles, à moins que par fon contrat de
mariage paffé en la Marche, où fes pere, mere &
ayeul étoient originaires & domiciliez, elle n'y
eût expreffément renoncé. *Bart. & Doctor. in L.
cunctos populos de fumma Trin. Bal. con.* 131,
num. 4 *& fuivans, liv.* 5, le même *Alex.* contraire à lui-même, *con.* 128, *num.* 1 *& 2, &
Dumoulin deffus, liv.* 1.

Mais s'il y a des chofes mobiliaires & des dettes
actives dûes en Païs de Droit écrit & dans ces autres Coutumes, comme elles fuivent le domicile
du Proprietaire qui refide en la Marche, & inhe-
rentes aux perfonnes des pere, mere & ayeul, elle
en demeurera excluse par les mâles, qui feuls y
fuccederont, quoiqu'elle vienne & concoure dans
le partage des immeubles fis & fituez hors de la
Coutume. *Alex. con.* 141, *num.* 21, *liv.* 7, *&
Dumoulin deffus.*

Cela n'a lieu qu'en cas qu'il y ait des mâles &
des defcendans d'eux heritans; car s'il n'y en a
pas au jour du décès de pere, mere & ayeul, ou
s'il y en a, & ils ne font pas heritiers, ou ils ne le
peuvent être; les chofes font réduites au Droit
commun, & la fille mariée fuccede, comme il a
été dit article 219.

* *Sans leur confentement.*) Brodeau fur M. Louet
lett. S. fomm. 9, dit que le fens de cet article eft,
que la fille *dotée* ne peut être appellée à l'efpoir
fucceffif que du confentement des mâles, que
cela n'empêche pas les pere, mere, ou collateraux de lui leguer & donner par teftament, ce
dont la Coutume permet de difpofer par teftament; c'eft-à-dire, qu'on peut lui leguer par titre
particulier, mais non la donner pour coheritiere
aux mâles aufquels fa portion eft accruë, ni l'in-

ftituer heritiere à leur préjudice : Que cela eft la
véritable interprétation de l'article , & a été jugé
en la Coutume d'Auvergne qui parle de même en
interprétation de l'art. 30 du chap. 12 , par Arrêt
du 5 Décembre 1625.

Nota. Brodeau applique ce qu'il dit à l'art. 243
de notre Coutume ; mais l'interprétation qu'il
donne eft de l'art. 240 , & eft tirée du deux cens
quarante-uniéme , qui parle mot pour mot comme
Brodeau.

Mais peuvent lefdits pere & mere , *en mariant
leur fille pour la premiere fois* , lui referver le droit
fucceffif, art. 238 *fuprà* , qui , ainfi que le remarque Jabely , eft une exception de l'art. 219 , qui
exclut la fille appanée, doüée ou mariée par pere,
mere , ou autre , de toutes fucceffions directes à
l'infini & collaterales dans les termes de reprefentation , foit qu'elle ait renoncé ou non ; lequel
article 219 fe concilie avec le deux cens trente-
huitiéme, en difant que le deux cens dix-neuviéme
fuppofe que par fon contrat de mariage , les pere,
ou mere , ou autre Dotateur ne lui aura pas refervé le droit fucceffif, comme ils le peuvent,
fuivant l'art. 238.]

ARTICLE CCXLI.

Toutefois n'eft prohibé aufdits pere &
mere & parens collateraux lui donner, le-
güer, ou difpofer à fon profit de leurs
biens , autrement que par refervation de
l'efpoir dudit droit fucceffif, felon que la
Coutume permet en difpofer.

Biens.) Qui eft de la tierce partie du bien chargé des frais funeraux & du tiers des dettes feule-

ment, comme veut Balde, conseil 173 vers la fin,
liv. 3 ; sur le Statut de Cheri en Savoye, conforme
à cet article ; & non pas de toutes les dettes, comme l'enfant legataire, qui outre son legs prend sa
portion hereditaire dans la succession, est seul tenu, article 210 ; car la fille ne reçoit pas le legs ni
autre disposition à titre lucratif, ni de legitime ;
mais comme une étrangere, à laquelle il auroit
été fait.

En effet, elle est étrangere des successions de
ses pere, mere & collateraux dans les termes de
representation, par son exclusion en faveur des
mâles ; c'est pourquoi elle n'est pas tenuë aux
dettes à davantage qu'un étranger legataire, ni sa
condition ne doit pas être pire que celle d'un
étranger, quoique fille.

ARTICLE CCXLII.

Et pour la conservation des maisons
dudit Païs, la portion de la fille mariée par
le pere, ou du vivant d'icelui, selon l'article commençant, *fille appanée est forclose
de succeder* ; par les moyens dessus dits,
accroîtra ès mâles *seulement* ; s'ils veulent
payer la dot à elle constituée ou les restes
d'icelle, *en conferant* ladite dot & portion, comme ladite fille feroit si elle succedoit ; sans ce que audit cas les filles
étant à marier, puissent aucune chose prétendre en la portion de ladite fille mariée.

Seulement.) Salicet sur la Loi *Cunctos, Cod. de
sum. Trin.* dit que telles Coutumes & Statuts tirent

leur origine de la Loi de Moïse aux Nombres, chap. 27, qui veut que telle Loi soit perpetuelle & favorable au respect des mâles, & odieuse & inique au regard des filles, au dire de *Dec. con.* 13, *num.* 7, *vers. quarto.* C'est pourquoi de Coras sur la même Loi de Moïse, *Miscel. liv.* 3, *c.* 16, dit que *verba ut obiter admoneam sanè demonstrant, non tam iniquas esse leges municipiorum masculis existentibus fœminas excludentes quam vulgo creditum est, cum hoc primum à Deo optimo maximo statutum fuerit & favore publico latæ sunt agnationis scilicet & familiæ conservandæ causa, L.* 1, §. *quamvis de ventre insp. Leges autem utiles reipublicæ favorabiles esse, atque adeò interpretatione adjuvandas nemo nescit, L. hoc modo, D. de cond. & demonst. Bal. & alii, L.* 2, *Cod. de in jus vocando, & Socin. Jun. con.* 10, *num.* 12 *& suivans, liv.* 4.

Voyez les Memoires de du Tillet in 4°. pag. 3, & 4, *cur. sen. con.* 80, *& Bal. con.* 3, *liv.* 1, *n.* 3, *liv.* 1, *& con.* 89, *liv.* 3, où il dit que telle Coutume n'a seulement pas la vertu exclusive des filles mariées, des successions des pere, mere & collateraux dans les termes de representation; mais encore la vertu applicative aux mâles. Et si pendant que les mâles ausquels la portion de la fille accroît, ou à laquelle ils sont subrogez, comme veut Paul de Castre, *con.* 52, *num.* 1, *liv.* 1, déliberent, la fille mariée decede avant d'être payée de sa dot, ou de partie d'icelle, elle transmet son droit à ses enfans, qui la recevront ou ce qui en restera dû.

Les enfans mâles des freres de la fille mariée succedent à cette portion concurremment avec leurs oncles, *Dec. con.* 484, *num.* 6 *& suivans.* Ce qui est à remarquer est, que les autres filles à marier ou mariées dans la maison sans constitution

de dot, ne prennent pas de part dans la portion
de la fille mariée non plus que ses freres uterins,
par les raisons ci-dessus dites, article 219, il n'y
a que les freres germains & consanguins & leurs
enfans qui y succedent à l'exclusion de leurs sœurs
& tantes, le tout en payant par lesdits mâles ou
par leurs enfans la dot promise ou ce qui en reste
dû ; car s'ils refusent de la payer ou renoncent à
l'heredité, par une réintegration, la fille mariée en
rapportant rentrera en ses droits, & succedera en
sa part comme un autre enfant aux termes de cet
article ; car elle n'est excluse par les mâles qu'à
la charge qu'ils payeront sa dot ou ce qui en reste
à payer, & non autrement ; parce que la fille n'est
pas simplement excluse à cause de l'existance des
mâles ; mais aussi parce qu'elle est dotée, tellement qu'il est juste que sa dot lui soit par eux
payée, ou ce qui lui en reste dû. *Socin. con.* 127,
num. 5, *liv.* 1, & pour cela il faut qu'elle les
somme de la payer & de les mettre en demeure.
Jerof. Gab. con. 5, *num.* 20 & 21, après les
Docteurs dans une Coutume semblable à celle-
ci.

* *En conférant.*) Ceci marque un rapport entre les mâles, pour contribuer à la dot de la fille,
ils rapportent, comme feroit la fille appanée, si
elle succedoit, dit l'article, c'est-à-dire, comme
elle rapporteroit en succedant, *deficientibus maf-
culis ;* car alors appanée ou non, elle succede
avec les autres filles, en rapportant sa dot.]

ARTICLE CCXLIII.

Et combien que ladite fille ainsi mariée
ne prenne part ne *portion* esdites successions, comme dit est, si fait-elle *nombre*

& part avec les autres enfans, pour la quote & computation de *legitime.*

Portion.) Cet article eſt tiré de la Loi premiere, D. *de aſſign. liber.* §. *ſi ſit*, où le Juriſconſulte met l'eſpece qu'il y avoit, le fils de l'un des deux Patrons, & deux fils de l'autre, le pere des deux enfans aſſigna ſon affranchi à l'un de ſes deux fils, & rien à l'autre ; l'affranchi des deux Patrons décede, on demande comment on partagera ſa ſucceſſion entre les deux enfans de ſes Patrons, ſçavoir ſi ce ſera en trois portions égales, pour en être donné à chacun des trois enfans un tiers, ou en deux portions égales, pour en être donné moitié à l'un & l'autre moitié à l'autre, à cauſe que ſon frere étoit exclu. Le Juriſconſulte décide que elle devoit être partagée en trois portions, pour deux deſquelles être données à l'un des deux freres, auquel il avoit été aſſigné, ſçavoir l'une de ſon chef, & l'autre du chef de ſon frere qu'il exclud, & la troiſiéme portion au fils de l'autre Patron. *Voyez Socin. Jun. con.* 25 , *num.* 1 ; *liv.* 1 , & les Docteurs par lui rapportez, ſurtout *Decius con.* 296, *num.* 5 *& ſuiv. & Corn. con.* 197, *tom.* 1, qui expliquent cet article.

Nombre.) *Nam licet non admittitur ſub nomine legitimæ, admittitur ſub nomine dotis, quæ ſubrogatur loco legitimæ. Bal. con.* 496 , *num.* 3, *liv.* 1, *con.* 377 , *num.* 2 *&* 3 , *liv.* 3 ; car la fille mariée fait nombre depuis l'excédant de ſa dot juſques à ſa legitime, ſi elle ne l'a pas eu, qui avec le ſurplus de ſa portion accroît aux mâles. *Socin. con.* 150, *num.* 19 *&* 28 , *verſ. confirmatur ex his , liv.* 1 , & l'article précédent.

Légitime.) Par double raiſon ; l'une eſt dès que la fille a eu ſa dot, quoiqu'au-deſſous de ſa legitime, elle fait partie dans la legitime. *Corn. con.*

son. 150, *num.* 10, *tom.* 1, après Balde, & l'autre
eſt tirée de l'article précedent 242, qui eſt que
les mâles ſuccedent en la portion de la fille, en
lui payant ſa dot. Il eſt bien juſte que ſa portion
qui leur accroît leur ſoit comptée comme celle
de l'un des autres enfans ; & la dot acquitée le
ſurplus qui parfait la portion hereditaire de la ſle
leur appartiendra à l'excluſion des autres filles à
marier, ou mariées dans la maiſon ſans conſtitution de dot qui en ſont excluſes, & ne prennent
que chacune la leur. *Socin. con.* 288, *num.* 20
& ſuivans, liv. 1. *Bart. in L.* 1, §. *ſi pater,
verſ. ex hac concludo, D. de conjung. cum emancip.
lib.*

Et ſi la dot eſt au-deſſous de la legitime de la
fille mariée, le ſurplus qu'il faudroit pour la parfaire appartient auſſi aux mâles, puiſqu'elle ne
peut demander de ſupplément de legitime, article ſuivant 244, ſi elle ne l'a pas euë entiere ;
c'eſt pourquoi dans le partage que les mâles font
avec les autres filles à marier, ou mariées dans
la maiſon ſans conſtitution de dot, la fille mariée
hors la maiſon eſt comptée comme un d'eux, non
pas pour y rien prendre ; mais afin que les mâles
prennent ce qu'elle y prendroit, ceſſant ſon excluſion, en lui payant ſa dot, ou ce qui lui en reſte
à payer.

La legitime des enfans dans cette Coutume doit
être du tiers de la portion hereditaire de chacun
d'iceux, quand ils ſont juſqu'au nombre de quatre ; & quand ils ſont cinq & au-de-là, elle eſt de
la moitié. *Auth. noviſſima, Cod. de inoff. teſtam,*
qui ſupplée ici à ce que la Coutume y a obmis aux
termes des Patentes de François premier, confirmatives de la nouvelle Coutume, à la déduction
des dettes paſſives de la ſucceſſion & des frais funeraires.

X

* *Computation de legitime.*) Jabely dit que la legitime doit être du tiers de la portion hereditaire des enfans quand ils font quatre, de moitié quand ils font cinq & plus, fuivant l'Authentique derniere, *Cod. de inofficiofo teftam.* qui fupplée à ce qui eft obmis par la Coutume, fuivant les Lettres Patentes de François premier, qui ont confirmé la nouvelle Coutume.

Ce fentiment eft apparemment fondé fur ce que ces Lettres Patentes difent, qu'ès cas obmis on fuivra la difpofition de droit, mais elles ajoutent, *où les états ont voulu difpofition de droit avoir lieu.* Or il ne paroît pas que l'article fe refere à la difpofition de droit. Au furplus ce que dit Jabely eft bon.]

ARTICLE CCXLIV.

Laquelle fille mariée par les deffufdits forclofe defdites fucceffions ne peut demander *legitime* ne *fupplément d'icelle.* Toutefois fi elle n'a point été *doüée* felon les autres filles de la maifon, fi aucunes y en a qui ayent été *doüées*; & s'il n'y a autres filles doüées de ladite maifon, elle fera doüée felon l'avis des parens & amis de *ladite fille*, eu égard ès conftitutions des mariages du lieu & voifins de femblable qualité.

Legitime.) Par la raifon qu'étant exherédée par la Coutume, excluse des fucceffions de pere, de mere & d'ayeul paternel, & confiderée comme une étrangere, elle eft pareillement privée de fa legitime, qui fait partie de fa portion hereditaire, *L. Papinianus*, §. *quata*, D. *de inoff. teftam.* Ang.

con. 359. *Alex. con.* 3 , *num.* 5 *& fuivans* , *liv.* 7.
Dec. con. 276 , *num.* 2 , *& con.* 296 , *num.* 3 ,
après les Docteurs. Telle legitime accroît aux
mâles qui font fubrogez en fa portion hereditaire ,
& comme la quotité de la legitime qui ne vient
pas du droit naturel, comme la matiere & la qualité peut être diminuée auffi-bien qu'augmentée ,
même tout-à-fait ôtée par la Coutume, *Alex.
con.* 96, *num.* 6 *&* 15 , *liv.* 7. Il n'eft pas nouveau
fi la fille mariée qui ne peut fucceder quand il y a
des mâles ou de leurs defcendans , ne peut non
plus demander de legitime , qui eft une portion
des fucceffions à laquelle fa dot a fuccedé, quoique moindre que fa legitime. *Alex. con.* 134 , *num.*
33 , *liv.* 6 , *con.* 179 , *num.* 10 , *liv.* 5 ; car recevant fa dot elle reçoit fa legitime entiere , ainfi
point de legitime qui eft accruë aux mâles, article 242 *fuprà* , *& Socin. con.* 150 , *num.* 17 *&*
19 , *liv.* 1 , & telle fille exclufe qui ne peut demander de legitime eft confiderée comme morte.

C'eft la difference qu'il faut ici faire avec *Alex.
con.* 121 , *liv.* 6 , après les autres Docteurs qu'il
rapporte,de la fille dotée qui ne fuccede pas, d'a-
vec la fille qui fe doit contenter de fa dot ; car à
l'égard de la fille dotée qui ne fuccede pas, il faut
qu'elle foit dotée au tems du décès de fes pere &
mere pour être exclufe, & fi elle n'eft pas dotée,
elle peut demandet fa legitime.

Mais il n'en eft pas de même de la fille qui doit
fe contenter de fa dot comme dans notre Coutume, d'autant qu'elle eft exclufe de fa legitime ; &
fi les mâles qui l'excluent décedent fans enfans ,
elle fuccede avec fes fœurs, par la raifon que la
Coutume l'excluant en faveur des mâles, eux ceffant, comme nous avons dit , les chofes feront
réduites au Droit commun, & elle partagera avec
fes fœurs ; & fi l'une de celles qui font mariées

avoit été inftituée hèritiere univerfelle par fon
contrat de mariage , ou un étranger , comme il
eft permis aux pere, mere & ayeul par l'art. 294
infrà , de le faire , elle aura la querelle d'inoffi-
ciofité contre telle inftitution ou donation excef-
five , pour la faire réduire , afin qu'elle prenne fa
legitime fi elle ne l'avoit pas euë par fa conftitution dotale , même tranfmet l'action à fes enfans
& heritiers , pour la demander , fi l'action lors de
fon décès ne lui étoit pas encore ouverte , parce
qu'elle auroit prédécedé fes pere , mere & ayeul,
ou immédiatement après , fans avoir eu le tems
de l'intenter. *Alex. con.* 188 , *liv.* 6 , & Dumoulin deffus.

Et le nom nud de fes freres mâles qui l'exclu-
roient ne lui nuit pas , après qu'ils font eux-
mêmes exclus par l'inftitution de cette fœur ou
de cet étranger , par la raifon que la Coutume
étant en faveur des mâles , & non pas en haine
des filles mariées , comme leur faveur ceffe par
telle inftitution , l'exclufion de la fille mariée qui
ne vient qu'en conféquence n'a pas de lieu. La
Coutume a deux chofes , l'exclufion des filles
mariées hors la maifon & l'inclufion des mâles,
la Coutume inclufive ceffant par l'inftitution
d'une fœur qui n'eft pas d'une condition plus favorable ou d'un étranger , l'exclufion de la fille
mariée doit pareillement ceffer , dit Decius *con.*
296, *num.* 3 *& fuivans*.

Ne *fupplément d'icelle*.) Car comme elle ne
peut demander de legitime , qui eft , comme nous
venons de dire , une portion des fucceffions des
pere , mere & ayeul , fi elle ne l'a pas euë par fa
conftitution dotale , elle ne peut non plus demander de fupplément de legitime , *cum fuppletio
velut accidens fine fubjecto confiderari non poteft,
Socin. Jun. con.* 61, *num.* 2, *liv.* 4 , & les Docteurs

in L. *Gallus* , §. *& quid* D. *de lib. & posthum. hæred.*

Mais elle aura un supplément de dot , si celle qui lui a été constituée n'est pas suffisante, *Jeros. Gab. con.* 156, *num.* 23 , comme il va être ci-après montré, à moins que la Coutume n'eût dit qu'elle se contenteroit de sa dot, comme elle ne le dit pas, il faudroit qu'elle s'en contentât si elle suffisoit pour la nourrir ; car sa legitime seroit réduite à sa dot constituée , dit *Bal. con.* 175, *liv.* 5. *Voyez le même Bal. & Socin. Jun. aux consultations ci-dessus qui expliquent cet article.*

Ce qui se renferme aux biens situez dans la Coutume, comme nous avons dit en l'article 219 *suprà ;* car si les pere, mere, ayeul & collateraux avoient d'autres biens en Païs de Droit écrit, ou dans d'autres Coutumes où les filles succedent avec les mâles , comme elle viendroit à partage avec eux, elle pourroit à tout le moins demander supplément de legitime jusqu'à concurrence desdits biens, même sa portion hereditaire dans iceux, par la raison que la Coutume qui est odieuse & injuste ne s'étend pas sur ces autres biens qui sont hors de son territoire, & n'y peut avoir d'effet. *Alex. con.* 128, *num.* 1 *& 3* , *liv.* 1, & Dumoulin dessus. *Dec. con.* 296 , & le même Dumoulin dessus.

Ce qui est ici dit de la fille mariée s'entend de la petite-fille dotée par son ayeul paternel après le décès de ses pere & mere, qui ne peut non plus avoir de legitime dans sa succession, ni de supplément de legitime, parce qu'elle est semblablement excluse de sa succession par ses freres & par leurs enfans & descendans , & à leur défaut par ses oncles & leurs descendans freres de son pere. *Cur. sen. con.* 80, *num.* 3. *Alex. con.* 134 , *num.* 1 *& suivans* , *liv.* 6.

X iij

Doüée.) Elle ne doit pas être d'une condition pire que ses sœurs mariées & compétemment dotées ; c'est pourquoi sa dot doit être égalée à la leur, ce qu'il faut garder autant que faire se pourra. *L. inter liberos eod. fam. hæres.*

Douées.) Et si elle n'a pas de sœur dotée, il faut regler sa dot sur les dots des filles voisines de pareille condition, autrement on lui constituera une dot *arbitrio viri boni* ; c'est-à-dire, suivant les facultez des biens des pere, mere & ayeul décedez: eû égard aux qualitez de la fille & de celle de son mari & au nombre des enfans.

Et bien que la fille mariée ne puisse demander de legitime ni de supplément de legitime au cas qu'elle eût été dotée par le pere, à cause qu'il a fait son devoir : Si au contraire elle n'a pas été dotée, ses parens & amis ne peuvent lui constituer moins de sa legitime, appellée en la Loi, *si quis, Cod. de inoff. testam. minuscula*, à laquelle il faut d'équité mesurer sa dot, bien que *Socin. con.* 28, *num.* 14, 15 *& suivans, liv.* 4., soit de contraire opinion.

Et si cette dot ne doit pas être moderée ni taxée suivant le Droit écrit à raison de sa legitime, puisqu'il ne lui en est dû aucune ; mais par une certaine équité & arbitrage de gens de bien, il la lui faut constituer sur la valeur & le pied de sa legitime où il n'y a pas d'excès. *Dec. con.* 296, après *Bal. Salicet*, *Cur. sen. Auth. res quæ comm. æ leg.* & telle constitution de dot, dit *Socin. con.* 150, *num.* 12, *liv.* 1, est un certain patrimoine *extrinseque*, parce qu'il ne lui est pas déferé comme une quote d'heredité *ab intestat* & de legitime, mais la dot est le patrimoine legitime de la fille.

C'est aussi la difference de la fille dotée par ses parens & amis d'avec celle qui est dotée par son

pere : car à l'égard de la fille dotée par le pere ,
comme il n'y a pas d'amour égal à celui du pere
pour ses enfans, dit Decius , *con.* 26 , *num.* 9 ,
après Paul de Castres , on ne considere pas si elle
a été par lui bien ou mal dotée ; car ayant été
dotée par le pere qui prend conseil pour ses enfans, ajoute le même Paul de Castres , personne
ne peut trouver à redire à ce qu'il a fait , ni dire
qu'elle ait été insuffisamment dotée , s'il a cru
que la dot qu'il lui a constituée étoit suffisante.

Mais il n'en va pas ainsi de la fille dotée par les
autres parens & amis , il faut qu'elle soit suffisam-
ment dotée , autrement il seroit ridicule , dit le
même Salicet au même endroit, qu'elle fut privée
de la succession de ses pere & mere , & de sa dot
tout ensemble , & par ce moyen méprisée de son
mari , ensorte que la dot suffisante qu'on lui doit
constituer ne doit pas être moindre de sa legitime.
C'est pourquoi *Dec. con.* 180 , *num.* 2 , dit après
le même Salicet, que si la Coutume exclut les
filles à cause des mâles , & ordonne qu'on la dote
à l'arbitrage des parens & amis, on ne lui peut
donner moins de sa legitime & au-de-là si elle ne
suffisoit pas.

Car encore qu'elle soit excluse de la succession
ab intestat , que la legitime ne lui soit pas dûë ,
toutefois on lui doit donner d'équité une dot qui
ne soit pas moindre de sa legitime, ajoute le même
Salicet.

Par la raison que la Coutume excluant la fille
mariée en faveur des mâles , doit être interpretée
de telle maniere qu'elle ne blesse pas le droit d'un
tiers , ni qu'elle ne contienne pas d'absurdité ni
d'iniquité : il faut non-seulement lui constituer sa
legitime à laquelle sa dot est subrogée , mais lui
en payer les interêts du jour du décès du pere &
de la mere. *Auth. novissima*, & les Docteurs *eod.*

X iiij

de inoff. teftament. L. Papinianus , §. unde D̃ ead.

, Quand même les mâles heritiers auroient de bonne foi confommé les fruits , parce que la dot ne devant pas.être moindre de fa legitime , il s'enfuit que comme dans la legitime viennent les fruits de la legitime , tels fruits doivent augmenter la dot arbitrée par les parens & amis. *Alex. con. 69 , num. 3 , liv.* 1. *Socin. con. 48 , num.* 1 *& fuivans, liv.* 3.

Si le pere laiffe par teftament à fa fille mariée une certaine fomme pour fa dot, qu'il ne lui avoit pas conftituée lors de fon mariage ; fçavoir fi elle pourra demander le fupplément de fa legitime fi la fomme laiffée ne fuffifoit pas ; cette queftion eft des plus difficiles entre nos Docteurs qui font partagez en de femblables Coutumes d'Italie , telle qu'eft celle de Florence rapportée par *Socin. con.* 150 , *liv.* 1 , les uns veulent l'affirmative, les autres la négative : il conclut pour la négative , quoique le plus grand nombre fût pour l'affirmative , par la raifon que la portion de la fille étant accrue aux mâles, il n'eft pas au pouvoir du pere de la leur ôter par fon teftament, & par conféquent fa legitime & le fupplément qui en feroit portion ; c'eft pourquoi elle doit fe contenter de la fomme que le pere lui a leguée pour fa dot en faifant fon devoir. S'il a donné davantage à fes autres filles en les mariant , ç'a été peut-être en confideration des grands partis qu'elles trouvo.ent plus fortables, plus nobles & plus riches que celui qu'elle a pris, ainfi elle ne peut rien pré endre au-de-là de ce qu'il lui a legué pour fa dot

Et s'il y a plufieurs filles mariées, on gardera à l'égard de chacune d'elles ce que l'on gardera pour une feule ; c'eft-à-dire, qu'on leur diftribuera à chacune ſa dot, comme on fait à chacun des autres enfans leur legitime, ſuivant ce qui s'obſerve en la Loi premiere, §. *ſi pater*, *D. de conjung. cum emancip. lib. Socin. con.* 288, *num.* 15, *liv.* 2.

Si le pere decede avant l'ayeul, elle ſera de même dotée des biens de l'ayeul qui ne l'auroit pas dotée. La même choſe eſt des biens de la mere dont elle doit être auſſi dotée, quoiqu'elle l'eût été par le pere, une ſucceſſion n'étant pas l'autre, mais diverſes ſucceſſions. Autrement ſi elle avoit été dotée par un étranger, il s'enſuivroit qu'elle ne le pourroit être de la ſucceſſion d'aucun de ſes aſcendans, ce qui n'eſt pas vrai. Il faut donc entendre cet article, qu'elle doit être dotée de chaque ſucceſſion. *Socin. con.* 23, *num.* 12, 13 & ſuivans, *liv.* 3, après *Bal. L.* 1, *Cod. de leg. hær.* & ſes Sectateurs. Ce qui doit avoir ici d'autant plus de lieu qu'elle n'eſt excluſe par les mâles, qu'à la charge de lui payer ſa dot, ou ce qui lui en reſte dû, comme j'ai montré ſur l'art. 242 *ſuprà.*

Ce qui eſt ici à remarquer eſt, que la Coutume ne ſe confie pas aux freres de la fille, qui étant Juges & Parties ſont comme intereſſez ſuſpects, ils ſont recuſez pour arbitrer la dot que la Coutume remet à l'arbitrage des parens & amis, qui étant deſintereſſez feront enſorte qu'aucun ne ſera lezé.

Si la fille mariée non dotée decede avant que ſes parens & amis ayent arbitré la ſomme où ſa dot peut aller, elle tranſmet ſon droit à ſes enfans & heritiers; car c'eſt une portion obſcure qu'elle a dans les biens de ſes pere & mere, & non une condition. *Bal. con.* 184, *liv.* 1. *Alex. con.* 55, *num.* 5 & 10, *liv.* 2.

Ladite fille.) Parce qu'encore que par la Coutume on puiſſe diminuer la part que la fille a en la ſucceſſion de ſes pere & mere, on ne la peut néanmoins pas toute ôter. *Bal. con.* 131, *n.* 2, *liv.* 2; car elle ſuccede au lieu des alimens dûs à la fille, ſuivant *Alex. con.* 134, *num.* 28 & *ſuivans, liv.* 6.

Quand on dit dotée, cela doit être avec effet : car ſi la fille ne l'eſt pas, ou ne l'a été que par l'un de ſes parens, elle aura ſa dot dans la ſucceſſion de l'autre qui ne l'auroit pas dotée : car la Coutume parlant par ce terme *dotée*, ſignifie le droit & non pas l'acte d'un ſimple miniſtere. *Alex. con.* 169, *num.* 1, *liv.* 7. La dot, ajouté-t-il, étant également dûe à la fille mariée, comme à la fille à marier, les pere & mere par la Coutume, article 219, ſont copulativement tenus à marier & doter leur fille : *Et ideo*, ajoute Socin. con. 127, num. 5, liv. 4, *conveniens eſt quod debeat eſſe dotata de bonis illius de cujus hæreditate agitur cum dos tunc videtur ſuccedere loco legitimæ.* Voyez le même Socin. con. 150, liv. 1, & en ce con. 127, liv. 4, où il traite fort au long de cette matiere qui ſert d'explication à cet article.

ARTICLE CCXLV.

Fille qui ſe marie ſans le ſçu, outre le gré de ſes pere & mere, ou de ſon pere ſeulement, ou de ſa mere après le trépas du pere, avant l'âge de vingt-cinq ans, peut être par eux ou l'un d'eux exheredée, ou appanée de telle choſe que bon leur ſemble : Et audit cas ne peut prétendre ne avoir droit ès biens & ſucceſſions de ſesdits pere & mere par legitime ou *autrement*.

Semble.) Même avec ftipulation de retour à eux & à leurs heritiers, au cas qu'elle décedât fans enfans ; car les pere & mere la pouvant desheriter pour un tel fait d'ingratitude, à plus forte raifon peuvent-ils la charger & lui impofer des conditions dures telles qu'ils voudront dans les chofes qu'ils lui conftitueront en dot, & au défaut de ftipulation de retour, elle pourra difpofer de tout entre-vifs, fuivant les articles 304 & 307 *infrà*, & du tiers pour caufe de mort, fuivant l'article 210 *fuprà* ; & fi elle les prédécede, les enfans après la mort de leur ayeul & ayeule pourront demander ce qu'elle auroit eû en dot, comme fi elle eût été obéiffante & foumife : *Non quafi Jure communi, quia non potuit petere, fed uti portio quædam affignata quæ peti poteft conditione ex confuetudine.* Jerof. Gab. con. 153, num. 17, & fuivans.

Autrement.) Sinon fa condition feroit meilleure, quoique defobéiffante, que celle de la fille mariée refpectueufe & foumife, qui ne peut demander de legitime, ni de fupplément de legitime après qu'elle a été dotée, comme on voit au même article précedent, ni elle ne peut même pas demander d'alimens, par la raifon que le mari s'étant contenté d'elle, fa perfonne lui tient lieu de dot, & elle le fervira comme fervante, dit *Alex. con.* 33, *num.* 2 & 3, *liv.* 4, furtout fi elle avoit époufé un homme mal-famé, *Dec. con.* 230, *n.* 3, *verf. quamvis* ; auffi les femmes dans ces Coutumes font comme fervantes, ainfi que remarque Dumoulin fur l'art. 3 du chapitre 11 de la Coutume d'Auvergne.

ARTICLE CCXLVI.

Lignager qui se veut porter heritier simple est *préferé* à celui qui se veut porter heritier par benefice d'inventaire, combien qu'il ne soit si prochain du défunt, comme celui qui requiert être admis par benefice *d'inventaire*.

Préferé.) *Secus* en directe, parce que les enfans & descendans continuent la possession des biens plutôt qu'ils ne succedent, *L. in suis hæredibus, D. de lib. & posthum.*

D'Inventaire.) Cet article ne regarde que les heritiers d'une même ligne ; car l'heritier du côté maternel n'excluroit pas l'heritier de l'estoc paternel, qui auroit accepté par benefice d'inventaire. Il faut donc qu'il soit du même côté & ligne paternelle, par la raison de Balde *in L. 3, Cod. si minor,* qui dit, que *hæreditates quæ ex diversis testamentis, vel ex diverso Jure deferuntur, non intelliguntur invicem conjungi, & ideò admittitur earum separatio ;* c'est pourquoi Dumoulin sur Paris, §. 33, glos. 1, num. 93, dit que *hæredes propriorum & conquestorum non sunt cohæredes, quia licet succedant eidem personæ, tamen ad diversa bona, & videntur plura patrimonia & hæreditates separatæ.*

Il faut que ce lignager soit encore majeur; car s'il étoit mineur, comme il seroit restituable, il ne seroit pas reçu à se porter heritier pur & simple à moins qu'il ne donnât caution, article 343 de la Coutume de Paris. Il faut aussi qu'il soit parent à un degré immédiat de l'heritier beneficier ; car s'il étoit à un degré médiat, c'est-à-dire,

qu'il y eût des parens entre deux, il ne feroit pas
non plus recevable, à moins que ceux qui le
précedent ne renoncent. Dumoulin article 12,
titre 19 de la Coutume de Berry, & l'Arrêt par
lui allegué.

* Jabely renvoye fort bien aux trois cens quarante deux & trois cens quarante - troifiéme de
Paris. *Vide.*]

Article CCXLVII.

L'étranger ne peut être reçu à foi porter
heritier fimple, ne par benefice d'inventaire, & parce ne déboute le lignager qui
requiert être reçu par benefice *d'inventaire.*
Toutefois l'heritier conventionnel par mariage ou communauté, s'il ne veut accepter
fimplement ladite fucceffion, fe pourra
porter heritier par benefice d'inventaire,
fi aucun des *lignagers* du défunt ne le veut
être; car ils feroient préferez audit heritier
conventionnel.

D'Inventaire.) Par la raifon qu'au défaut d'heritiers le Seigneur Haut-Jufticier feul fuccede
aux biens vacans du défunt, article 325 *infrà;*
tellement que comme le lignager qui fe porte heritier par benefice d'inventaire exclut le Seigneur,
à plus forte raifon exclut-il l'étranger que le Seigneur excluroit.

Lignagers.) *Scilicet* en fe portant heritier fimplement au cas que l'heritier conventionnel ne
voulût être heritier que fous benefice d'inventaire; car s'il vouloit être heritier fimple, il excluroit tous les lignagers fuivant la convention;

tellement que l'heritier conventionnel ne peut user
du benefice d'inventaire, que lorsqu'il n'y a pas
de concurrence avec un lignager. Dumoulin sur
l'article 8 du chapitre 15 de la Coutume d'Auvergne.

ARTICLE CCXLVIII.

Inftitution d'heritier teftamentaire n'a
point de lieu, & eft reputé icelui inftitué
legataire.

Legataire.) Telle inftitution generale réduc-
tible au tiers des biens, les dettes payées, ou
chargé du tiers d'icelles, comme nous avons dit
article 210, tel Legataire prend obliquement ce
qu'il ne peut prendre directement.
  * Cet article eft le même que le deux cens qua-
tre-vingt dix-neuviéme de Paris.
  Inftitution a lieu en cette Coutume par contrat
de mariage, article 294 *infrà*, même au profit
des conjoints entr'eux, fauf la legitime des enfans.]

ARTICLE CCXLIX.

S'il advient que les heritiers inftituez par
ledit teftament, ou difpofition de derniere
volonté, fuffent heritiers *ab inteftat* ou
conventionnels par traité de mariage, ils
n'auront que les deux tiers, fans prendre
l'autrui profit dudit teftament fur l'autre
tiers, qui fera réduit & diftribué entre les
autres legataires au fol la livre, & ce au
cas que les autres legats monteront le tiers

des biens dudit défunt : Mais où iceux legats ne monteront le tiers defdits biens, le
refidu d'icelui tiers reviendra au profit dudit
legataire, pofé qu'il foit heritier *ab inteftat*
ou conventionnel.

Conventionnels.) Ces termes, *heritiers conventionnels*, fe limitent aux étrangers heritiers inftituez par contrat de mariage, qui par la convention font égalez aux enfans & aux autres heritiers
ab inteftat, & aux heritiers collateraux, comme
on voit par la disjonctive, *ou*, qui fe trouve entre
eux : fi-bien que comme on peut tefter du tiers de
fon bien au préjudice de fes enfans & de fes heritiers collateraux, heritiers *ab inteftat*, article 210
suprà, il ne faut donc pas trouver étrange fi la
Coutume permet de tefter du même tiers au préjudice des étrangers, parens ou autres inftituez
heritiers conventionnels, puifque par leur inftitution contractuelle ils ne font feulement qu'é-
galez aux enfans & aux autres heritiers *ab inteftat.*
Mais fi avec la qualité d'heritiers conventionnels ou d'heritiers *ab inteftat* concouroit encore
celle d'enfans, comme telle inftitution compren-
droit tous les biens, faite par le pere, il ne feroit
pas permis de difpofer de ce tiers au préjudice de
l'enfant, ou des enfans inftituez, mais feulement
d'une legere fomme de deniers en œuvre pie, ou
autrement leur inftitution demeureroit inutile,
puifqu'auffi-bien ils ont les deux tiers des biens
en vertu de l'article 210 *suprà*, qui ne leur peuvent être ôtez, quand même ils n'auroient pas
été inftituez heritiers par leur contrat de mariage;
fi-bien que cette inftitution n'eft que dans l'autre
tiers, dont l'inftituant ne peut difpofer *per modum*

quotæ à leur préjudice, comme il a été jugé sur mes Memoires par Arrêt du 12 Août 1689, en la Grand'Chambre au rapport de Monsieur Guillard Conseiller, qui a ordonné le partage des biens de la succession du Sieur de Cressac, entre Dame Marguerite Seglierè & Dame Jeanne Segliere ses filles, nonobstant le testament de leur pere, qui avoit legué le tiers de son bien à Alexandre Beauf-son son petit-fils, fils de ladite Jeanne, qui fut déclaré nul, par la raison que le Sieur de Cressac avoit rappellé à sa succession ses deux filles par leur contrat de mariage, au cas qu'il décedât sans mâles, ce qui arriva, avec promesse de ne les pas avantager directement ni indirectement l'une au préjudice de l'autre, par quelque contrat que ce fût, qui étoit une institution de chacune dans sa portion hereditaire, comme veut Dumoulin sur la Loi 1, §. *si quis ita*, D. *de verb. oblig.* & un partage fait entr'elles, suivant Contius en son Traité *de Pact. au Cod.* surtout au *num. 8 & sui-vans*, *Dec. con.* 184, *num. 6 & 7*, au préjudice de quoi il n'avoit pû tester du tiers de son bien.

Residu.) Par ce que ce qui reste du tiers des biens leguez n'accroit pas à chaque legataire par-ticulier; mais à l'heritier institué ou *ab intestat*, soit qu'il soit l'un des legataires ou non.

✱ Cet article ne doit s'entendre que du cas où l'institution contractuelle ne seroit pas de *tout* le bien, ou qu'elle seroit faite sous la reserve de pouvoir disposer du tiers; car sans cela il ne peut y avoir dans une même succession des heritiers conventionnels & des legataires, puisque tout ap-partiendroit à l'heritier conventionnel : aussi en cette Coutume l'institution contractuelle d'heritier étranger n'est ordinairement que des deux tiers, l'autre tiers reste de libre disposition, ou pour y succeder *ab intestat*.

L'article

L'article 29 du titre 14 de la Coutume d'Auvergne porte, que l'inftitution contractuelle n'ôte pas la liberté de difpofer par contrat entre-vifs. *Vide* la Note de Dumoulin fur l'article 31 du même titre de la même Coutume, & fur l'article 12 du titre 27 de Nivernois, ces Notes vont bien à notre article ; *vide* Brodeau, *loco fuprà.*

On a demandé fi le rappel de deux filles par contrat de mariage leur affuroit tellement toute leur part dûë *ab inteftat*, que le pere ne pût difpofer du tiers en faveur de l'enfant d'une d'elles ; il faut dire qu'il le peut, le rappel n'a pas plus de force que l'inftitution contractuelle qui n'ôte pas la liberté de difpofer du tiers.]

Article CCL.

Et s'il étoit prélegué aucune chofe à un heritier *ab inteftat*, en avantage des autres fuccedans *ab inteftat*, ledit legat vaudra de la tierce partie des biens du défunt, au préjudice des autres heritiers venans *ab inteftat*, comprins tous autres legats, & réduction faite dudit tiers, comme deffus.

Voyez l'article 210 *fuprà.*
* Nous avons expliqué cet article fur le deux cens dixiéme *fuprà.*

Article CCLI.

Lefdites ordonnances & difpofitions de derniere volonté ainfi réduites audit tiers, ne font invalidées par faute d'inftitution d'heritiers, caducité ou préterition, ne auffi par faute de nombre de témoins requis de droit, pourvû qu'il en ait deux avec le Notaire, Curé ou Vicaire, ou quatre témoins fans le Curé, fon Vicaire ou Notaire, ou que ledit teftament ait été écrit & figné par le Teftateur.

Voyez l'article 229 fuprà.
* Vide la nouvelle Ordonnance des teftamens, articles 23 & 25.]

ARTICLE CCLII.

Ne pourra ledit Teftateur ou Difpofant. donner ne *leguer* directement ne *indirectement* aucune chofe au Notaire *ne Prêtre* qui recevra ledit teftament & difpofition, *ne aux témoins* à ce prefens, ains feront telles donations & legats nuls & de nul effet & valeur.

Leguer.) Sans faire difference d'un legs de peu de conféquence d'avec celui qui feroit d'une chofe confiderable.

Indirectement.) C'eft-à-dire, à des perfonnes interpofées, par le moyen defquelles le Notaire, le Curé & le Vicaire recevroient les legs portez par les teftamens qu'ils auroient écrit, & reçus. Ordonnance d'Orleans, article 17, de Blois, article 63.

Ne Prêtre.) Ce terme générique de Prêtre fe réftraint au feul Curé & à fon Vicaire, qui doit avoir Lettres de Vicariat; car pour ce qui eft des autres Prêtres, quoiqu'ils ayent le caractere de Prêtrife, ils n'ont pas droit par les Coutumes de

recevoir les teſtamens. Il n'y a que le ſeul Curé
qualifié en Droit Canon du nom de Prêtre ou ſon
Vicaire, *C. 10, de teſtam.* article 229 , & l'article
précédent 251.

Autre choſe ſeroit du legs fait à l'Egliſe , quoique le Curé & ſon Vicaire en reçoivent dans la
ſuite du profit, comme il eſt fait à Dieu pour faire
des prieres, il eſt bon & valable , même article 63
de l'Ordonnance de Blois.

Ne aux Témoins.) Cela s'entend de choſes conſiderables ; car ſi le legs fait à l'un des Témoins,
ou aux deux Témoins étoit d'un bijou, d'un ta-
bleau , d'une bague, d'un crucifix, la délivrance
en ſera faite, comme il a été jugé dans la Coutume de Paris, qui a pareille diſpoſition , par
Arrêt de 1677, qui eſt dans le Journal du Palais,
tome 5 , page 213 , qui ſert d'interprétation à cet
article, qui eſt contraire au Droit Civil , où on
peut leguer aux Témoins du teſtament.

Reſte à ſçavoir à quel âge on peut ici teſter,
où la Coutume n'en parle pas, dans la diverſité
des opinions, qui veulent les unes que l'on ſe regle par la Coutume de Paris, d'autres ſuivant les
Coutumes voiſines de la Marche, & d'autres que
l'on ſuive le Droit Civil. Cette queſtion deman-
deroit un plus long examen que celui que je veux
faire ; pour abreger, je croi qu'il ne faut ſe regler
ni par la Coutume de Paris , ni par aucune autre
voiſine de celle de la Marche, qui ne lui étant pas
ſuperieures , mais particulieres , qui ſe limitent
chacune dans ſon territoire , ne lui peuvent donner de Loi ; tellement qu'il faut avoir recours au
Droit Civil , qui étant le Droit commun , *inſt. de
Jur. nat. & gent.* §. *ſed quoties* , qui veut en la
Loi 5 , *D. qui teſtam.* L. 4 , *Cod. de teſtam.* & en
l'inſt. *Cod.* §. *præterea* , que les mâles puiſſent
teſter à quatorze ans , & les filles à douze , doit

ici suppléer à ce cas obmis par la Coutume ; comme a voulu François premier par ses Patentes confirmatives d'icelles, & comme il a été jugé par Arrêt du 7 Septembre 1675, rendu à la quatriéme Chambre des Enquêtes au rapport de M. de Brillac, qui a confirmé le testament d'Alexis de Rocherolles, qui avoit testé à l'âge de quatorze ans seulement: En effet, on est pubere à quatorze ans à l'égard des mâles ; & de douze ans à l'égard des filles ; que le bail des Nobles finit ainsi que la tutelle des Roturiers, article 73. *suprà*, comme il a été dit en l'art. 229 *suprà*.

ARTICLE CCLIII.

Substitution faite en testament ou autre disposition de derniere volonté n'a lieu, & ne vaut aucunement audit Païs, par legat ne autrement en quelque maniere que *ce soit*.

Ce soit.) *Secus* par Contrat de mariage en faveur d'icelui, elle vaut par la Coutume generale de France, *Decius con.* 578, *num.* 7 *& suiv.* Aufrere rapporte les Arrêts anciens rendus en conséquence sur la *décis.* 452, Capel. Thol. & Dumoulin en ses Notes manuscrites dessus Aufrere : & pour ne pas aller plus loin, notre Coutume le décide en l'article 294 *infrà*.

ARTICLE CCLIV.

Aucun n'est recevable de soi dire n'être heritier d'aucun, s'il ne répudie ou renonce expressément à sa succession.

* Mais on peut se tenir à son don.]

ARTICLE CCLV.

Les prochains lignagers des gens d'E-
glifes féculiers de franche condition leur
fuccèdent en leurs biens par eux délaiffez.

* C'eft le Droit commun de la France. *Vide*
le trois cens quatre-vingt-fixiéme de Paris.]

ARTICLE CCLVI.

Par ladite Coutume il n'eft heritier qui
ne veut, foit fils, parent ou lignager.

ARTICLE CCLVII.

La tierce partie des biens dont le Teftateur peut difpofer fe doit prendre par la
main de l'heritier *ab inteftat, & ne faifit*
le donataire ou legataire ; & eft révocable
telle *donation teftamentaire* ou ayant trait
à mort, jufques à la mort du Difpofant,
par quelques paroles qu'elle foit conftituée,
& pofé qu'il y ait claufe de garantage ou
ferment de ne venir au-contraire.

* *Et ne faifit.*) La convenance de fucceder dans
un contrat de mariage faifit les conjoints mariez.
Article 294 *infrà.*

Donation teftamentaire ou ayant trait à mort.)
Par l'Ordonnance de 1731 les donations à caufe
de mort font abolies. Il n'y a plus dans le Royaume que deux façons de difpofer. La premiere,
par donation entre-vifs. La feconde, par teftament. Ainfi la difpofition de cet article fur la

révocation de la donation qui a trait à mort eſt inutile à preſent.

Mais cet article reſte bon pour les legs qui ne ſaiſiſſent pas ſans demande en délivrance, ſuivant la Loi *Legatum*, *ff. de leg.* 2. *Legatum eſt donatio à defunēto relicta ab hærede præſtanda.* Le Legataire ne gagne les fruits que du jour de la demande en délivrance.]

TITRE XX.

De Retrait Lignager, & Prélation de choſe feodale, cenſiviere ou franche.

Article CCLVIII.

LE Lignager du Vendeur d'aucun heritage, rente ou choſe immeuble du côté & ligne dont meut & eſt provenuë la choſe venduë, peut *dedans an & jour* avoir par droit de retrait lignager ladite choſe immeuble venduë, en payant le ſort principal & loyaux-coûts.

* Cette Coutume eſt de côté & ligne, comme celle de Paris, dont le cent vingt-neuviéme ſe rapporte entierement à celui-ci.

Dedans an & jour.) Voyez l'article 261, *infrà.*

Le délai court contre les mineurs comme contre les majeurs, ainſi qu'à Paris, art. 183 *infrà,* qui, quoiqu'il ne parle que du retrait féodal, doit s'étendre au retrait lignager, *quia ubi eadem ratio decidendi ibi eadem lex.*]

ARTICLE CCLIX.

Qui veut avoir chofe venduë par retrait lignager, doit pofer fon ajournement & faire fa demande dedans le tems deffus dit ; & en cas de refus ou délai, prefenter treize pieces de monnoye du coing du Roi, offrant de parfaire jufques au prix : & au refus ou délai de prendre par ledit Défendeur fes deniers, doit icelles treize pieces de monnoye configner judiciellement dedans ledit tems : & cela fuffit pour obtenir en principal & dépens, en prouvant fon lignage & eftoc de la chofe venduë, fans autre réelle confignation du prix.

* Cette Coutume pour le retrait lignager ne requiert d'autres formalitez que de faire offres de treize pieces de monnoye du coin du Roi, *id eft* de treize pieces d'or ou d'argent ayant-cours dans le Royaume, telles que foient ces pieces, or, argent, ou billon, la Coutume ne les défignant pas. Cette confignation difpenfe des offres pendant que dure la contestation, mais ne fait pas gagner les fruits.]

ARTICLE CCLX.

Mais s'il veut gagner les fruits qui écherront depuis la confignation, ou il doit configner réaument & de fait le prix de la

vente, s'il en eſt certain; ou le prix contenu ès lettres, ſi le Défendeur les veut
exhiber, & affirmer le contenu être vrai;
ou tel prix que le Juge arbitrera, avec
proteſtation de fournir ou retirer, & dèslors, s'il obtient en principal, il aura les
fruits depuis ladite conſignation réelle &
non autrement.

* Cet article donne au lignager le moyen de
gagner les fruits de l'heritage qu'il veut retirer,
il n'a qu'à conſigner le prix, s'il le ſçait ou peut
ſçavoir, ſinon telle ſomme que le Juge arbitrera,
& *du jour de cette conſignation*, il gagne les
fruits.]

ARTICLE CCLXI.

Le tems introduit pour avoir par retrait
la choſe vendüe, ſe compte & commence
du jour que l'Acheteur en a pris poſſeſſion réelle & actuelle; laquelle poſſeſſion
pour faire courir ledit tems, l'Acheteur
eſt tenu prendre en la preſence de deux
témoins de la Paroiſſe en laquelle la choſe
eſt aſſiſe, & d'un Notaire; & ne ſuffit
quant à ce en avoir ficte poſſeſſion par
précaire, loüage ou autrement, ſinon que
l'Acquereur le fît ſçavoir à jour de Di-
manche *à Meſſe de Paroiſſe ou en Jugement*,
& en eût acte.

* En cette Coutume l'an & jour du retrait
court, ou du jour que l'Acquereur a pris poſſeſſion

fion réelle , que quelques Coutumes appellent mife de fait , ou du jour que l'Acquereur a fait publier fon acquifition.

A Meffe de Paroiffe ou en Jugement.) Depuis la Déclaration de 1698, on ne publie plus au Prône les actes de Jurifdiction feculiere , mais on les publie iffuë de Meffe Paroiffiale.]

ARTICLE CCLXII.

Entre Mortaillables, au cas où ils peuvent vendre, retrait lignager a lieu , & fe doit obferver ce que dit eft.

Voyez ce que j'ai dit article 147 *fuprà.*

* Cet article permet le retrait en vente d'heritage mortaillable , *id eft* tenu fervement d'un Seigneur *Ecclefiaftique ;* & l'article fuivant dit qu'il n'a lieu en heritage tenu en fervitude , *id eft* tenu d'un Laïc. Cette difference vient des articles 146 & 147 *fuprà.* Le cent quarante-fixiéme prohibe abfolument la vente des heritages ferfs , fans le congé du Seigneur , le cent quarante-feptiéme ne le défend qu'à des perfonnes d'autre condition & d'autre Seigneurie.]

ARTICLE CCLXIII.

Entre Gens tenans heritage en fervitude n'a droit de retrait lignager.

Voyez ce que j'ai dit article 146 *fuprà.*

ARTICLE CCLXIV.

En chofe mobiliaire retrait lignager n'a point de lieu , ne pareillement *en vrai*

Z

échange de chose immeuble *fait sans fraude.*

* *En vrai échange.*) Cela veut dire que lorsque le Seigneur peut prouver la fraude, & que ce qu'on presente pour échange est vente déguisée, le retrait a lieu. *Vide* mon quatriéme volume, chapitre 4.

Cet article exclut le retrait pour les choses mobiliaires, c'est la même disposition que le cent quarante-quatriéme de Paris.

Echange fait sans fraude.) C'est-à-dire, pourvû que ce ne soit pas une vente déguisée, auquel cas y auroit retrait. *Vide infrà* art. 270.]

ARTICLE CCLXV,

Si aucun revend *la chose par lui acquise d'un Etranger*, les parens dudit Revendeur du côté *paternel* sont capables de l'avoir par droit de retrait lignager : & non les parens du côté maternel. Toutefois si aucun revend la chose par lui acquise d'un sien parent, ceux du côté & ligne dont elle est provenuë la pourront avoir par retrait.

Paternel.) Par la raison que tel heritage est affecté à la ligne paternelle, article 230 *suprà*, qui seroit en droit même de le retirer dans l'an du parent maternel qui l'auroit acquis de l'Acheteur.

* Les acquêts sont sujets au retrait en cette Coutume, comme les propres, c'est ce que veut dire cet article, *la chose par lui acquise d'un étran-*

ger. La raifon eft qu'en cette Coutume l'acquêt
eft reputé bien paternel. Art. 230 *fuprà.*

La chofe par lui acquife d'un étranger.) Ces
termes font mis à caufe de l'article 231 *fuprà,*
qui dit qu'un propre acquis d'un Lignager refte
propre à l'Acquereur, & conferve le même côté
& ligne.

Mais notre article 265 diftingue l'acquêt du
propre. A l'égard de l'acquêt, il ne fuffit pas
d'être parent du côté du Vendeur, il faut être
parent *paternel*, par rapport au propre, il faut
être parent du côté & ligne, d'où le propre eft
advenu au Vendeur.]

Article CCLXVI.

Après le droit de retrait confeffé par
l'Acheteur, ou adjugé par Sentence, le
Lignager qui a fait fes diligences a quinze
jours de terme pour fournir les deniers *&*
loyaux-coûts; & s'il ne fournit dedans ledit tems, il eft débouté de fon droit fans
autre déclaration. Toutefois s'il étoit en
débat des loyaux-coûts, en confignant ce
que le Juge arbitrera, & payant le principal dedans ledit tems, il doit jouir de la
chofe retraite.

* Par rapport au payement du prix, il faut entendre cet article: 1°. Dans le cas où le Retrayant
ne l'auroit pas configné, comme il le peut, article 260. 2°. Dans le cas où il n'auroit configné
qu'une fomme arbitrée par le Juge, comme il le
peut encore fuivant le même article 260. Car en
ce cas il faut parfaire, & conféquemment payer le
prix en entier.

Et loyaux-coûts.) Si le Memoire en eſt fourni, autrement il conſignera une ſomme arbitrée par le Juge, comme dans le cas du débat ſur les loyaux-coûts. Ma raiſon eſt que la Coutume, en ne donnant que quinze jours pour payer le prix & loyaux-coûts, ſuppoſe que l'état en eſt fourni, ou qu'il n'y a point de conteſtation ſur iceux.]

Article CCLXVII.

Leſdits quinze jours ne courent juſques à ce que l'Acheteur qui requis en eſt a mis ſes lettres en Cour, Partie preſente ou appellée, & affirmé le prix, ſi le Lignager le requiert & l'en veut croire : ou s'il n'y a point de lettres, commencent à courir du jour de la notification faite par l'Acquereur, & affirmation faite du prix pardevant le Juge, Partie appellée.

* Pour la miſe du contrat au Greffe, & l'affirmation de l'Acquereur, on peut y rapporter l'article 136 de Paris.]

Article CCLXVIII.

Si l'Acheteur requis d'affirmer le prix, ne le veut faire, il eſt débouté & doit perdre la choſe par lui acquiſe, & doit être adjugée au Lignager.

* Ce que dit l'article que faute par l'Acquereur d'affirmer le prix de ſon acquiſition, il doit perdre la choſe par lui acquiſe, & doit être adjugée au Lignager, ne doit pas être pris à la lettre, pour

dire qu'il perdra son prix ; car l'heritage doit être adjugé au Lignager qui vient au retrait, s'il a rempli les formalitez requises, cela est sans difficulté, & ce, soit que l'Acquereur affirme, soit qu'il n'affirme pas son prix. Je tiens, 1°. Que ce que dit l'article ne doit être regardé que comme comminatoire : 2°. Que cela ne signifie autre chose, sinon que, quoique le Retrayant ne doive prendre possession de l'heritage qu'après avoir payé ou consigné, néanmoins en ce cas on doit lui en donner la possession, en consignant la somme arbitrée par le Juge, sauf à parfaire dans la suite, sans interêts ; car en aucun cas l'Acquereur ne doit jamais perdre son prix & son heritage.]

ARTICLE CCLXIX.

Lignager sur Lignager n'a point de retenuë en chose venduë d'un même estoc, tant que la chose demeure en *la ligne* : mais si elle est revenduë, elle chet en retrait lignager aux parens dont elle procede. Toutefois si celui qui est commun en tous biens avec un sien parent, vend sa part de la chose commune, le commun & parsonnier qui est parent, est *préferé* à tous autres Lignagers, & ainsi se garde pareillement entre *Mortaillables*.

La ligne.) Parce que ce qui reste & demeure dans la ligne & côté des agnats & des cognats, c'est-à-dire, du pere ou de la mere du Vendeur, n'est pas censé aliéné : *Ut Cod. de fide, L. voluntas, & L. 1, Cod. de imp. lucr. descript. lib. 10, & Bal. con. 300, num. 1, liv. 2,* ce qui est néan-

Z iij

moins contraire au Livre des Fiefs & aux Feudiſ-
ſes, qui admettent le plus prochain Lignager à
retirer ſur le plus éloigné, ſoit que le plus éloigné
eût acquis du Vendeur, ou ſoit qu'il eût retiré
d'un Etranger qui auroit acquis d'un parent.
Cujas, livre 4, des Fiefs, titre 14, & les Docteurs
deſſus.

Préféré.) Par la raiſon que *duo vincula ſunt uno
ſortiora. Auth. ceſſante, Cod. de legit. hæred.* qui eſt
l'exception à la regle qui la confirme dans les cas
non exceptez.

Mortaillables.) Par la même raiſon ci-deſſus;
que *duo vincula ſunt uno ſortiora.*

* Cet article ſe rapporte au cent trente-troiſié-
me de Paris, & je tiens qu'on peut y ajouter ce
que dit Paris, que le premier Vendeur peut venir
au retrait. 1°. Parce qu'il eſt parent au ſecond
Vendeur de l'eſtoc & ligne dont l'heritage lui eſt
advenu, autrement il y auroit eu retrait de la
premiere vente. 2°. Parce que quand il a vendu
à ſon Lignager, il n'a pas mis l'heritage hors ligne,
qu'il y eſt par la revente, & que dès qu'il eſt hors
la ligne par vente, tout Lignager qui a qualité
requiſe peut retirer. 3°. Enfin parce que dans le
tems de cette revente il n'eſt plus Vendeur, il n'eſt
que Lignager comme tout autre.]

ARTICLE CCLXX.

Si en échange y a bourſe déliée, & le
prix monte plus que l'eſtimation de la choſe
échangée, retrait lignager a lieu, en rendant ledit prix, & l'eſtimation de ladite
choſe échangée, & les loyaux-coûts.

* Joignez cet article au deux cens ſoixante-
quatriéme *ſuprà.* Il faut en cette Coutume pour

ouvrir le retrait en cas d'échange, que l'argent
foit tellement préponderant qu'il paffe l'eftimation
de la chofe échangée, auquel cas c'eft une vente
déguifée.]

ARTICLE CCLXXI.

Chofe fubrogée par échange tient lieu
de ce que l'on baille en contre-échange ;
tellement que fi aucun baille par échange
heritage à lui advenu du côté paternel,
contre l'heritage du côté maternel à lui
baillé par contre-échange par aucun fien
parent maternel, & il vend après ledit heritage, les parens du côté paternel font capables de l'avoir par retrait, & non ceux
du côté maternel, *& è contrà.*

* Cet article eft femblable au cent quarante-
troifiéme de Paris, & eft de tout Païs qui admet
les propres, par cette regle de Droit, *fubrogatum
fapit naturam fubrogati.*]

ARTICLE CCLXXII.

Celui des parens qui premier fait adjourner l'Acquereur, pofé qu'il foit en
plus loin degré de lignage du Vendeur,
eft préferé aux autres plus prochains. Et
s'ils font deux de divers degrez, concurrens en même diligence, le plus prochain
l'emporte ; & s'ils font en même degré
concurrens, ils y viendront par moitié,

fauf la prérogative des communs en tous biens.

* Pour la premiere difpofition de cet article, on peut y rapporter l'article 141 de Paris. La feconde difpofition eft femblable à l'article 77 de Mantes. Le furplus eft local.

Sauf la prérogative des communs. Voyez l'article 269 *fuprà* dans fa feconde partie.]

ARTICLE CCLXXIII.

Le Seigneur féodal a droit *de retenuë*, ou prélation en la chofe féodale tenuë de lui venduë, & peut venir dedans trois mois à commencer du jour que l'Acheteur lui a exhibé fes contrats, & non plutôt.

De retenuë.) Quoique par le droit de retenuë exercé par le Seigneur, les fervitudes & les hipoteques que le Vendeur avoit impofées fur la chofe femblent être éteintes, à caufe que le *refoluto jure datoris refolvitur jus acceptoris*, fuivant nos Feudiftes ; néanmoins la verité eft parmi nous, que comme le Seigneur retenant par droit de prélation la chofe tenuë de lui, fuccede au Vendeur, les fervitudes & hipoteques demeurent, & en eft tenu comme feroit l'Acheteur étranger, fi mieux il n'aime déguerpir la chofe.

Secus s'il rentroit dans le Fief mouvant de lui, par félonie, par defaveu, faux aveu, ou faute d'homme, de devoirs dûs & non payez, le Fief lui retourneroit libre de toutes charges. Voyez Dumoulin fur la Coutume de Paris.

* Cet article admet le retrait féodal qu'il appelle retenuë ou prélation. *Vide* mon quatriéme

volume du retrait , où je fais voir que le retrait
féodal & la prélation *toto cœlo diftant* , que c'eft
par corruption & par abus qu'ès Païs de Droit
écrit & Coutumes qui l'avoifinent , il eft nommé
prélation.

Le Seigneur.) Cela fait voir que l'Ufufruitier
n'a pas le droit de retrait, *ut probavi*, en mon
quatriéme volume , chap. 9.

Le délai en cette Coutume eft de trois mois du
jour de l'exhibition , faute de laquelle le Seigneur
doit avoir trente ans. *Vide* mon quatriéme volume
ibid. chap. 17. *Intellige* toutefois cet article ,
dans le cas où le Seigneur a droit de lods & ventes , autrement il a un an. *Vide* ma Note *infrà* fur
le deux cens foixante-quinziéme.

Le Seigneur en retirant fubit toutes les claufes
& conditions du contrat, & toutes les charges impofées par fon Vaffal, foit qu'elles foient inféodées
ou non.

Jabely remarque que fi l'heritage lui retournoit
par commife , ou qu'il en jouit faute d'homme ,
il ne fubiroit aucunes charges , il faut ajouter non
inféodées ; car celles qu'il auroit inféodées , *id eft*
approuvées , il eft fans difficulté qu'il en eft tenu
dans tous les cas.

Mais quand il retire , on ne confidere pas fi elles
font inféodées ou non , la raifon eft que *quoad
modos & conditiones & onera contenta in contractu
& ipfum concernentia cenfetur emptor , & fubro-
gatur in locum emptoris , & in omnibus & per
omnia idem habetur ac fi Patronus emiffet feudum
à fuo Vaffallo , fub iifdem pactis , modis & condi-
tionibus quibus ab extraneo fuerat emptum.* Dumoulin , §. 13 , *hodie* 20 , de Paris , glof. 5 ,
n. 22.]

Article CCLXXIV.

Si le Seigneur a reçu l'Acquereur à hommage ou baillé *répit*, il est *débouté* de son droit de retenuë ou prélation.

Débouté.) Parce que *uno electo non potest variare, Argum. L. 4 , §. eleganter, L. penult. D. de comm.*

* Cet article est le même que le vingt-uniéme de Paris. *Vide* mon quatriéme volume, *ibid.* chapitre 18.

Répit.) *Id est* souffrance, d'autant mieux qu'en cette Coutume les Fiefs ne doivent aucun profit, s'il n'y a titre. Ce répit ne regarde que la foi, & dès-là veut dire souffrance.]

Article CCLXXV.

Le Seigneur direct qui a lods & ventes, peut avoir par prélation ou retenuë la chose venduë tenuë de lui, dedans trois mois à compter du jour de l'exhibition des contrats ; & *s'il a été payé* des lods & ventes, il est débouté de son droit de retenuë ou prélation.

* A lire cet article, on croiroit que le Seigneur n'a droit de retrait, qu'autant qu'il a lods & ventes. Mais qu'il ait ou n'ait pas le droit de lods, il a toujours le droit de retrait. Article suivant.

La difference est, en ce que celui qui a droit de vente doit venir dans trois mois du jour de l'exhibition, & celui qui n'a droit de lods & ventes a un an du jour que l'Acquereur a pris possession

réelle, comme dans le cas du retrait lignager.
Article 261 *suprà*.

La raison de cette différence peut être en ce
que la Coutume semble ne requerir l'exhibition
que dans le cas où il y a lods à payer. Article 183
suprà. Et comme au cas où il n'y a les lods le
Seigneur ne peut sitôt sçavoir la vente, la Coutume lui donne un an. Remarquez qu'il paroît
que la Coutume porte une contradiction formelle.

Dans le présent article elle donne trois mois
pour retirer, du jour de l'exhibition ; dans l'article 178 elle ne donne que quarante jours du jour
de l'exhibition. Quelle est la raison de ce, d'autant plus qu'en l'article 178 elle prévoit le cas où
les lods ne seroient dûs, & elle ne donne que quarante jours dans le cas où l'heritage est chargé de
rente. C'est toujours un cas de retrait.

S'il a été payé.) *Quid*, si le Domaine étoit engagé, & que le Receveur de l'Engagiste qui dans
ses lettres n'avoit point le droit de retrait, eût reçu
les droits, un Donataire du Roi peut-il exercer
le retrait ? *Dic quod sic.* Arrêt formel du 7 Avril
1637, pour une Terre située en la Châtellenie de
Rancon Basse-Marche. Il est rapporté par Brodeau
sur l'article 20 de Paris, n. 8.]

ARTICLE CCLXXVI.

Le Seigneur direct qui n'a point de ventes, peut venir dedans l'an & jour, à compter du tems que l'Acquereur a pris possession, & gardé les solemnitez pour ce faire,
telles *qu'il est dit du Lignager.*

Qu'il est dit du lignager.) Aux articles 258 &
suivans *suprà*.

ARTICLE CCLXXVII.

Madame, & tout autre Seigneur de qui on tient en Fief, Cenſive ou Franchiſe, peut avoir la choſe venduë dedans le tems, & à compter reſpectivement, *comme dit eſt.*

Comme dit eſt.) Aux mêmes articles 258 & ſuivans ſuprà.

ARTICLE CCLXXVIII.

Droit de retenuë ou prélation peut le Seigneur féodal ou direct donner ou *tranſporter* à un tiers, ſi bon lui ſemble, mais ne fait pas le Lignager le droit de *retrait*, ains eſt tenu affirmer, ſi requis en eſt, qu'il veut la choſe pour lui & non pour autre, & pour demeurer à ſa famille ; & s'il eſt trouvé qu'il en face pourſuite pour autrui, il eſt privé de ſon droit de retrait.

Tranſporter.) Guy Pape, déciſion 411, Ranchin & Ferrer. deſſus ſont directement oppoſez & contraires à cet article, ainſi que Dumoulin en ſon Apoſtil. deſſus, par la raiſon du même Ranchin, que ce droit étant perſonnel au Seigneur, il n'en peut diſpoſer au préjudice de l'Acheteur, ainſi qu'il avoit été jugé par les anciens Arrêts de Grenoble. Voyez Chaſſan. ſur la Coutume de Bourgogne, titre des Cens, c. 1, *in verbo* retenuë, Boüer ſur celle de Berry, au titre des Cenſes, qui ſont auſſi contraires à notre Coutume.

Mais enfin les derniers Arrêts l'ont confirmée, étendant la difpofition de cet article aux autres Coutumes qui n'en difpofent pas ; enforte qu'à prefent c'eft le Droit commun du Royaume, qui veut que le Seigneur puifle ceder & tranfporter ledit droit de retenuë & de prélation à qui bon lui femblera. Le Bret, livre 2 de fes décifions, chapitre 13, part. 2. Maynard, livre 8, chapitre 20. Boniface, tom. 1, livre 3, titre 2, chap. 11.

Retrait.) Tout au-contraire, il peut ceder en trois cas ; fçavoir, quand la ceffion eft faite à un de la ligne, quand les parens ne réclament pas contre la ceffion faite à un Etranger, & quand le Cedant a le droit acquis, Maynard, liv. 8, ch. 21. Le premier & troifiéme cas font conformes à notre ufage, le fecond n'eft reçu qu'au Parlement de Touloufe ; car l'Acheteur exciperoit ici de dol contre le Ceffionaire étranger.

  * Cet article déclare le retrait féodal & cenfuel ceffible, c'eft à prefent le Droit commun coutumier ; elle ajoute que le Lignager ne l'eft pas, cela eft encore de Droit commun.

  Jabely admet trois cas de ceffibilité *du retrait lignager*, Callæus n'en admet qu'un des trois, qui eft celui où le Ceffionaire eft de la ligne. Jabely dit que le premier & le dernier cas font conformes à l'ufage de la Province. Pour moi je tiens qu'aucun de ces cas ne doit être admis, l'article s'explique trop clairement ; admettre un de ces trois cas, c'eft donner de front contre le texte, *& non eft ufus fed abufus legis*. Le retrait lignager n'eft pas affez favorable pour s'écarter du texte en faveur du Retrayant.]

ARTICLE CCLXXIX.

Si le Seigneur féodal ou cenfivier ont

pris la chofe venduë par droit de retenuë
ou prélation , le Lignager la pourra reprendre *fur eux*, en venant dedans le tems
introduit en faveur des Lignagers, foit en
Fief ou Cenfive refpectivement, en payant
& rendant le fort principal & loyaux-
coûtemens ; efquels font compris les ventes & droits feigneuriaux, que le Seigneur
en eût pû avoir, s'il n'eût retiré lefdites
chofes par prélation , felon les Coutumes
des lieux, où ventes & autres droits font
dûs.

Sur eux.) C'eft le texte notable & la glofe du
C. 1 , *qualit. feud. alien. poff.* §. *porro ;* tellement
que s'il n'y avoit pas de Lignagers, ou qu'ils re-
nonçaffent, ou étoient exclus par le laps de tems,
la chofe demeureroit par droit de prélation & de
retenuë au Seigneur.

* Cet article eft pareil au cent cinquante neu-
viéme de Paris, le Lignager évince le féodal ,
cela eft contraire aux maximes du Droit écrit où
le féodal eft préferé au Lignager.]

ARTICLE CCLXXX.

Si plufieurs heritages tenus en même
directe font vendus par même prix, le Seigneur n'eft recevable de demander l'un &
laiffer l'autre : mais s'ils font de diverfes
directes, il peut demander ce qui eft tenu
de lui. Et ainfi eft du Lignager, quand les
chôfes font d'un ou de divers eftocs.

* En cette Coutume le Seigneur comme le Li-

gnager font tenus de retirer tout ce qui eft vendu
unico prætio, fçavoir le Seigneur, quand les fonds
vendus font d'une même directe, & le Lignager,
quand ils font du même eftoc.

Secus, fi les fonds étoient tenus de diverfes directes, ou étoient de divers eftocs; en ces cas le
retrait féodal & le lignager peuvent fe faire par
Parties, & c'eft le cas où il faut faire la ventila-
tion qui doit être faite aux frais de l'Acquereur,
ut dixi en mon quatriéme volume, du retrait,
chap. 15. *Vide* cependant l'article fuivant.

L'article dit *de diverfes directes*. Cela fignifie
qu'il faut pour divifer le retrait qu'ils foient tenus
de divers Seigneurs. L'article fuivant femble le
dire. Cependant je crois qu'il fuffit qu'ils foient
tenus de diverfes directes, *id eft* de differens Fiefs,
quoiqu'appartenans au même Seigneur. *Ex quo
funt diverfa feuda, neceffariò funt diverfa jura*,
dit Dumoulin. *Vide* mon quatriéme volume *loco
citato*.

Quid, fi les fonds font vendus par un même
contrat *diftributo prætio*, c'eft-à-dire, qu'il y ait
prix à chaque fond : En ce cas le Seigneur & le
Lignager peuvent retirer ; l'un ce qui eft dans fa
directe, l'autre ce qui eft de fon eftoc, & laiffer
le refte. Par ce principe de droit, *tot funt ftipulationes, quot funt fummæ licet in eadem charta*,
cela fait plufieurs contrats dans un même ca-
hier.]

ARTICLE CCLXXXI.

Mais fi l'Acheteur de chofe tenuë de
divers Seigneurs, ou provenuë de divers
eftocs, confent à la totalité de la retenuë
de tout ce qui eft en la vente, le Seigneur

& Lignager font tenus de la prendre pour le tout.

* Cet article eft une exception au précedent, *fcilicet* dans le cas où il n'y a qu'un feul prix. Cette difpofition eft contre le Droit commun coutumier. Il met tout Acquereur en état de fruftrer les Seigneurs & les Lignagers du droit de retrait, en confondant les prix, & ne faifant qu'un feul de plufieurs ; mais elle eft conforme aux maximes du Droit écrit. *Vide* mon quatriéme volume *ibid.* quand les prix font diftinguez, cet article ne peut jamais avoir lieu, parce que, comme je le viens de dire, il y a autant de ventes qu'il y a de prix.]

ARTICLE CCLXXXII.

Droit de retrait lignager, prélation ou retenuë, appartiennent aux Seigneurs & Lignagers, dès l'heure de l'acquifition faite par l'Acheteur, pofé que en icelle faifant il ait donné tems & faculté de rachat. Toutefois le tems ne court point contre eux jufques après le tems de rachat paffé, & que l'Acquereur en aura pris actuelle poffeffion, comme dit eft.

* Deux difpofitions dans cet article.
La premiere, que le droit de retrait féodal appartient au Seigneur du tems du contrat, par ces termes, *dès l'heure de l'acquifition.* C'eft le principe de Dumoulin. *Jura relevii, quintidenarii & retractus uno momento feminantur & nafcuntur.*

La

La feconde, que le tems fatal dans le cas du contrat à remeré ne court, tant contre le Seigneur que contre le Lignager, que du jour que la faculté eft expirée, & que l'Acquereur a pris poffeffion réelle.

Cependant je tiens que cet article n'eft qu'en faveur des Retrayans féodal & lignager, & qu'ils peuvent exercer le retrait dès le tems du contrat parfait, fous la condition du remeré que le Vendeur pourra toujours exercer fur le Seigneur, ou fur le Lignager. *Vide* mon quatriéme volume du retrait, chap. 3, fect. unique, n. 12.]

Article CCLXXXIII.

Le tems d'an & jour & de trois mois refpectivement eft continuel, & court contre toutes perfonnes quelconques, mineurs, femmes mariées & autres, abfens, prefens, fçachans *& ignorans.*

Et ignorans.) Par la raifon que c'eft un droit exhorbitant contraire au Droit commun, qu'il faut reftraindre au lieu de l'étendre.

* Vide ma Note fur l'article 258 *fuprà.*

Et ignorans.) Jabely ne rend pas la vraie raifon de cette difpofition; ce ne peut être parce que le retrait eft contraire au Droit commun, puifque cette difpofition embraffe le retrait féodal & le lignager, & que le retrait féodal eft un droit primitif & favorable; la raifon eft, que le mineur, l'ignorant ou autre, ne perd pas par-là le droit de retrait *in fe*, il ne perd que l'occafion actuelle qui peut revivre.]

ARTICLE CCLXXXIV.

En vendition faite par criées & adjudication de *décret*, retrait, prélation & retenuë ont lieu, & court le tems au Seigneur ou Lignager, dès l'heure que le décret est *déclaré.*

Décret.) Quoiqu'il semble que le Lignager fût
non-recevable au retrait après qu'il a laissé vendre
la chose à un autre qu'il se pouvoit faire adjuger;
il est néanmoins reçu au retrait, par la raison que
telle connoissance n'est pas suffisante, la Coutume
donne la forme, qui dans le doute semble être
substantielle & essentielle; si la forme n'est pas
gardée, l'acte est nul: afin que quelqu'un ait la
connoissance de quelque chose, il est nécessaire
qu'il ait non-seulement la connoissance d'icelle;
mais des qualitez & des circonstances, suivant la
glose C. *concertationi in verbo sciverit de appel. in
sexto*, *Decius con. 222, num. 2 & 3.*

Déclaré.) Parce que la vente est publique, &
le Lignager présumé sçavoir ce que tout le monde
sçait; s'il l'ignore, la connoissance présumée suffit pour l'exclure après le tems passé, *Decius au
même con. 222, num. 4 & 5*, ce qu'il faut limiter
aux Décrets rendus sur les lieux, & ne pas l'étendre aux Décrets rendus au Parlement ou aux Requêtes du Palais; car comme on ne pourroit avoir
sur les lieux la connoissance, l'an du retrait ne
devroit courir que du jour de la prise de possession
de l'Adjudicataire comme dans les autres ventes
volontaires.

  * Cet article est semblable au cent cinquan-
tiéme de Paris.

  Je suis de l'avis de Jabely, dans le cas où le

Décret se fait hors le Païs , comme aux Requêtes du Palais ou au Parlement, les Lignagers ni les Seigneurs ne pouvant sçavoir l'adjudication que du jour que l'Adjudicataire prend possession réelle, surtout pour le Seigneur, s'il n'a droit de vente , & s'il a les droits du jour de l'exhibition du Décret , je crois que dans ce cas il faut interpréter cet article par les deux cens soixante-quinziéme & deux cens soixante-seiziéme.]

ARTICLE CCLXXXV.

On se peut adresser en matiere de retrait lignager ou prélation contre l'Acquereur , ou *contre le Détempteur* de la chose acquise.

* *Contre le Détempteur.*) Non à titre précaire , *sed jure & animo Domini* , à moins que l'on ne regarde cette disposition , comme ne concernant que l'ajournement en retrait que l'on pourroit donner à l'Acquereur ou à son Fermier. Mais je ne crois pas que ce soit-là le sens de l'article , Callæus nous fait connoître que cela s'entend des personnes sur qui on peut exercer le retrait , & dans ce cas il faut s'en tenir à ce que je dis sur le mot *Détempteur.*]

TITRE XXI.

Des Donations, Dots, Doüaires & Convenances de Mariage.

ARTICLE CCLXXXVI.

EN la Marche femme n'emporte aucun doüaire, soit noble ou roturiere, sinon qu'il soit convenu en traité de *mariage.*

Mariage.) Car si le doüaire n'étoit constitué que par un acte posterieur au contrat de mariage & celebration d'icelui, comme le mari ne peut rien donner entre vifs à sa femme pendant leur mariage, article 288 *infrà.* Telle constitution ne pourroit valoir que pour cause de mort du tiers de ses biens dont il peut disposer, art. 210 *suprà.* Ainsi qu'il a été jugé par Arrêt du Parlement de Bordeaux du 4 Juillet 1558, rapporté par Dumoulin.

* Doüaire ni communauté n'ont lieu en cette Coutume, s'il n'y en a stipulation par contrat de mariage.

Ce que dit l'Auteur, touchant le doüaire accordé après coup, ne peut valoir : 1°. Parce que par l'Ordonnance de 1731 les donations à cause de mort, hors contrat de mariage, sont abrogées : 2°. Parce que la Coutume interdit tout doüaire, s'il n'est stipulé par le traité de mariage, & le doüaire accordé après coup seroit un avantage indirect, que la Coutume prohibe entre conjoints. *Argument. §. 288 infrà.*]

Article CCLXXXVII.

Mari peut donner à sa femme en faveur
& traité de mariage, à tems ou à perpétuel, ce que bon lui semblera de son meuble ou heritage, *& è contrà*; sauf la legitime aux enfans, s'aucuns en ont d'autre
mariage ou *du present*.

Du present.) Cet article est abrogé par l'Edit
des secondes noces à l'égard des enfans du premier lit de celui qui se remarie, qui réduit l'avantage fait à la seconde femme, ou au second mari
à la portion de l'un de ses enfans du premier lit le
moins prenant en sa succession, & ne peut avoir
lieu pour les enfans à naître du second mariage,
qui ne recevant aucune injure du mariage de leurs
pere & mere; mais de l'avantage, puisqu'ils en
sont procréez, peuvent aux termes de cet article
être réduits à leur simple legitime, par telles conventions que leurs pere & mere voudront faire,
qui est du tiers de la portion hereditaire de chaque
enfant; s'ils sont jusqu'à quatre, de la moitié s'ils
sont au-delà de quatre, comme nous avons dit en
l'article 243 *suprà*.

* En cette Coutume homme & femme peuvent
se donner en proprieté par contrat de mariage, &
tient telle donation, sauf aux enfans leur legitime;
mais si l'un des conjoints a des enfans d'un premier lit, l'Auteur observe fort bien que l'avantage
est réduit à une portion d'enfant.]

Article CCLXXXVIII.

Si après le mariage consommé, mari &
femme font donation mutuelle l'un à l'au-

tre, telle donation eſt *valable*, pourvu qu'elle ſoit égale : & s'il y avoit inéqualité, ſera réduite à *équalité*, ſauf toutefois aux enfans leur legitime. Et toute autre donation entre-vifs faite entr'eux durant & conſtant leur mariage eſt nulle & de nulle *valeur*.

Valable.) Parce que ce n'eſt pas proprement une donation véritable, *L. cum hic ſtatus, §. ſi ſocer cum §. præcedenti, & in L. quod §. vir uxori, & L. quæ jam nuptæ D. de don. int. vir. & uxor. our. Sen. con.* 66, *num.* 1, mais une donation pour cauſe, Decius *con.* 202, *num.* 5, après la gloſe *in L. licet inter privatos in verbo mortis cauſa, Cod. de paĉt.* & à cauſe de l'incertitude qui du mari ou de la femme ſurvivra l'autre, & de l'évenement incertain, Cyn. & les autres Docteurs *in L. ſi pater, Cod. de inoff. teſtam.*

Egalité.) Autrement ce qui excederoit ſeroit une donation pure & ſimple qu'il ne leur eſt pas permis de faire, *Socin. con.* 22, *num.* 6, *liv.* 4, & la fin de cet article.

Valeur.) Et ne peut être confirmée, même par ferment, comme contraire aux bonnes mœurs, *Cur. Sen. même con.* 66.

* En cette Coutume don mutuel a lieu entre conjoints, même en proprieté ayans enfans, ſauf la legitime, mais don de l'un à l'autre conſtant le mariage ne vaut.

L'égalité dont parle la Coutume n'eſt requiſe quand le don mutuel eſt fait par contrat de mariage, article 294.

Mais le don mutuel pendant le mariage ſaiſit-il ſans demande, comme celui fait par le contrat de mariage ? Je crois que non, & que la Cour

tume ne le difant pas dans notre article, comme
dans le deux cens quatre-vingt-quatorziéme, il
faut fuivre le Droit commun.]

ARTICLE CCLXXXIX.

Le pere, foit Gentil'homme ou Roturier,
peut donner à fa fille ce que bon lui femblera en la mariant. Et ne peut la fille autre chofe *demander* ès biens de fondit pere,
que ce que lui a été baillé par fondit pere
en traité de mariage.

Demander.) Car comme il n'y a pas d'amour
égal à celui du pere qui prend confeil pour fes
enfans, on ne peut trouver à redire à ce qu'il a
fait, ni dire que la fille ait été infuffifamment dotée, s'il a cru que la dot qu'il lui avoit conftituée
étoit fuffifante; c'eft pourquoi elle ne peut demander autre chofe que ce qu'il lui a conftitué ni
legitime, ni fupplément de legitime, fi elle ne
l'avoit pas euë, comme nous l'avons expliqué en
l'article 244 *fuprà*.

Quand même la dot conftituée par le pere auroit été diffipée par le mari; car encore quedans les
Parlemens régis par le Droit écrit on juge que le
pere eft obligé de redoter fa fille, il n'en eft pas
de même dans le Païs Coutumier, comme remarque Dumoulin fur Decius *in L. ea demum* au
Code *de collat.* & principalement dans cette Coutume; car dès que la dot a été payée, comme
c'étoit l'office du pere de doter, c'étoit celui de la
fille à veiller à la confervation de fa dot; fi elle
ne l'a pas fait, il n'y a rien à imputer au pere,
qui n'eft pas obligé de contrôler les actions de fon
gendre, ni d'avoir l'œil fur ce qu'il fait : tellement que s'il n'y a pas du dol & de la faute du

père , & qui eût inconfiderement payé un gendre notoirement infolvable & prodigue , qui feroit une exception à cet article , il n'eft pas obligé de la redoter , comme il a été jugé par Arrêt du 20 Février 1693 , rendu à la Grand'Chambre au rapport de Monfieur de Maunoury , qui a renvoyé le Sieur Jabrelias Confeiller à Gueret , & la Demoifelle Ceiffon fa femme de la demande des enfans de Demoifelle   Ceiflon fa tante , veuve du Sieur de Perpeyrolles de Cheneraille, qui demandoient qu'ils euffent à leur payer la fomme de fept mille livres de dot conftituée à leur mere , reçuë par leur pere décedé infolvable du pere de la Demoifelle Jabrelias & de fes freres, freres de ladite de Perpeyrolles leur mere. Voyez mes Notes en l'article 219 fuprà.

ARTICLE CCXC.

La mere , ne le frere après la mort du pere , ne peuvent appaner leur fille ou fœur des biens à elle jà advenus par fucceffion de fes prédeceffeurs ou autrement en la mariant, fi bon ne lui femble. Mais fi la fille ou fœur d'*âge parfait* , font donation, quittance ou tranfport de leurs biens, fans déception énorme & d'outre-moitié, telle quittance & renonciations font bonnes & valables.

Age parfait.) Eft ici de vingt-cinq ans , que la fille doit avoir accompli pour renoncer aux fucceffions à elle acquifes en faveur de fa mere & de fon frere, moyennant la dot qu'ils lui conftituent : Et bien qu'il femble qu'âge parfait foit à quatorze ans , article 292 *infrà* , déclaratif de cet article ,

puifqu'il

puifqu'il ne le limite pas. Néanmoins comme
l'article 292 fe renferme uniquement en la feule
renonciation faite par la fille des biens à elle acquis au profit de fon pere feul, l'inclufion du
pere eft l'exclufion de la renonciation faite au
profit de la mere, de fon frere, & de toutes autres
renonciations, pour la validité defquelles il faut
qu'elle ait vingt-cinq ans.

En effet, le même article 292 ajoute à la fin ;
mais quant aux autres contrats d'aliénation de
biens immeubles, à ce que les contrats fortent
effet, âge parfait, s'entend dorénavant par déliberation des trois états de vingt-cinq ans, ce qui
comprend les renonciations faites par la fille en
faveur de fa mere & de fon frere de fes biens acquis qui font de véritables aliénations, auffi-bien
que celles qui feroient par elle faites au profit
des étrangers, puifque le même article ne les en
excepte pas, comme celles faites en faveur du pere.

Autrement il ne faudroit pas par cet article une
déception énorme & d'outre-moitié demandée
pour être reftituée ; mais la moindre lefion à la
fille majeure de quatorze ans & mineure de vingt-
cinq fuffiroit ; tellement que la Coutume ajoutant
à la renonciation de la fille la déception énorme
& d'outre-moitié, elle entend que la fille qui eft
lezée ait vingt-cinq ans, ou elle ne fe peut relever que lorfqu'elle fouffre une lezion énorme
& d'outre-moitié, & non au-deffous, par la raifon
que telles ceffions & renonciations faites par la
fille qui fe marie, font des ventes & des aliénations
de fon bien contre lefquelles elle ne peut revenir
qu'elle ne foit lezée d'outre-moitié de jufte prix,
L. 2, *Cod. de refcind. vend.*

Et pofé qu'âge parfait fût à quatorze ans, ce
ne feroit que pour la validité de l'acte ; mais cela
n'exclueroit pas la fille mineure de vingt-cinq

Bb

ans, majeure de quatorze ans, du benefice de restitution si elle souffroit la moindre lesion ; c'est pourquoi Dumoulin, sur l'article 444 de la Coutume d'Anjou, qui veut que l'on y soit majeur à vingt ans, ainsi qu'en d'autres Coutumes, a dit : *Adhuc tunc tantùm tollitur nullitas, non autem restitutio in integrum, quæ etiam in dubio non censetur sublata.*

Si le frere avoit doté sa sœur des biens des pere & mere communs à elle échus, moyennant la renonciation qu'elle lui auroit faite, elle viendra avec ses sœurs à sa succession, s'il étoit décedé sans enfans ; car afin qu'elle en sût excluse, il faudroit qu'il l'eût dotée de son bien avec effet, ce qu'il n'a pas fait ; mais seulement a prété son simple ministere. *Bal. L. neque, Cod. de Jur. dot.*

Si le frere est obligé de doter sa sœur qui n'a pas de bien pour se marier, surtout le frere Beneficier. Voyez Aufrere *Dec. cap. Thol. 290.*

ARTICLE CCXCI.

Si la fille a recueilli la succession de sa mere ou autres biens adventifs, le pere, en la mariant, ne l'en peut frustrer, sinon que moyennant récompense *raisonnable* elle étant d'âge parfait, y ait quitté & *renoncé.*

Raisonnable.) C'est-à-dire, environ la valeur des biens que la fille quitte ; car si cette récompense étoit infiniment au-dessous, ou n'approchoit pas de la valeur des biens, & qu'elle fût lesée, comme on n'auroit pas agi en pere, mais en larron, elle sera restituée, par les raisons de *Socin. con.* 263, *num. 2 & suiv. liv.* 2.

Renoncé.) A cause de l'affection naturelle que

le pere a pour ſa fille ; c'eſt pourquoi la Loi ſe
confie plus à lui qu'à qui que ce ſoit. *Bal. L. pactum, Cod. de coll. num. 21. Alex. con.* 29 *, num.* 12*,
liv.* 3.

ARTICLE CCXCII.

Age parfait, quant à quitter par la fille
qui ſe marie en contrat de mariage *,* les
biens ja à elle advenus *,* ſe prent à quatorze
ans *, &* quant aux fils *, à dix - huit ans :*
quand le pere par déliberation *de trois de
ſes parens* les marie hors de ſa maiſon.
Mais quant à autres *contrats* d'aliénation
de biens immeubles *,* à ce que les contrats
ſortent effet *,* âge parfait s'entendra dorénavant & par déliberation des Etats à
vingt-cinq ans : jaçoit que par ci-devant
en euſſent autrement *uſé.*

Age parfait.) Car la pleine puberté de la fille
eſt à quatorze ans, *Inſt. quib. mod. tut. Joan. Fab.
L. uno , Cod. ut cauſæ,* quoiqu'elle ſoit nubile dès
qu'elle a atteint la douziéme année.

A dix-huit ans.) Parce que l'âge de dix-huit
ans eſt la pleine puberté du mâle, *L. adrogata,
D. de adopt. L. Mela, D. de alim. & cib. legat.*
Le fils de dix-huit ans eſt capable d'être Juge *,
L. quidam conſulebant , D de re Jud.* d'être Con-
ſul & Prêteur, même Loi, *quidam conſulebant,
L.* 1 *, D. de Offic. Conſul.* Il eſt majeur à Naples
à dix-huit ans, *Conſt.* 38 *, Iſern. & de affl* deſſus *,*
ainſi qu'à Florence, au dire de Paul de Caſtres *,
L. omnes, C. de his qui ven. ætat. & con.* 161 *, liv.* 2.

Les biens auſquels le fils & la fille renoncent
en faveur du pere qui les marie *,* n'accroiſſent pas

Bb ij

aux autres mâles, comme la portion de la fille mariée hors la maison ; mais ils demeurent confus dans la succession du pere, qui se partage égalements entre les autres filles à marier ou mariées dans la maison sans constitution de dot, & les mâles.

La Coutume d'ailleurs n'ayant pas prévu ce cas, comme celui de la fille mariée hors la maison du pere dans un cas odieux, tel que celui-ci ; il ne faut pas faire d'extension d'un cas à un autre, ni d'une personne à une autre.

De trois parens.) A la difference du bien du pere, qui n'est obligé d'appeller personne pour en doter sa fille, la Coutume s'en rapportant entierement à lui, comme nous l'avons dit ci-devant articles 244 & 289 *suprà.*

Mais il n'en est pas ainsi des biens que les enfans quittent à leur pere qui les marie ; car il ne doit pas seul arbitrer la récompense qu'il leur en doit donner pour la renonciation qu'ils lui en font; car pour ôter tout soupçon de fraude, de crainte & de violence qu'on auroit qu'il l'auroit extorquée d'eux, la Coutume desire qu'il appelle trois parens pour estimer la récompense qu'il en doit donner, en presence desquels les enfans seront plus assurez, & auront plus de conseil que quand il n'y auroit que le pere seul, qui les pourroit flater, intimider, même leur faire condescendre & consentir des choses qu'ils ne lui accorderoient pas en presence des trois parens, qui travailleront à ménager leur interêt & à la conservation de leurs droits.

Ce qui doit avoir lieu pour la mere mariant sa fille, qui doit prendre l'avis de quatre parens, sinon elle est amendable & privée du bail de ses autres enfans, si elle est Noble & veuve d'un Noble, article 72 *suprà.*

Contrats.) C'eft-à-dire, qu'à l'égard des autres aliénations qui comprennent la renonciation faite en faveur de la mere & du frere, puifqu'elles ne font pas exceptées de la regle comme celles faites en faveur du pere, pour lefquelles il faut que le fils & la fille ayent vingt-cinq ans, comme nous avons dit en l'art. 290 *fuprà.*

Ufé.) Avant la rédaction de la Coutume il fuffifoit à la fille d'avoir douze ans pour renoncer aux biens acquis, & quatorze ans aux mâles, comme il paroît par les articles 33 & 173 de la Coutume de Bourbonnois, & par l'article 1 du chapitre 13 de celle d'Auvergne, d'où eft tirée celle de la Marche, qui leur eft prefque en tout conforme. Comme il étoit d'une dangereufe conféquence de permettre au fils & à la fille d'aliéner leurs biens dans un âge fi tendre, on a abrogé cet ancien ufage, & voulu par la nouvelle Coutume que le fils & la fille pour aliéner leurs biens auroient vingt-cinq ans.

Nota. Que fi les co-heritiers de la fille décedent fans enfans, la fille ne leur fuccede pas en leur portion dans les biens de leur mere, qu'ils n'avoient pas acceptée, elle accroît à celle qu'elle a quittée à fon pere, *Socin. con.* 126, *num.* 7 & 8, *liv.* 4.

Article CCXCIII.

Pere, mere, ayeul, ne ayeule ne peuvent avantager l'un de leurs enfans plus que l'autre par donation ou autre difpofition d'entre-vifs, finon en contrat de mariage & faveur *d'icelui.*

D'icelui.) Outre cette exception qui confirme la regle dans les cas non exceptez, il y a une autre

exception, qui est la donation pour récompense
de service ; car comme ce n'est pas une liberalité,
mais une dette dont on s'acquitte envers l'enfant
ou le petit-enfant auquel on l'a fait, elle est bonne
& valable, & hors cette exception, & l'autre qui
est à la fin de l'article, toutes les autres donations
entre-vifs irrévocables à titre pur lucratif sont
nulles, sans faire difference de celles faites par
contrat de vente simulée, par obligations, acqui-
sitions faites sous le nom de l'enfant, & sous d'autres prétextes d'avec les autres donations, le tout
en faveur de l'égalité entre les autres enfans, demandée par notre Coutume.

A la difference de la donation pour cause de
mort du tiers de ses biens, qui seroit bonne &
valable, aux charges de l'article 210 *suprà*, parce
qu'elle est révocable à volonté.

  * Cet article & le trois cens quatriéme *in fine*,
prohibe l'avantage par pere & mere à un enfant
plus que l'autre par donations entre-vifs, autres
que par contrat de mariage, mais bien se peuvent
faire par testament, *ut dixi* sur l'article 210 *suprà*,
non par donations à cause de mort, comme dit
Jabely sur cet article 293, par la raison que l'Ordonnance de 1735 les a abrogées.]

Article CCXCIV.

Entre personnes de franche condition,
tous pactes, *avantages*, donations entre-
vifs ou *à cause de mort*, de quelque estimation qu'ils soient universelles ou particulieres, *convenances de succeder*, institution d'heritier & autres convenances &
dispositions quelconques, pures ou conditionnelles, soient mutuelles, égales, ou

non, faites & paſſées en contrat de mariage & par faveur d'icelui, par perſonnes
capables à contracter ſains ou malades ,
valent & tiennent au profit des mariez &
leurs deſcendans. *Et ſaiſiſſent les mariez*
& leurs deſcendans les cas advenus , ſauf
toutefois la legitime aux enfans d'iceux
qui font telles donations ou diſpoſitions.

Tous pactes , avantages , &c.) La Coutume
veut, article 248 *suprà ,* que l'inſtitution d'heritier
portée par teſtament ne vaudroit que pour un
legs du tiers des biens du Teſtateur, qu'il eſt ſeulement permis d'y leguer, article 210 *suprà.* En
l'article 253 elle dit, que la ſubſtitution par diſpoſition de derniere volonté ne valoit, ni comme
legs , ni en quelque maniere que ce ſoit , & l'article précedent 293 ; elle défend aux pere, mere
& ayeul d'avantager l'un de leurs enfans , petits-
enfans, au préjudice des autres , par donation,
ou autre diſpoſition d'entre-vifs.

Mais en cet article elle veut tout le contraire ,
car elle approuve tous pactes , avantages , donations entre-vifs pour cauſe de mort univerſelles,
particuliere convenance de ſucceder, inſtitution
d'heritier , & autres actes dont elle fait l'énume-
ration, pourvu qu'ils ſoient faits par contrat de
mariage , & en faveur d'icelui au profit de ceux
qui ſe marient.

Cette diſpoſition ſemblable à l'ancien Teſtament, *Tob. cap.* 8 , eſt en partie conforme au
Droit Civil, & en partie elle lui eſt directement
contraire : Elle lui eſt conforme, en ce que par
le Droit Civil il eſt permis de donner la plus
grande partie de ſon bien par contrat de mariage

à des perfonnes qui fe marient, auffi-bien que par d'autres contrats entre-vifs, même fubftituer par iceux, comme par teftament & par codicile ; & elle lui eft directement contraire, en ce qu'elle permet ici l'inftitution d'heritier & convenance de fucceder, qu'il condamne en la Loi *Pactum*, au Code *de collat.* & par tous les Textes rappor-tez par Caillé fur cet article, parce qu'il ne re-connoît d'autre inftitution d'heritier, que celle qui fe fait par le teftament révocable à vo-lonté.

Cette maniere de difpofer generalement de tout fon bien, ou de partie par contrat de mariage en faveur des mariez, eft non-feulement particuliere à cette Coutume ; mais elle eft generalement reçuë prefque dans tout le Royaume, même de tems immémorial, tant dans les Païs régis par le Droit écrit, que dans le Païs Coutumier, au dire de nos meilleurs Auteurs au-de-là & au-deça des Monts.

Parmi nos Docteurs au-deça desMonts, qui font nos Docteurs François, nous trouvons Jean Fab. L. *fin. Cod. de pact.* & L. 1, *Cod. fi mancip.* Au-frere Préfident au Parlement de Touloufe, *decif. cap. Tolo.* 452 & 453, & Dumoulin en fon Apoftille manufcrite fur le même Auteur, qui en rendent témoignage, & parmi les Ultramontains, qui font les Italiens. Decius en fes confeils 216, 225 & 278. Jacob. L. *fin. de pact. purpuratus*, fur la même Loi, *num.* 221. Panorme fur le chapitre *nulli de concef. præbend.* Felin. con. 32, fe prefen-tent à nous qui parlent femblablement de cet Ufa-ge univerfel du Royaume ; tellement que cette maniere de difpofer de fon bien par contrat de ma-riage paffe pour le Droit commun de la France, & n'eft pas un Droit particulier de la Province de la Marche.

Ceux qui peuvent donner & faire de tels avantages ne se limitent pas aux seuls pere, mere, ayeul & ayeule des mariez qui sont obligez de les pourvoir & doter, puisque leurs successions leur sont dûes; mais comprennent les collateraux & étrangers qui leur voudront donner & les instituer leurs heritiers, comme on voit à la fin de l'article qui reserve la legitime aux enfans de ceux qui font telles largesses, qui sont des termes generaux, qui n'exceptant rien comprennent tous les collateraux & étrangers comme les parens.

Valent & tiennent au profit des mariez.) Quoiqu'il semble que la donation pour cause de mort & l'institution d'heritier faites par des personnes malades portées par le contrat de mariage soient révocables à volonté, comme si elles étoient faites par un contrat particulier, ou par un testament en Pais de Droit écrit, elles sont néanmoins de leur nature irrévocables, comme remarque le même Dumoulin à l'endroit d'Aufrere ci-devant allegué.

Il n'y a qu'un seul cas auquel elles pourroient recevoir quelque atteinte, qui seroit, s'il survenoit à ceux qui les feroient, des enfans qu'ils n'auroient pas prévus, & qu'ils n'avoient pas lors des donations & institutions; car les autres enfans des pere, mere, ayeul & ayeule, freres & sœurs des mariez, feroient réduire les grands avantages pour prendre leur legitime. Outre la fin de l'article qui y a pourvu, nous avons le Droit Civil en la Loi *Titia*, §. *Imperator. de legat.* 2, & la Novelle *de immens. donat.* qui y sont exprès, & la Loi *si totas*, *Cod. de inoff. don.*

Si les enfans naissoient aux collateraux & étrangers qui auroient fait de telles profusions, ils révoqueroient de plein droit telles donations & is-

ſtitution d'heritier, quoique faites par contrat de
mariage, ſuivant la Loi *ſi unquam*, au Code de
revoc. de donat. & l'Arrêt de Dumoulin du 12
Avril 1551, qui eſt le quarante-neuviéme Arrêt
des Arrêts de le Veſt, qui déclara la donation
qu'il avoit faite de ſes biens par le contrat de
mariage de Fery Dumoulin ſon frere, révoquée
par la ſurvenance des enfans qui lui étoient nez ;
& hors ces deux cas, dont le premier eſt pourvu
par la Coutume à la fin de l'article, & l'autre par
le Droit Civil, & par cet Arrêt, dont la Coutume reçoit ici une interprétation paſſive, tels
pactes, convenances de ſucceder, inſtitution d'heritier, & autres actes qui comprennent même la
ſubſtitution portée par contrat de mariage & en
faveur d'icelui, ſont irrévocables, comme il a été
jugé par l'Arrêt rapporté en l'article 249 *ſuprà*,
qui déclara nul le teſtament du Sieur de Creſſac
fait de la tierce partie de ſon bien au préjudice
du rappel de ſes filles à ſa ſucceſſion par leur contrat de mariage, au cas qu'il n'eût pas d'enfans
mâles, qui valoient inſtitution d'elles dans ſa ſucceſſion, chacune par égale portion.

Il importe peu que telles diſpoſitions ſoient
pures ou conditionnelles, les unes & les autres
doivent également ſortir effet dans le tems de leur
évenement, auſſi bien les conditionnelles comme
les pures & ſimples ; car ſi les mariez donataires
& inſtituez décedent avant que la condition, ſous
laquelle la donation leur avoit été faite, ſoit arrivée, ou avant l'ouverture de la ſucceſſion,
comme l'eſperance d'un fideicommis conventionnel & conditionnel ſe tranſmet aux heritiers des
ſubſtituez qui décedent avant que la condition,
ſous laquelle ils ſont appellez, ſoit arrivée, *Inſt.
de verb. oblig.* §. *ex conditionali* ; ils tranſmettent
ſemblablement l'eſperance de cette donation &

Inftitution à leurs defcendans, qui la recueillent
aux termes de cet article, & des Arrêts dont il
fera ci-après parlé, de même que s'ils en avoient
recueilli l'effet s'ils euffent furvècu, par la raifon
de la Loi 213, *de verb. fign.* qui dit que *dies ceffit,*
fed nondum venit.

Et faififfent les mariez, &c.) Ces termes ont
été ajoutez à la nouvelle Coutume, auffi-bien
qu'à la Coutume de Bourbonnois, article 219,
qui fut en même-tems réformée par les mêmes
Commiffaires, ainfi qu'à celle d'Auvergne, ch. 14,
article 17, qui avoit été rédigée dix-fept ans auparavant au fujet de l'inftitution contractuelle de
Charles de Bourbon, du depuis Connétable de
France, & de Sufanne de Bourbon fon époufe,
fille unique de Pierre de Bourbon, Duc de Bourbonnois, d'Auvergne, Comte de Foreft, de la
Marche, &c. & d'Anne de France, par leur contrat de mariage, tellement que Sufanne de Bourbon fort infirme étant décédée quelques jours
avant la rédaction de cette Coutume & de celle
de Bourbonnois, Madame fa mere & Monfieur
fon mari firent ajouter à la fin de l'article ces
termes ci-deffus (& faififfent eux & leurs defcendans) au moyen de quoi le Roi François I. par
fes Patentes confirmatives de la nouvelle Coutume, protefta que cela ne lui pourroit préjudicier
à fes droits, ni à ceux de Louife de Savoye fa
mere, heritiere préfomptive de Sufanne de Bourbon fa coufine germaine décédée fans enfans.

En effet, fa fucceffion fut conteftée entre fon
mari fon heritier conventionnel & la Mere du
Roi; la Caufe fut plaidée au Parlement pendant
plufieurs matinées. Monfieur Poyet, qui a été
depuis Chancelier de France, Avocat de la Mere
du Roi, & Monfieur Lizet, Avocat General,
appellerent de ces termes, & fuccedent, &c.

ajoutez à ces deux nouvelles Coutumes en fraude
des droits du Roi & de fa Mere, qu'ils difoient ne
leur pouvoir faire de préjudice, comme on peut
voir par leurs Plaidoyers rapportez par Corbin
dans la fuite des droits de Patronage, fuivis d'un
Arrêt de Sequeftre des biens de la fucceffion de
Sufanne de Bourbon, qui obligea le Connétable
de Bourbon fon mari & fon heritier inftitué, faifi,
de fortir de France, & de fe retirer vers l'Empereur Charles-Quint (& fut tué à l'affaut qu'il
donna à la Ville de Rome qu'il avoit affiégée.)
Mais, quoiqu'il en foit, fi ces termes, *& faififfent
les mariez & leurs defcendans*, ajoutez à la Coutume nouvelle, ne faifoient pas de Loi contre le
Roi qui ne donne jamais de privilege contre lui,
ils en font contre fes Sujets foumis à cette Coutume.

Et leurs defcendans les cas advenus.) Il y a
trois opinions parmi nos Docteurs touchant les
donations & inftitutions faites d'un pere & de fes
enfans & defcendans, pour fçavoir de quelle maniere les enfans & defcendans y viennent. La premiere eft de la Glofe L. *Gallus*, §. *quidam recte*,
qui veut que les defcendans foient appellez directement vulgairement par ordre de fucceffion,
fans que les peres & meres foient en aucune maniere chargez envers leurs enfans par fideicommis.

La feconde eft de Paul de Caftres, qui fur le
même texte veut, comme la glofe, que les enfans
& defcendans foient de même directement & vulgairement appellez par ordre de fucceffion, mais
aux charges de fideicommis envers eux.

La troifiéme eft de Balde fur le même §. que
les defcendans viennent concurremment avec
leurs pere & mere *nomine collectivo*, & partagent
entr'eux les chofes données, & les fucceffions

échuës où ils font appellez en deux portions égales,
pour en être donné l'une au pere ou à la mere,
& l'autre aux enfans & defcendans à caufe de la
conjonctive & qui les lie enfemble.

Cette derniere opinion n'a pas été fuivie : car
afin que les defcendans partagent avec leur pere
& mere les chofes données, il faudroit, dit *Alex.*
con. 13, *& con.* 14, *liv.* 4, *& Socin. con.* 173,
liv. 1, qu'au tems de la donation les defcendans
fuffent nez loin, qu'ils foient nez lors du mariage
de leurs pere & mere, ils ne font même pas conçus & ne le feront peut-être de long-tems après,
on ne croira pas que ceux qui ont donné, ou qui
ont inftitué les pere & mere mariez, ayent eu de
l'affection pour des enfans & defcendans qu'on ef-
pere, qu'ils n'ont jamais connus ni même vûs, pour
les appeller concurremment avec leurs pere &
mere ; mais ils font appellez par une affection
fubordinée au défaut de leurs pere & mere.

Quant à l'opinion de Paul de Caftres, qui veut
que les mariez foient chargez de fideicommis envers leurs defcendans, elle ne peut avoir ici non
plus de lieu, fi avec les termes, *& leurs defcen-*
dans, on ajoute le terme *mâles*, comme il va être
incontinent dit : car pour que les pere & mere mariez fuffent chargez envers eux, il faudroit qu'il
y eût une condition & une fuite de tems, comme
remarquent Alex. & Socin. aux Confeils ci-devant rapportez, ce qui ne fe trouvant pas ici,
leurs defcendans ne viennent pas par la voie du
fideicommis non plus que par concours avec leurs
pere & mere inftituez & donataires.

Il n'y a donc que l'opinion de la glofe qui vaut
un texte au dire de nos Docteurs, qui eft la meilleure, qui appelle, comme nous avons dit, les
defcendans directement par la vulgaire, par ordre
de néceffité, fi ce font les afcendans qui ont donné

ou inftitué, ou par ordre d'affection, fi ce font
des étrangers pour fucceder *ordine fucceffivo &*
ab inteftat, comme à un bien libre, & non en
vertu de la difpofition portée par le contrat, ou
fubfidiairement au défaut des mariez donataires
& inftituez, que l'on appelle l'opinion commune
à caufe qu'elle eft fuivie de nos meilleurs & du
plus grand nombre des Interprétes de Droit,
comme de Barthole, de Cuman. d'Alex. de Socin.
de Jafon, fur le même §. *quidam recto* d'Alex.
en fes deux *con.* 13 & 14, *liv.* 4, de Socin. *con.*
173 ci devant allegué, & au *con.* 113, *liv.* 1,
de Socin. Jun. *con.* 100, *num.* 31 & *fuiv. liv.* 3,
de Fran. de Ripa, L. *hæredes mei* §. *peto ad Treb.*
d'*Eftienne Bertrand, con.* 60, & *con.* 82, *liv.* 1,
fans parler des autres Docteurs, tel que Decius
con. 205 & 216, ci-deffus allegué, où il dit au
con. 216, *num.* 5, que tels termes, & *leurs def-*
cendans, ne font feulement que démontrer que
ces biens leur doivent paffer, felon le vœu commun des peres & meres, qu'il ne leur étoit par-
là acquis aucun droit, mais ce ne leur étoit qu'un
avertiffement certain qui leur avoit été donné.

Si ce n'eft qu'au terme, *defcendans*, on eût
ajouté, *mâles*, en ce cas, comme fous ce terme
mâles font compris les defcendans mâles, il n'y
auroit qu'eux feuls qui y fuffent appellez à l'exclufion des filles, qui autrement fuccederoient,
avec les mâles contre la volonté du Donateur &
Inftituant, dit Socin. *con.* 116, *liv.* 3, & s'il n'y
avoit pas de *mâle*, le fils d'une fille ne feroit pas
appellé, quoique mâle, à caufe qu'il feroit def-
cendu d'une fille qui étoit excluse, dit encore le
même Decius, *con.* 239, *num.* 5 & *fuivans*, mais
il fuccedera avec les filles.

Et cette opinion commune de la glofe fondée
en raifon, *équité & fuivie*, a été confirmée comme

la véritable & la plus solide par les Arrêts. Je ne m'arrêterai pas à rapporter ceux rendus dans les autres Parlemens, je me contenterai de deux du Parlement de Paris, dont l'un est rendu dans la Coutume d'Auvergne, rapporté par Durand sur l'art. 29, chap. 14, & l'autre par Brodeau sur M. Louet, lett. S. art. 9, nomb. 9, auſquels on y peut ajouter un troiſiéme rapporté par M. le Bret, liv. 3 de ſes Déciſions, *déciſ.* 3.

Tellement que ſi les mariez Donataires & Inſtituez ont ſurvécu les Donateurs & Inſtituans, & ont recueilli les avantages à eux faits & à leurs deſcendans, comme la ſubſtitution vulgaire expire par l'acceptation que fait l'Inſtitué de la ſucceſſion, *L. poſt aditam, Cod. de Impub. & aliis ſubſt.* De même la ſubſtitution des deſcendans des mariez appellez vulgairement, expire après que leurs pere & mere Donataires & Inſtituez ont recueilli la donation & la ſucceſſion, & leurs deſcendans n'y peuvent venir que *ab inteſtat*, ſi leurs pere & mere qui en avoient la diſpoſition libre, n'en ont pas autrement diſpoſé de leur vivant.

Ces termes, *& leurs deſcendans*, ne ſe limitent pas aux enfans au premier degré, mais s'étendent à l'infini, à la poſterité, *Socin. con. liv. num.* 2 *& ſuivans, liv.* 4, & telles inſtitutions n'empêchent pas aux peres & meres qui les font l'aliénation de leurs biens de leur vivant pour cauſe néceſſaire, ni qu'ils ne les hipotequent, pourvu que ce ne ſoit pas en fraude, ni pour cauſe lucrative, par donation de tout ou de partie, *per modum quotæ*.

Il s'eſt preſenté ſur cet article une eſpece, qui eſt que François Coudert & ſa premiere femme, mariant leur fille unique, lui conſtituerent ſept mille livres en dot, ſçavoir cinq mille livres pour le bien du pere, & deux mille livres pour celui de la mere, moyennant quoi elle renonce à leurs succeſſions, & au cas qu'il n'y eût aucuns enfans deſcendans d'eux, l'inſtituerent leur heritiere univerſelle.

La mere décede, le pere ſe remarie, il a un fils de ſa ſeconde femme, puis il décede; ſçavoir qui de la fille du premier lit, ou du fils du ſecond, avoit ſuccedé au pere, quoiqu'il ſemble que ce fût la fille inſtituée heritiere par ſes pere & mere, au cas qu'ils n'euſſent aucuns enfans deſcendans d'eux, ce qui étoit arrivé; jugé néanmoins au contraire ſur mes Memoires par Arrêt du 2 Août 1676, rendu à la Quatriéme des Enquêtes, au rapport de M. de Maunoury, que c'étoit le fils du ſecond lit, par la raiſon que la fille du premier lit n'étoit inſtituée qu'au cas que de ſes pere & mere il ne nâquit d'autres enfans, ce qui s'entendoit tant conjointement de leur mariage, que diſtributivement d'autres mariages que le ſurvivant pourroit contracter après la mort de l'autre, Loi *placet*, & la Loi ſuivante *D. de lib. & poſt.* Tellement que ces termes qui étoient conçus au nombre plurier, ſe diviſoient en ſingularitez de chacun d'eux, *L. falſa*, §. *fin. D. de cond. & demonſtr. Bal. quib. mod. feud. amitt.* §. *Item*, *n.* 1. Le même Balde *de duob. fratr. à Capitan. cap.* 1, *num.* 13. Et Dumoulin ſur la même Coutume d'Auvergne, *C.* 14, *art.* 17, *Alex. con.* 91, *num.* 5, *liv.* 1.

Secus. Si on avoit dit qu'au cas qu'il n'y eût eu aucuns enfans de leur mariage, comme ces termes, *enfans d'eux* auroient été reſtraints & limitez aux ſeuls enfans qui naîtroient de leur mariage, la fille du premier lit auroit exclus de l'heredité du pere le fils du ſecond, qui auroit été réduit à ſa ſimple legitime. J'avois écrit pour
le

le fils du second lit, voyez Lucius, liv. 7 de ses
Arrêts, tit. 3, Arrêt 2, & Papon, liv. 17, tit. 3,
Arrêt 3, qui rapportent un semblable Arrêt avec
la distinction ci-dessus.

  Donation à cause de mort.) Voyez ma Note
sur le deux cens quatre-vingt-sixiéme *suprà.*

  Convenance de succeder.) En cette Coutume
les conjoints peuvent s'instituer l'un l'autre par
leur contrat de mariage.

  Dispositions quelconques pures ou conditionnel-
les.) Cela veut dire que par contrat de mariage
on peut faire une substitution, qui en cette Coutume ne peut se faire par testament. Article 253
suprà, où Jabely cite le present article.]

ARTICLE CCXCV.

Le mari a l'administration des biens de
la femme constant le mariage, soient lesdits biens dotaux adventifs ou paraphernaux, & en fait les fruits siens, tant que
le mariage *dure.*

Voyez l'article 27 *suprà.*

  Dure.) Si la femme étoit usufruitiere de quelques biens, quoique la jouissance de l'usufruit fût
à l'égard du mari une servitude de servitude, qui
ne peut être ni subsister, *L. 1, de usufr.* néanmoins comme cette jouissance du mari dans cet
usufruit est une commodité & non pas un droit
formel, *ut L. necessario, §. fin. de peri. & comm.*
rei vend. il est en droit d'en jouir de même que de
l'usufruit des autres biens de sa femme.

  Si elle porte en dot entr'autres biens une Justice, on confisquât durant le mariage des biens
dans cette Justice qui seroient acquis au Seigneur,
supposé que la confiscation eût lieu dans cette

Coutume, comme il n'y en a pas que pour le feul crime de leze-Majefté divine & humaine, art. 338 *infrà*, la confifcation en appartiendroit au mari comme un fruit, & non à la femme Dame de la Juftice. *Jacob. de feud. in verb. & de caftro. num.* 13.

Voÿez Guy Pape, décifion 468, l'addition de Ranchin & de Fererius deffus, qui diftinguent les cas aufquels le mari en Païs de Droit écrit fait fiens les fruits des biens paraphernaux de fa femme, d'avec les cas aufquels il ne les fait pas fiens. Voÿez auffi Balde *con.* 478, *liv.* 5, où il diftingue auffi ces trois fortes de fruits des biens dotaux, adventifs & paraphernaux, *Alex. con.* 42, *num.* 15, *liv.* 1, *con.* 144, *liv.* 5, & le même Balde, *de feud. de duob. fratr. cap.* 1, §. *fi duo, num.* 3, où il dit que le reftant des fruits des biens paraphernaux qui n'ont pas été confommez, font & appartiendront à la femme & non au mari. Voÿez le même Alex. *con* 62, *num.* 5 *& fuiv. liv.* 2.

*⁕ Quoiqu'en cette Coutume il n'y ait point de communauté, fi elle n'eft convenue, néanmoins le mari jouit de tous les biens de fa femme, *ad fuftinenda onera matrimonii.*]

ARTICLE CCXCVI.

La femme, ait fon pere ou non, eft en la puiffance de fon mari dès qu'elle eft *mariée* par paroles de prefent, & ne fe peut *obliger* fans le confentement *de fon mari*, fi elle n'eft *marchande publique*. Et fi le mariage eft folu par mort, elle ne retourne en la puiffance de fon pere.

Mariée) La puiffance maritale eft du Droit des Lombards & du Droit Canon, & non du Droit

Civil, qui n'affujettit la femme à fon mari que
pour lui rendre les devoirs maritaux. *Bal. fi mari-*
tus fuccedat, *c.* 1, *num.* 4.

Obliger.) Le confentement du mari eft different de l'autorifation ; car l'autorifation doit être
par la même obligation, le confentement au-contraire peut être donné par des actes féparez, foit
avant ou après l'obligation de la femme, *Socin.*
con. 23, *num.* 10, *liv.* 4.

De fon mari.) Si le mari eft mineur & la femme
majeure, quoique Tiraqueau *L. con.* 8, *num.* 41,
Rat fur l'article 225 de la Coutume de Poitou,
Chopin fur celle de Paris, *liv.* 2, *tit.* 1, *num.* 16,
tiennent qu'il ne peut pas l'autorifer. L'opinion
de Feron fur la Coutume de Bordeaux, *tit. de ftat.*
perfo. §. 3, a prévalu. En effet, il a été jugé par
Arrêt dans Monfieur le Preftre, *con.* 2, *c.* 61,
que l'obligation d'une femme mariée autorifée par
fon mari mineur validoit ; car l'autorifation n'é-
toit pas à caufe de l'imbecilité du fexe, mais de
l'interêt du mari, qui eft le maître de fa communauté, qui fait fiens les fruits des biens dotaux de
fa femme : tellement que comme la femme féparée de biens peut, fuivant la nouvelle Jurifprudence des Arrêts, s'obliger fans être autorifée,
jufqu'à concurrence de fes meubles & des fruits
de fes immeubles, il n'y a pas de doute que l'obligation de celle qui a été autorifée de fon mari
mineur ne foit valable.

Marchande publique.) Voyez article 10 *fuprà.*

* L'Article 10 *fuprà* porte la même difpofition
pour la femme Marchande publique.

La femme ne peut même s'obliger pour fon
mari à caufe de l'avantage indirect, art. 95 *fuprà* ;
mais elle peut s'obliger pour lui ès cas portez aux
articles 301 & 303 *infrà.* Elle peut auffi, fous
l'autorité de fon mari, difpofer entre-vifs de fes

biens au profit de fes filles & defcendans, au cas
porté par l'article fuivant.]

ARTICLE CCXCVII.

Le mari & la femme conjointement ou
féparément conftant le mariage, ne peuvent vendre, aliéner, permuter ne autrement *difpofer* des biens dotaux de ladite
femme au préjudice d'icelle. Et font telles
difpofitions & aliénations nulles & de nul
effet & valeur, & ne font validées par
ferment.

Difpofer.) Et s'ils en difpofent, la femme durant le mariage ne peut revenir, article fuivant,
fecus du mari qui reviendra ; mais fera tenu de
l'éviction & des dommages & interêts, même du
quanti minoris de l'Acheteur évincé par les raifons d'Alex. & des Docteurs par lui alleguez,
con. 109, *liv.* 4. C'eft une exception de la Loi
Vendicantem, D. *de eviction.* pourvu que l'Acheteur ne fçût pas que ce fût un bien dotal, à moins
que le mari ne fe fût obligé à l'éviction, ou qu'il
y eût eu dol en la femme qui eût dit n'être pas
fon fond dotal.

Serment.) Par la raifon que le contrat étant
nul, le ferment qui ne doit pas être un lien d'iniquité l'eft auffi, Dieu qu'on y appelle pour y
être prefent n'y affifte pas ; mais il refifte au pacte
qu'on y fait. *Bal. de pace Jur. firm. C. hac, §. Item,
num.* 19.

ARTICLE CCXCVIII.

Toutefois fi la femme eft dûëment ré-
compenfée de fonds ou chevance cer-

tains, en faifant l'aliénation de fes biens
dotaux, elle étant mariée, elle ou fes defcendans dedans l'an & jour du trépas
du mari, peut retourner à foi, & fe tenir à
la chofe *dotale*, ou à ladite récompenfe,
& ledit tems & jour paffez ne pourra revenir à fa chofe dotale, finon en cas d'é-
viction.

Du mari.) La même chofe feroit fi le mari
étoit mort civilement par condamnation aux galeres perpétuelles, ou banni pour jamais, ou condamné à mort par défaut & contumace après les
cinq ans; car comme il feroit retranché de la
fociété civile, de même que s'il étoit mort par
identité de raifon, la femme dans l'an de la condamnation aura femblablement le choix de demander fa chofe, ou de fe tenir à la récompenfe
donnée.

Dotale.) L'Acquereur & Poffeffeur de la chofe
de la femme appellé devant le Juge; car elle ne
peut d'elle-même s'en mettre en poffeffion de fon
autorité privée, ni même de l'autorité du Juge,
fans Partie appellée, autrement ce feroit une fpoliation, & le Poffeffeur expulfé par elle ou par
fes Gens feroit integré; car il peut avoir des défenfes naturelles à propofer qu'on lui fupprime-
roit; fi-bien que ne le faifant pas venir en Juftice,
il y auroit du dol, même de la violence. Balde
con. 35, *liv.* 3.

ARTICLE CCXCIX.

Si la femme recouvre fes biens dotaux
aliénez durant fon mariage, elle n'eft

tenuë à aucunes *impenses*, sinon *ès nécessaires*.

Impenses.). C'est-à-dire, des impenses volup-
tueuses faites pour le plaisir, & des utiles qui
augmentent la valeur de la chose, autrement s'il
falloit que la femme les remboursât, elle tomberoit dans l'inconvenient que la Coutume avoit
voulu éviter ; car il faudroit qu'elle vendît son
fond dotal contre la prohibition de la Coutume,
pour rembourser ses impenses possibles, faites à
dessein de l'empêcher par son impuissance de les
pouvoir payer, ni de jamais retirer son fond dotal ; & par ce moyen on éluderoit la provision de
la Coutume, qui pour prévenir le dol, la fraude,
& faciliter à la femme l'entrée dans son fond dotal,
la décharge de ces impenses, sauf à l'Acquereur
à les remporter, sans détériorer les lieux qu'il
rétablira, s'il y gâte quelque chose.

Es nécessaires.) Ce sont celles faites pour la
conservation de la chose, qui seroit tombée en
ruine, ou pour la rétablir si elle étoit ruinée,
aussi-bien la femme auroit-elle été obligée de les
faire faire elle-même.

ARTICLE CCC.

La femme pour mariage de ses filles &
autres descendans par l'autorité de son mari,
peut disposer par contrat entre-vifs jusques
à la moitié de ses biens dotaux, & au-
dessous par Décret de Juge & connoissance
de cause.

De cause.) C'est-à-dire, au cas que le mari,
qui est seul obligé de doter ses filles, fût indigent,

car encore que la mere n'y foit pas tenuë, comme lui, fi elle ne veut, néanmoins fi par la difcuffion elle n'a pas de biens adventifs, ni paraphernaux pour les doter, la Coutume en cet article, qui eft une des exceptions de l'article 297 *fuprà*, par privilege fpécial de la dot dès filles, y pourvoit en permettant, de l'autorité du Juge, qu'on prenne la moitié des biens dotaux pour le faire, autrement les filles ne pourroient être mariées.

ARTICLE CCCI.

Auffi en cas de *néceffité* pour les alimens d'elle, *fon mari*, & enfans, ou pour racheter fon mari *de prifon*, peut la femme aliéner fes biens dotaux fans aucune récompenfe à faute d'autres biens, & ce par Décret de Juge & connoiffance de caufe.

Néceffité.) Il y a de trois fortes de néceffitez; l'accidentelle, comme fi la femme ou fon mari tomboient entre les mains des voleurs; la naturelle, telle que font les dépenfes faites dans les infirmitez, & pour alimenter leur famille, & la néceffité que l'on s'attire, foit en contractant des dettes, ou en commettant quelque délit. Comme donc dans ces cas de néceffité il eft permis d'aliéner les biens chargez, *Bal. con.* 20, *liv.* 2, on peut de même aliéner les biens dotaux.

Son mari.) Si ce n'eft que le mari fe fût lui-même mal-à-propos procuré fa mifere & pauvreté, par fa mauvaife conduite, par fes vices, & par fes débauches; en ce cas la femme ne feroit pas obligée, fi elle ne vouloit, de l'alimenter, *C. en parte exir. de confuet.*

De prison.) Il n'y a rien de plus humain à la femme que de secourir son mari dans ses besoins & dans ses extrêmes néceffitez, L. *si cum dotem*, §. *quid enim*, D. *de solv. matr.* si ce n'eft qu'il fût détenu Prisonnier pour les mêmes causes pour lesquelles il se seroit procuré sa misere ; car où il y auroit parité de raison, il y doit avoir pareille & femblable difpofition.

ARTICLE CCCII.

S'il n'y a dot particuliere conftituée en traitant le mariage, tous les biens que la femme a au tems de ses fiançailles, font cenfez & réputez biens *dotaux.*

Dotaux.) Cet article eft une exception du Droit commun, qui veut que la femme se conftitue ses biens en dot, ou qu'elle dise au mari, je vais à vous avec mes biens, autrement les biens de la femme ne lui font pas conftituez en dot, *Alex. con.* 142, *num.* 1 & 2, *liv.* 7. Si-bien que ceffant la difpofition de cet article, les biens de la femme qui ne se seroit pas conftituée de dot lui feroient adventifs ; mais fubfiftant, tous les biens de la femme paffent pour une conftitution dotale ex- preffe, L. *quod si nolit*, §. *quia affidua*, D. *de edil. edict.* & Fererius fur la décifion 449 de Guy Pape, Arift. en ses Politiques, & la glofe, L. *mulier bona*, D. *de Jure dot.* Corn. con. 282, *num.* 40, *liv.* 1, *Alex. con.* 144, *liv.* 5, Dumoulin deffus, *quia communiter & ut plurimum matrimonia sine dote non contrahuntur, & ea eft omnium fere gentium confuetudo, & ideo dotalis habenda eft,* L. *quod si nolit*, §. *affidua.*

Et se les étant conftituez, il faut qu'il y en ait tradition faite au mari, finon ils ne lui feroient
pas

pas constituez, comme il est dit en la Loi *mulier bona*, D. *de Jur. dot.* & en la Loi *quod autem* au même titre, & par Balde, *an maritus succedat de feud. c. 1, num.* 4.

ARTICLE CCCIII.

Femme peut disposer de ses biens *paraphernaux* ou *adventifs* par *titre onereux* durant son mariage sans l'autorité de son mari. Mais à titre *lucratif* elle n'en peut disposer entre-vifs à personne quelconque, sinon en faveur de mariage ou par donation mutuelle à sondit mari.

Paraphernaux.) Ce sont les biens que la femme apporte au mari, outre & pardessus sa dot, *L. si ego*, §. *dotis*, D. *de Jur. dot.*

Adventifs.) Ce sont les biens qui sont venus à la femme depuis le mariage d'ailleurs que de son mari, dont il est parlé en la Loi *Maritus*, *Cod. de Procurat.* ce qu'elle doit prouver, autrement ils seroient présumez appartenir au mari plutôt que de croire qu'ils fussent venus à la femme par un mauvais commerce, *L. quintus*, D. *de don. int. vir & uxor.* Tellement que pour l'en exclure, lui & ses heritiers, il faut que la femme, ou que ses heritiers prouvent qu'ils lui sont venus d'ailleurs que de lui.

Lucratif.) La raison de diversité vient de ce que disposant de ces biens à titre onereux, le prix qu'elle en retire demeurant subrogé au lieu de ce qu'elle dispose, le mari qui en a la jouissance est desinteressé, au lieu que donnant à titre lucratif, le mari perd la jouissance ; c'est pourquoi la Coutume défend telles liberalitez faites au préjudice du mari.

Dd

* *Titre onereux.*) *Id eſt* , pàr vente ou échange. Cette diſpoſition tient du Droit écrit ; car dans tous les Parlemens de Droit écrit elle peut diſpoſer de ſes biens paraphernaux qui comprennent les adventifs , ſans le conſentement de ſon mari.]

ARTICLE CCCIV.

Aucun qui a enfans deſcendans de lui ne peut donner en la Marche ſes biens immeubles *propres* , qu'il a audit Païs, à quelque perſonne que ce ſoit, & n'en peut diſpoſer par titre lucratif entre-vifs, ſi n'eſt en faveur de mariage : mais bien peut donner entre-vifs tous ſes meubles & conquêts immeubles, ou partie d'iceux, ſoit à ſes parens autres que ſes enfans , ou à perſonnes étranges.

Voyez l'article 307 *infrà.*

Propres.) Par la raiſon de *Joan. Fab. in verbo. alemanicus præm. inſt.* que les propres ne ſont pas tant nôtres que de la famille ; & ſi on n'a pas de propres, ou fort peu, & beaucoup de meubles & de conquéts immeubles, comme les propres , dont il eſt parlé par cet article ne s'entendent pas d'une motte de terre, mais des propres conſiderables. Dumoulin ſur l'article 49 de la Coutume d'Angoumois, déduction faite des dettes & de la legitime des enfans , on pourra diſpoſer du reſte des meubles, conquéts, immeubles par donation entre-vifs.

ARTICLE CCCV.

Les biens dotaux retournent à la femme
ou à ses heritiers le mariage *solu*, s'il n'est
autrement accordé : & en est la femme saisie
quant aux immeubles ou ses heritiers, sans
autre appréhension de fait.

Solu.) Et en d'autres cas obmis par la Coutume, prévûs par le Droit commun, auquel il
faut avoir ici recours ; sçavoir, quand le mari
devient pauvre, *L. si constante, D. de sol. matr.*
L. ubi adhuc, Cod. de Jur. dot. & §. illud auth. de
æqual. dot. & quand les biens du mari condamné
aux galeres & bannissement perpétuel sont confisquez, *Bart. L. si constante* 5 *q. 1 part.* universel-
lement suivi de tous les Docteurs, entr'autres de
Socin. Jun. con. 5 5, *liv.* 12 ; mais dans l'un ni dans
l'autre de ces cas la femme ne peut faire de ces-
sion de ses biens dotaux ; car sa dot, qu'elle est
en droit de répéter, lui doit servir pour vivre, elle & son mari & leurs enfans, article 301
suprà.

A ces deux cas on y peut ajouter un troisiéme,
qui est, quand la femme est séparée de corps &
de biens & d'habitation d'avec son mari, à cause
des sévices dont il use envers elle.

Si le mari a toujours été pauvre, encore que
Barth. sur la même Loi *si constante*, 5 *q. 1 part.*
tienne que la femme puisse répéter sa dot, l'opinion contraire a prévalu, comme remarque Jason
sur la même Loi, & *Socin. Jun. con.* 116, *num.* 27,
liv. 2.

D d ij

ARTICLE CCCVI.

Ce qui eft donné par forme de gain nuptial, qu'on appelle au Païs logres, en traité de mariage, ne gît point en *refti-tution*.

Reftitution.) Parce que le furvivant du mari ou de la femme le gagne.

ARTICLE CCCVII.

Celui qui eft de franche condition, qui n'a enfans defcendans de lui, peut donner à aucun de fes parens de quelque côté qu'il foit tous fes propres heritages ou partie d'iceux par donation entre-vifs, pofé qu'il ait autres plus prochains parens que ceux à qui il a fait telle donation : pourvu qu'il y ait bail de poffeffion réel & *aƈuel*, fi la donation eft faite *per modum quotæ*, Mais fi c'eft chofe particuliere, il fuffit poffeffion fiƈte. Et ne peut faire donation à étrangers quant aux propres : mais bien peut difpofer de fes meubles & conquêts à fon plaifir.

Voyez l'article 304 *fuprà*.

Aƈuel.) Autrement la donation ne feroit pas parfaite fans tradition réelle & aƈuelle, *L. fi tra-ditio, Cod. de aƈ. empt.* Il n'eft pas befoin que le parent auquel on donne foit parent du côté du propre donné, il fuffit qu'il foit feulement parent dū Donateur pour lui pouvoir donner., fans faire difference s'il eft le plus proche ou le plus éloigné. La donation faite au plus éloigné eft auffi bonne comme celle qui auroit été faite au plus proche ; mais fi avec la donation des propres on donnoit encore les meubles, conquêts immeubles, comme telles donations univerfelles font contraires aux bonnes mœurs & à notre Coutume, elles feroient nulles. *Bart. L. 30, de quæft. Cod. de paƈt.* & le même *L. ftipulatio hoc modo concepto, D. de verb. oblig.* Voyez la décifion 510 de Guy Pape.

TITRE XXII.

Des Moulins, Fours & Eftangs.

ARTICLE CCCVIII.

SI *aucun* a place riere foi pour faire faire chauffée & affeoir bondes, il peut après fa chauffée levée contraindre fes voifins à prendre récompenfe des terres & heritages que l'eau peut inonder, en les récompenfant *arbitrio boni viri*, & par connoiffance de caufe. Et pareillement, s'il a place à faire *moulin*, pourra allonger fon *éclufe* après que le moulin fera fait, pourvu que lefdites terres fujettes à ladite inondation, ou prochaines du lieu où on a fait le moulin, ne foient du Domaine, & appartiennent au Seigneur direƈt ou Jufticier;

car en ce cas ledit Seigneur ne fera contraint les vendre, ne les laisser par récompense.

Si aucun.) En faveur de l'abondance du poisson dans la Province, qui étant un Païs sec & éloigné de la mer, seroit stérile en viande de Carême, sans la prévoyance de la Coutume, qui à l'exemple du Dauphiné, où il y a un usage conforme, Guy Pape, décision 91, préfere l'utilité publique à l'interêt particulier; c'est pourquoi celui qui peut faire dans son fond une chaussée d'étang, peut inonder de ses eaux les heritages de ses voisins en les récompensant, & demeurera chargé des cens, rentes & devoirs envers les Seigneurs dont ils dépendent.

Moulin.) Ce qui s'entend si l'homme de directe est hors la banlieuë du moulin de son Seigneur & de celui du Seigneur Châtelain, article 313 *infrà*, & non autrement; car s'il étoit dans la banlieue du moulin du Seigneur, ou à son défaut de celui du Seigneur Châtelain, il faut qu'il y aille moudre, & celui qu'il construiroit lui demeureroit inutile.

Ecluse.) Pourvu que l'étang, le moulin, & l'écluse soient pour la commodité & utilité de celui qui les construit, & non pas pour incommoder ses voisins, en submergeant leurs heritages, sous prétexte de les indemnifer, fait à cela la Loi 1, §. *Denique*, D. *de aqua plu. arcendi*, L. *proculus*, §. *merito*, D. *de dam. infert.* Bal. con. 71, & con. 72, liv. 1.

ARTICLE CCCIX.

Si aucun a moulin moulant & en état, ses hommes de feudalité soient francs ou

tenans en fervitude ou condition mortaillable, demeurans dedans la banlieuë dudit moulin, font tenus y aller *moudre*,
quelque laps de tems qu'ils ayent moulu
ailleurs, pendant que ledit moulin n'étoit
bâti.

Moudre.) Par la raifon que dès qu'il eft enjoint
aux hommes de directe ou de Fief d'aller moudre
au moulin de leur Seigneur, tous les autres moulins leur font défendus. *Jacob. de feud. in verbo*
& cum molinis, num. 3, verf. quinto.

Bâti.) Car c'eft un droit de faculté qui ne fe
prefcrit jamais durant que le Seigneur n'a pas de
moulin, ou s'il en a, il n'eft pas en état de fervir,
ou eft démoli. *Bal. con. 241, num. 3, liv. 2.*

* On voit par la difpofition de cet article, que
dans cette Coutume le droit de bannalité eft un
droit de Fief, enforte qu'il ne faut pas y fuivre les
principes qui font pour les autres Coutumes. Le
Seigneur n'a befoin ni du confentement de fes
hommes, ni de titres pour l'établir. Sa qualité de
Seigneur lui fuffit pour bâtir un moulin quand il
lui plaît, & contraindre tous ceux qui font dans
l'étendue de fa bannalité à y venir moudre. Il ne
perd ce droit ni *per non ufum*, ni par prefcription,
parce qu'il eft de pure faculté libre, & que, fuivant les Docteurs, *ea quæ funt meræ facultatis*
funt imprefcriptibilia.]

ARTICLE CCCX.

Et fi aucun de fes hommes a moulu ailleurs, & le Seigneur du moulin ou fes Gens
le peuvent prendre en ramenant *farine* au-

D d iiij

dit moulin, la farine eft audit Seigneur, ou à fon Meunier : Et s'il y a bête portant ladite farine, la bête répondra de l'amende à la Juftice du lieu.

Farine.) *Secus* du bled lorfqu'il eft porté au moulin ; car comme la faute n'eft pas encore confommée, quoique commencée, on ne peut pas le faifir ; mais feulement la farine au retour, c'eft-à-dire, après que la contravention a été faite, & au tems prefcrit. *Argum. d'Alex. con.*194*, num.*4*, liv.* 6.

ARTICLE CCCXI.

Le Meunier eft tenu rendre la farine de rez à comble outre le droit de mouture, & tenir le lit & cercle de fes moulins à rond.

ARTICLE CCCXII.

Si aucun a four bandier, & aucun d'iceux qui font fujets de la bandie cuifent ailleurs qu'audit four, le Seigneur du four ou fes Gens peuvent prendre ou faire prendre par Juftice le pain cuit ailleurs qu'en fon four, & lui fera adjugé le pain & l'amende à la Juftice.

* Les Boulangers publics ne font tenus porter au four banral les pâtes deftinées pour faire du pain qui fe vend hors la Seigneurie, mais font tenus d'y porter celles deftinées pour leur famille, & pour vendre dans le lieu. Arrêt pour le Chapitre de S. Pierre du Dorat, baffe Marche, du 3e

Juillet 1730, que j'ai rapporté en mon premier
volume des Bannalitez, chap. 9. Il est vrai que
la basse Marche ne suit pas cette Coutume, mais
le Droit écrit, si ce n'est la Ville du Dorat qui
se régit par la Coutume du Poitou, comme l'observe bien Jabely sur ce titre au mot *Coutumes.*
Cependant l'Arrêt doit avoir lieu en cette Coutume, comme fondé sur les vrais principes.]

ARTICLE CCCXIII.

Si aucun Baron, Châtellain ou Haut-
Justicier avoit moulin, & son Valvasseur
n'en eût point, tous les hommes du Valvasseur demeurans en la banlieuë dudit
moulin iront moudre audit moulin du Baron, jusques à ce que le Valvasseur ait
moulin. Et sitôt que le Valvasseur aura
moulin, sesdits hommes demeurans dedans
ladite *banlieuë* d'icelui seront tenus d'aller
moudre au moulin dudit Valvasseur, par
quelque laps de tems qu'ils ayent moulu au
moulin du Baron.

Banlieuë.) La question est, comment on prendra la banlieuë, si c'est par terre, par air, ou
par eau qu'on la mesure ; car si c'étoit par l'air,
on seroit plus proche que par terre ni que par
eau : & s'il falloit passer par des marécages & par
des chemins mauvais entre deux, on ne mesurera
pas la banlieuë par l'air, ni encore moins par
l'eau qui coule en serpentant, si les hommes sont
domiciliez à mont l'eau du moulin, & à veau
l'eau ; mais il la faut mesurer par terre par le
chemin le plus fréquenté, par où on a accoutumé

de paſſer pour aller d'un lieu à un autre, enſorte que s'il y a plus d'une lieuë au moulin, on n'eſt pas tenu d'y aller moudre, quoiqu'on fut dans la banlieuë, par la diſtance de l'air. *Archid. C. ſtatutum, §. cum vero de reſcript. an ſexto, & Alex. con.* 22, *liv.* 4.

* Cet article montre de plus en plus, que la bannalité eſt un droit de Fief en la Marche, les Tenanciers d'un Seigneur ſont toujours ſujets banniers, & tellement contraignables à la bannalité, que ſi leur Seigneur n'en a point, ils ſont obligez d'aller au moulin du Seigneur dominant, s'ils ſont dans la banlieuë, juſqu'à ce que leur Seigneur en ait fait bâtir un.

Tous les hommes du Valvaſſeur.) Mais non ſon Vaſſal ni ſa famille. *Vide* mon premier Volume, des Bannalitez.]

ARTICLE CCCXIV.

Si le moulin ou four bandiers ne ſont en état ſuffiſant, l'homme peut aller moudre ailleurs ſans amende ne interêts, & n'eſt repréhenſible juſques à ce que le Meunier ou Fournier auront fait ſçavoir au Prône de l'Egliſe que les four & moulin ſont en état ſuffiſant.

ARTICLE CCCXV.

Si le Meunier diffère de moudre par l'eſpace de 24 heures le bled qu'on lui apporte, l'homme à qui eſt le bled peut aller pour celle fois moudre ailleurs ſans être reputé infracteur de la bandie.

TITRE XXIII.

Du Ban.

* Pour avoir le droit de ban à vin dont parle ce titre, il faut avoir titres avant 1560. Ainfi pour l'explication de ce titre, recours à l'Ordonnance des Aydes.]

ARTICLE CCCXVI.

SEigneur qui a droit de ban en la Marche pour vendre fon vin ou autre denrée, ne le peut tenir outre quarante jours continuels par chacun an, mais fi moins a accoutumé le tenir, il fera tenu foi tenir au moins, & eft tenu de bailler fa denrée pour le prix qu'elle vaut le jour précedent de la bandie, laquelle il doit faire apprécier par fes Officiers s'il eft Jufticier, finon par Officiers de la Juftice, appellez trois ou quatre Prudhommes à ce connoiffans.

ARTICLE CCCXVII.

Et ne peut & ne doit tel Bandier entrer en cave ou cellier d'autrui pour vifiter quels vins il y a; ne les mefurer : mais bien fe peut enquerir s'il y a perfonne qui vende au préjudice dudit ban pour en faire poursûite par Juftice. Et qui vient contre la bandie il doit foixante fols d'amende & interêts de Partie qui a le droit du ban.

ARTICLE CCCXVIII.

Tel Seigneur ne peut empêcher que ceux de la bandie ne donnent vin ou autres denrées fujetes audit ban.

TITRE XXIV.

Des Efpaves, & Biens vacans.

Efpaves.) Par l'Ordonnance du Roi Charles VI. de 1413. Ce terme, *Efpaves*, eft confondu avec celui d'Aubains.

ARTICLE CCCXIX.

BEftes menuës, comme chevres, pourceaux & autres femblables prinfes par *efpave*, doivent être gardées trois jours avant que être venduës par Juftice, & groffes bêtes, comme bœufs, vaches, jumens, ânes, & autres leurs femblables, huit jours, afin que leurs Maîtres les puiffent recouvrer.

Efpaves.) Bacquet, chapitre 3 du Droit d'aubaine, dit qu'anciennement efpaves étoient des efpeces d'aubains ; mais qu'abufivement les Sei-

gneurs avoient ufurpé ce droit pour biens vacans
& d'avanture, bien que les épaves fuffent du Domaine du Roi, de même que les aubains, defquels
les fucceffions s'appelloient étrangeres, encore
que proprement étrangeres ce foit les biens confifquez pour crime de leze-Majefté qui appartiennent au Roi à l'exclufion de tous, même en la
Province de Champagne.

Dumoulin fur l'article 48 de la Coutume du
Maine, & fur l'article 41 de celle d'Anjou, dit
au-contraire que les aubains & efpaves avoient
toujours appartenus aux Seigneurs Jufticiers, ainfi
que le droit de bâtardife. Voyez l'article 232
fuprà.

ARTICLE CCCXX.

Si ledit tems paffé n'appert aucun qui
pourfuite en face pourront être venduës &
délivrées par l'Officier de la Juftice au plus
offrant en Place publique à l'Acheteur &
dernier Encherifferur.

ARTICLE CCCXXI.

Les deniers doivent demeurer en main
tierce autre que du Seigneur ou fes Officiers, & ce fait par trois prochaines affifes
fera faite proclamation s'il y a perfonne
requerant lefdites bêtes, & qui les puiffe
& fçache advouer, & s'il s'en trouve aucun, les deniers confignez lui feront rendus
en payant les frais raifonnables.

ARTICLE CCCXXII.

Si perſonne n'appert qui puiſſe prouver leſdites bêtes être ſiennes dedans leſdites trois aſſiſes, les deniers ſeront adjugez au Seigneur Haut-Juſticier, ou autre ayant droit d'eſpave en la Juriſdiction duquel leſdites bêtes auront été priſes.

ARTICLE CCCXXIII.

Si aucun trouve bourgnon à miel d'eſpave en ſon heritage, il ſera tenu le reveler au Seigneur Juſticier, en la Juſtice duquel eſt trouvé ledit bourgnon dans huit jours, & en ce faiſant il aura la moitié dudit bourgnon, & l'autre moitié appartiendra au Seigneur Juſticier, ou autre ayant droit d'eſpave.

ARTICLE CCCXXIV.

Et s'il le *recelle*, & il ſoit convaincu, il reſtituera ledit bourgnon eſpave, & ſera condamné en l'amende de ſoixante ſols, & s'il le prend en autrui fonds, il ſera puni d'amende arbitraire, & condamné à rendre ledit bourgnon.

Recelle.) *Ita apud Vulpianum*, L. *falſus*, §. *qui alienum.* D. *de furt. admonetur inventor rerum.*

ARTICLE CCCXXV.

Biens vacans font & appartiennent au Seigneur Haut-Justicier en la Jurisdiction duquel ils font assis, sur lesquels se doivent payer les funerailles & les créanciers tant que les biens durent, & se doivent crier publiquement par quatre assises, & à la derniere s'il n'y a opposant, doivent être adjugez, & cependant doivent être saisis & mis en main de *Justice.*

Justicier.) Qui est exclus par le survivant des deux conjoints par mariage, *L.* 1, *Cod. unde vir.* Louet lettre F, *num.* 22, & Brodeau lett. V. *num.* 13.

* Le droit de desherence est un droit de Haute-Justice, ainsi que le droit d'avoir les biens vacans, qui font ceux que personne ne reclame, la desherence étant *hæreditas jacens.* En prenant les biens, le Haut-Justicier doit payer toutes les dettes. Quelques Coutumes, comme Poitou, l'obligent à faire inventaire, à faute de quoi l'obligent indéfiniment aux dettes, comme tout autre heritier ; mais c'est une disposition singuliere, le Haut-Justicier n'est pas proprement heritier, mais successeur singulier qui n'est tenu que jusqu'à concurrence, & qui est toujours déchargé en rendant compte : il est plus sûr pour lui de faire inventaire, mais faute de ce il n'est pas tenu des dettes sur ses propres biens, il ne confond pas.

Le Haut-Justicier a aussi les épaves, qui font les bestiaux, & autres meubles particuliers non-reclamez. Article 322.]

ARTICLE CCCXXVI.

Les biens des Aubains & Etrangers, qui n'ont heritiers capables, appartiennent à Madame en la Marche.

Voyez l'article 319 *suprà*.
  * Le droit d'aubaine, *id eſt* le droit de ſucceder à un étranger non-naturaliſé, n'appartient qu'au Roi & non au Haut-Juſticier, quelque diſpoſition qu'il y en ait dans la Coutume, qui ne peut jamais nuire au Roi pour les droits qui lui appartiennent *jure Coronæ*.
  De ce que deſſus concluez, qu'en tant qu'on appliquera, comme Jabely qui renvoye à l'article 319, le nom d'épave à un Etranger décedé dans la Juſtice du Seigneur, le Roi ſeul y ſuccedera; mais en tant qu'épave ſera priſe dans le vrai ſens de l'article 319 *suprà*, c'eſt au Haut-Juſticier du lieu.]

TITRE XXV.

Des Bornes & Limites.

ARTICLE CCCXXVII.

ENtre privées perſonnes chacun peut mettre bornes & *limites* avec ſon voiſin en ſes heritages particuliers, ſans autorité de Juſtice, *pourvu* que les terres ne faſſent limites de diverſes Juſtices ou Paroiſſes,

Paroiffes, auquel cas faudroit appeller les Officiers des lieux fur peine de l'a-mende.

Limites.) Si ce n'eft que les heritages aboutif-fent à quelque chemin public ou particulier, ou à quelque riviere ou ruiffeaux, qui feroient des bornes plus autentiqu es que celles qu'on y met-troit; tellement que les bornes dont parle l'article ne font néceffaires que quand les heritages fe limi-tent les uns aux autres.

Pourvu.) Car fi les heritages féparoient les Juftices & Paroiffes, ce ne feroit plus le feul in-terêt des Particuliers qui auroient leurs heritages contigus, mais des Seigneurs Jufticiers & des Curez; c'eft pourquoi il faut appeller les Offi-ciers des Juftices & les Curez Parties intereffées, avec lefquels il faut planter les bornes pour pré-venir les Procès qui pourroient furvenir par le changement de ces bornes que l'on pourroit faire, fe pouvant faire que quatre Juftices ou quatre Paroiffes peuvent toutes aboutir à une même borne.

ARTICLE CCCXXVIII.

Tertre & *gorfe* étans entre un pré & une terre appartient au Seigneur du pré, s'il n'appert *du contraire.*

Gorfe.) C'eft-à-dire une haye vive; car fi on veut fe clore, il faut prendre la place de la haye & du foffé de fon fond. Voyez *Cæpola de fervit.* *chap.* 36, *num.* 7 *& fuivans*, Dumoulin fur le con eil 120 d'Alexandre *in verbo foffata, liv.* 2, & le même Alexandre au même endroit au *con.* 54,

E e

num. 5 , *liv.* 5 , & *con.* 212 , *liv.* 7 , où il dit que le foffé fait partie de l'heritage.

Du contraire.) C'eft-à-dire, que fi le Proprie-taire de la terre fait voir que la terre, la haye vive, ou le foffé, ou moitié d'iceux eft de fon fond, qui eft une preuve qui fait ceffer la préfom-ption qu'ils foient au Proprietaire du pré, il en aura la moitié. Alexandre même confeil 212 ci-deffus, livre 7.

* *S'il n'appert du contraire.*) Il eft une regle coutumiere qui s'applique parfaitement à cet ar-ticle, c'eft que le foffé appartient à celui fur le fond duquel eft le rejet, c'eft-à-dire, la terre qui eft fortie du foffé, & qui forme le revers du foffé ; enforte que fi le rejet eft tout entier d'un côté, le foffé appartient en entier à ce côté, fi le rejet eft des deux côtez, il eft commun.

Le judicieux Coquille en fes Queftions de Cou-tume, queftion 298, nous explique parfaitement comment on peut connoître à qui la haye appar-tient. La haye eft ordinairement fur le jet du foffé, enforte que fi le foffé eft par-de-là la haye, elle appartient pour le tout à celui du côté duquel elle eft. Si par le milieu de la haye apparoit une concavité ou foffé, elle fera reputée commune ; & s'il n'y a aucun figne de foffé, ou autre mar-que de proprieté, on préfume la proprieté de la haye felon l'heritage auquel elle fert de clôture. Si elle fe trouve entre une terre labourable & une vigne ou jardin ou pré, comme la vigne, le jardin, le pré ont befoin de clôture, & que la terre labourable n'en a point ordinairement be-foin, on juge que la haye appartient à celui qui a la vigne, le jardin ou le pré.

Lalande fur l'article 252 d'Orleans, tient la même chofe, & pofe un troifiéme cas, qui eft celui où la haye fe trouve entre deux heritages qui ont befoin de clôture, & que pas une des Parties ne montre titres ou marque de proprieté de la haye ou fofié, en ce cas il décide qu'elle eft cenfée commune. *Argum. leg. arboribus*, 19 ff. *commun. divid.* 8 ff. *de fervit. præd. urb.* & 4 ff. *de fervit. leg.*

Ces principes donnez par ces deux grands Auteurs font la vraie explication du prefent article.]

TITRE XXVI.

Des Terrages & Reilhages.

ARTICLE CCCXXIX.

SI aucun a baillé aucune terre à droit de terrage ou *agrier à perpetuel*, & celui à qui elle eft baillée laiffe ladite terre en friche fans la labourer par trois cuillettes, telles que les femblables terres ont accoutumé porter, celui qui a baillé ladite terre peut la reprendre & la mettre en fon Domaine, ou bailler à autre, déclaration fur ce faite par Juge competant. Et néanmoins pourra conclure fes dommages & interêts pour les années paffées, & femblablement des Métairies *perpétuelles*.

Perpetuelles.) Métairies perpetuelles font dans notre Coutume ce que l'on appelle dans celle de Bretagne, terre tenuë à titre de convenant & domaine congeable, dont le Tenancier a le tiers qui

eft fujet à retrait par fes parens, s'il le vend. Sur
le furplus de l'article, voyez Dolive, livre 1,
chapitre 14, avec la Roche-Flavin des Droits
Seigneuriaux, & Mat. feod. c. 3, tit. 1 & 5,
c. 11, art. 5.

* *Agrier perpétuel.*) Cet article nous fait connoître, 1°. Que ce droit n'eft pas feigneurial en
cette Coutume. 2°. Qu'il peut fe ftipuler dans un
emphitéofe à tems, ou un fimple bail à ferme,
qu'en Droit écrit on appelle fimple locaterio,
qu'il peut être ftipulé dans un emphitéofe perpetuel. *Vide* mon quatriéme volume du Champart,
où toutes les queftions qui concernent ce droit
font traitées.]

ARTICLE CCCXXX.

Si la terre qui doit dixme eft en une
Dixmerie ou Village féparé en pâturage,
& les bœufs qui la labourent couchent &
paiffent en une autre Dixmerie ou Village,
le dixme fe part par *moitié* entre les deux
Dixmiers, foient Gens d'Eglife ou autres
à caufe de la fuite de reilhage.

Moitié.) Car on attribuë la moitié des fruits
au travail des bœufs, qui contribuent autant que
celui des hommes : En effet, s'ils étoient donnez
à loyers, ils feroient autant de rapport que les
hommes qui les conduifent, dît *Alex. con.* 77,
num. 2, *liv* 5, comme nous voyons dans notre
Coutume en l'article 134 *fuprà*, que l'homme
conditionné qui fait l'arban avec deux bœufs;
cela eft compté pour deux arbans, l'un pour
l'homme, & l'autre pour les bœufs. Il ne faut
donc pas s'étonner fi dans le cas de dixmes le

Seigneur Décimateur, foit Ecclefiaftique ou Laïc, où demeurent, couchent & paiffent les bœufs, eft en droit de prendre la moitié des dixmes des fruits crûs fur la terre, qu'ils ont été labourer dans une autre Dixmerie.

TITRE XXVII.

Des Crimes & Délits.

ARTICLE CCCXXXI.

SI aucun eft appellé en *jugement* pour une fimple injure, & l'Accufateur ou Accufé ne veulent perfifter, il n'y a amende pour la Juftice que de fept fols. Mais fi l'injure eft atroce portant diffamation, l'amende eft arbitraire.

Jugement.) En fait d'injures ou de crimes. On ne regarde pas d'où l'Accufé qui l'a faite, ou dite, ou commife eft natif, ni où il eft domicilié ; mais le lieu où l'injure a été faite & le crime a été commis, parce que le crime & le délit le rend jufticiable de la Jurifdiction du lieu où il a été commis, & où il doit être puni, *Cod. ubi de crim. agi oportet auth. qua in Provin. Bal. con.* 304, *num.* 2, *liv.* 2.

ARTICLE CCCXXXII.

Action d'injures verbales eft éteinte par *an & jour*, finon que la caufe & action fût dedans l'an intentée.

Jour.) Les Citoyens d'Antioche ayant dit &

fait plufieurs injures à l'Empereur Julien l'Apoftat, il s'en vangea par des injures reciproques qu'il écrivit, & leur envoya, pour montrer le mépris que l'on doit faire des injures d'une populace. Hiftoire Tripart. livre 6, chap. 40.

Il faut remarquer qu'en France on ne peut informer ni décreter pour des injures dites & faites, fi elles font legeres; mais on fait affigner celui qui les a dites ou faites devant le Juge, où l'Accufé fe défend par oui ou non; & en cas qu'il les dénie, l'Accufateur doit amener témoins à l'Audience, qui doivent être fommairement oüis; & fur leurs dépofitions le Juge condamne ou abfout l'Accufé; & au cas qu'on en informât, les Juge & Greffier rendront ce qu'ils en auront reçu pour l'information & pour le refte de la Procedure, comme il a été jugé par les Arrêts dans Papon, *liv.* 8, *tit.* 3, *liv.* 11, *tit.* 2, dans Boniface, *liv.* 1, *tit.* 3, *chap.* 1.

ARTICLE CCCXXXIII.

En cas privilegié, comme d'affurement ou main mife enfraints & brandon enfraint, ou autre femblable, le Procureur d'office n'eft recevable fans qu'il y ait Plaintif ou Dénonciateur. Mais en cas d'excès où il y a fang & playe ouverte ou batture *outrageufe*, il eft recevable de fon office fans Plaintif ou Dénonciateur, pourvu qu'il y ait information précedente.

Outrageufe.) Avec armes offenfives, comme bâtons, pierres, coups de poing ou de pied, & autres inftrumens contendans avec lefquels l'on bat ou l'on frape; car s'il mordoit à belles dents, comme ce n'eſt pas le propre de l'homme de mordre de ſes dents, qui lui ſont données à d'autres uſages, & que c'eſt le propre des chiens, des loups, des ours, des lions, & des autres animaux, qui s'en ſervent pour attaquer & ſe défendre, & que dans les peines qui ſont odieuſes on n'y fait pas extenſion d'un cas à un autre : On n'y pourroit étendre l'article à un homme qui auroit mordu ; car il n'eſt que pour les bleſſures, pour les playes & contuſions faites avec d'autres inſtrumens que les dents, bien que le Poëte Lucrece ait dit, *arma antiqua manus, ungues, denteſque fuerunt.* Balde con. 160, liv. 4.

ARTICLE CCCXXXIV.

Plaintifs ou Dénonciateurs qui ont fauſſement dénoncé, ſont tenus envers Juſtice en l'amende arbitraire & envers Partie en tous interêts & dommages : & s'ils ne pourſuivent leur dénonciation ou plainte, quand ils ont fait Partie ou Procès, & dedans les délais à eux donnez, ils doivent être condamnez en une folle plainte qui eſt arbitraire envers Juſtice, & ès dépens, dommages & interêts de la Partie accuſée. Et combien que le Dénonciateur ou Plaintif ne ſoit au Procès, l'Accuſé après abſolution, doit ſur eux avoir dépens, dommages & interêts, & la Juſtice l'amende.

ARTICLE CCCXXXV.

Le bas & moyen Justicier, s'ils ont un Prisonnier dont ils ne doivent avoir connoissance, le doivent signifier à leur Superieur dedans vingt-quatre heures, pour le venir querir, en payant les frais raisonnables. Et si le Superieur est délayant dedans deux jours après ladite notification faite, lesdits Seigneurs bas & moyen Justiciers ne font plus tenus de la garde. Et l'on pourra avoir recours au Superieur dudit haut Justicier pour ledit refus.

ARTICLE CCCXXXVI.

Si aucun est mis à mort par Justice par son méfait, ses biens ne font pour ce *confifquez*, mais appartiendront *aux heritiers,* si aucuns en a, sinon qu'il eût commis crime de *leze-Majesté divine* ou *humaine.* Toutefois pourra le Juge ordonner sur lesdits biens les frais raisonnables être prins, & les interêts & dommages des Parties interessées.

Confifquez.) Ce qui est conforme à l'Ordonnance du Roi Jean de 1350 pour la Guyenne, qui a réduit les chofes au Droit commun pour la confifcation, qui n'a pas lieu en la Marche aux termes de cet article, non plus qu'en Guyenne. Cette Ordonnance est énoncée dans Benedit, *C. Rayn. in verbo & uxorem, decif.* 5, *num.* 300,

rapportée

rapportée par Feron fur la Coutume de Bordeaux, *tit. de furt. arbuft.* §. 3 , dont il eft parlé dans la Cronique Bourdeloife ; c'eft pourquoi Dumoulin dans fon Apoftille fur le confeil 252 , *de Dec. in verbo non fuerit* , où il dit que l'Autentique *bona, Cod. de bon. profcriptor.* qui remet la confifcation eft gardée en plufieurs Pais de Coutume du Royaume.

Aux heritiers.) Ils ne font pas proprement heritiers, heritant en vertu de l'Autentique *Bona* , d'autant que les condamnez à mort, aux galeres perpetuelles , & au banniffement pour toujours , ne laiffent rien ; mais leurs parens font leurs fucceffeurs, comme feroit le fifc s'il leur fuccedoit. *Bal. con.* 448 , *num.* 2 , *liv.* 1.

Leze-Majefté divine.) Comme l'hérefie, l'impieté , le blafphême, le facrilege & l'athéifme ; fçavoir fi les biens de l'homicide de lui-même doivent être confifquez , puifqu'en attentant à fa perfonne , il entreprend fur l'autorité de Dieu , quoique l'ufage de quelques Provinces du Royaume veut qu'on les confifque, la verité néanmoins eft qu'ils ne le doivent pas être dans cette Coutume , non plus qu'en Pais régi par le Droit écrit , par les raifons de *Corn. con.* 195 , *tom.* 2 , *de Dec. con.* 438 , *de Petrus Fab. L.* 155 , §. 2 , *de Reg. Jur. & de Mayn. liv.* 6 , *c.* 85.

Si ce n'eft qu'il fût prévenu de quelque crime capital, que pour éviter la peine il fe tuât, qui feroit le cas où la confifcation auroit lieu de difpofition de Droit ; mais hors ce cas excepté par les Loix, on ne doit pas confifquer dans cette Coutume , non plus qu'en Droit Civil , les biens de l'homicide de lui-même , ou parce qu'il étoit las de vivre , ou parce qu'il fouffroit de très-grandes douleurs, ou à caufe de quelque chagrin ; car après la mort *quæ refolvit omnia* , il n'y a plus

de peine à impofer, puifque Dieu feul, au dire
de Platon dans fon Phede, s'en referve le châti-
ment en l'autre monde, & par conféquent il n'y
a point de confifcation à prononcer contre un
homme qui n'eft plus, de biens qui ne font plus
à lui, & qui ne peut plus être condamné, ainfi
qu'il a été déja jugé dans la Coutume d'Anjou,
qui a pareille difpofition que celle-ci, par Arrêt
rapporté par Anne Robert, *rer. jud. liv. 1,
c. 1.2.*

Humaine.) Au premier chef, comme fi on
attente contre la perfonne facrée du Roi, ou con-
jure contre lui ou contre fon Etat, la Maifon
Royale, & contre Meffieurs de fon Confeil. Bernard de Pardiac, Duc de Nemours, Comte de la
Marche & d'Armagnac, ayant été condamné à
mort pour crime de leze-Majefté humaine, fes
biens furent confifquez, le Comté de la Marche
confifqué fut donné par Louis XI. à Anne de
France fa fille, Duchefse de Bourbonnois &
d'Auvergne, appellée dans la Coutume, *Madame.*

L'atrocité de ce crime eft fi grande que les
biens fubftituez tombent dans la confifcation par
la condamnation des grevez comme fes biens libres. Ordonnance de François premier de 1539,
rapportée dans le Code Henry, *liv. 8, tit. 5,
art. 7 & 8*, ce qui avoit été jugé par Arrêt qui
y eft énoncé contre le Connêtable de Bourbon,
rapporté par Monfieur le Premier Prefident Lizet
en fon Traité *ad L. quifquis, Cod. ad leg. Jul.
Majeft.*

Quoique Chopin, *liv. 3, de dom. c. 12*, dife
que les biens fituez hors le Royaume appartenans
aux coupables de ce crime, doivent être confifquez, ainfi que ceux qui font dans icelui, qu'il
avoit été ainfi jugé du tems de Louis XI. pour

les biens que Charles Duc de Bourgogne poffedoit, tant en France qu'en Allemagie, dans
l'Empire : Je croi qu'il étend cet Arrêt au-de-là
de fa difpofition, & qu'il faut le reftraindre aux
feuls biens immeubles que le coupable poffederoit
en France, & au mobilier & actions actives qui
fuivent fon domicile en France, qu'il auroit tant
dedans que dehors le Royaume, fans l'étendre
aux immeubles fituez dans l'Empire & autres
Royaumes, qui au dire de Balde, *L. mercatores,*
Cod. comm. liv. 11 , *& de Jacob. de Rhoyd. n.* 17,
ne peuvent être confifquez au profit du Roi, par
la raifon que *cohærent territorio.*

Ce crime de plus n'eft pas éteint par la mort du
coupable, comme font les autres crimes, *L. quif-*
quis, Cod. ad leg. Jul. Majeft. reçue en France par
Ordonnance de 1477, de Louis XI. dans le
même liv. 8 du même Code Henry, *tit.* 5 , *art.* 1,
on fait le Procès à fa memoire, comme nous
voyons en la Loi 6 & en la Loi fuivante, D. au
même titre, que l'Empereur Marcus, tout bon
qu'il étoit, fit condamner Druncianus après fa
mort, parce qu'il avoit été de la conjuration de
Caffius.

Outre que le Roi qui a remis au Païs de Droit
Ecrit & Coutumier la confifcation où elle n'a
point de lieu pour les autres crimes, ne l'a pas
remife pour le crime de leze-Majefté qui le regarde, qui en eft excepté, ne donnant jamais de
privilege contre lui.

Les biens des complices qui n'ont point revelé
les auteurs de ce crime font de même confifquez,
puifqu'ils font fujets à la même peine. *L. utrum*
ad leg. Pompeïam, & les Docteurs deffus. Voyez
Balde, *con.* 58 , *& con.* 59 , *liv.* 1 , où il dit qu'il
n'y a point de crime de leze-Majefté que celui
que l'on commet contre le Roi, l'Empereur, &

contre la Republique de Rome , & non pas contre les Princes inferieurs , ni contre une Ville ou Republique particuliere , telle qu'étoit Florence , Sienne , qui reconnoissoient l'Empereur pour Superieur ; ils tiennent lieu & place de personnes privées.

Parmi les biens confisquez ne sont pas comprises les legitimes des enfans des coupables , ni les supplémens de legitime d'iceux , non plus que les hereditez qu'ils n'ont pas acceptées , ni les fideicommis ouverts qui n'ont pas été par eux recueillis ; car on ne confisque point ce qui est à acquerir, mais ce qui est acquis, Decius *con.* 438, *num.* 6 *& suivans* , après Nellus & les autres Docteurs , & le même Decius , *con.* 442, *num.* 13 *& suivans.* On ne confisque pas non plus les biens prohibez d'aliéner hors de la famille ; car comme le chargé, dit le même Decius au même *con.* 442, *num.* 27 *& 32* , ne les pouvant pas aliéner à un étranger , il peut encore moins les confisquer par son crime.

Article CCCXXXVII.

Le banni ou relegué à certain tems , s'il revient dedans le tems de sa relegation ou bannissement, tout le tems est redoublé. Et si ce nonobstant il revient, ou est trouvé au lieu dedans ledit tems redoublé, il sera banni à perpetuel : & si après il retourne, il sera fustigé & aura les *oreilles coupées.* Et si néanmoins il revient, il sera puni arbitrairement de plus grande peine.

Oreilles coupées.) Imbert en ses Inst. Foren.

liv. 3 , chap. dernier, & d'Expilly , Plaidoyer 25, difent que la Fleur-de-Lys avoit fuccedé à cette peine , & qu'il n'y avoit plus en France deforeille- ment , à caufe que la note en étoit trop vifible, & empêchoit l'eforillé d'entrer en condition, portant les marques d'un larron.

Peine.) Si au lieu de le punir plus feverement, on ne le puniffoit que legerement , comme *ne bis in idem* , il ne feroit pas repuni d'une plus grande peine, *Thom. Ferr. caut. 5 , Papon. tit. 9 , liv. 8 ,* de fes Arrêts , chap. 10 , *Bal. con. 34 , num. 2 liv. 1 , con. 35 ,* fuivant Pline le jeune, *livre 2 , epiſt. 11, Bonif. tom. 3 ,* de fes Arrêts de Provence, *tit. 16 , chap. 3.*

Article CCCXXXVIII.|

Si aucun Marchand mene faux draps ou autre marchandife fauffe , & il eſt prouvé, ladite marchandife doit être arfe & brûlée, ou autrement diftribuée à l'Ordonnance du Juge , & le Marchand condamné en amende arbitraire.

Article CCCXXXIX.

Si aucun Malfaiteur a forfait en la terre d'aucun Juſticier , & s'en va en la terre d'un autre Juſticier, le Seigneur où il au- roit forfait, ou fes Gens le peuvent pren- dre en autre Juſtice : mais ne le peuvent mettre hors de ladite Juſtice , où il fera prins , fans autorité *d'icelle.* Et le doit avoir le Juſticier où il aura délinqué, puif- qu'il l'a le premier prins pour le punir, ou renvoyer fi la matiere y eft fubjecte, pofé que le Délinquant ne fût pourfuivi de chaude fuite. Mais fi le Seigneur en la Jurifdiction duquel il feroit trouvé l'a prins le premier, l'autre Jufticier, en la Jurif-diction duquel il auroit délinqué, ne l'aura point, s'il ne l'avoit pourfuivi de chaude fuite. Et en ce dernier cas fera droit le Jufticier où il fera prins fur le renvoi, *s'il y échet.*

D'icelle.) Ou fi on l'en fort, quoiqu'il femble que le Juge, dans la Juftice duquel il auroit été arrêté, n'auroit pas de raifon de le revendiquer, parce qu'envain lui remettroit-on un Prifonnier qu'il doit incontinent rendre au Juge du délit qui l'en doit punir, *auth. qua in Provincia, Cod. ubi de crim. agi oportet;* néanmoins Balde, *con.* 209, *liv.* 2, décide au-contraire que le Prifonnier lui doit être remis, par la raifon qu'il n'a pas été permis de l'arrêter dans le territoire d'un autre Seigneur, fans la permiffion de fon Juge, que l'on a dû demander avec le renvoi; ce que n'ayant pas été fait, le Prifonnier, comme étant fpolié de fa liberté, doit être remis au Juge du territoire où il a été faifi, & les autres raifons de ce Doc-teur, qui répond fur une efpece femblable à celle de cet article, fur laquelle il étoit confulté, où il étoit queftion de la capture d'un Malfaiteur qui avoit tué dans l'une des Jurifdictions du Duc de Savoye lors Comte, & qui avoit été faifi & arrêté par fes Officiers dans l'un des territoires du Comte de Vertu, & Duc de Milan, où il s'étoit fauvé. Voyez *Jacob. des Rhoyd. num.* 53.

Si le délit avoit commencé dans le territoire

d'un Seigneur Justicier, & auroit été ensuite consommé dans le territoire d'un autre, c'est-à-dire,
que le premier coup & la premiere blessure a été
reçuë en l'un, & le meurtre a été achevé en l'autre, lequel des deux Juges en doit connoître?
Voyez Alexandre, *con. 75, num. 7, liv. 3, con.
216, num. 10 & 11, liv. 6.*

Et si un coup de fusil a été tiré par l'assassin qui
est dans une Justice sur celui qu'il tuë qui est dans
une autre Justice, celui des deux Juges qui pré-
viendra aura la connoissance de l'affaire. *Jul. Clarus, q. 38, num. 9 & 10.*

Si on prend un homme dans une Justice que
l'on dépouille dans une autre, comme le délit a
plusieurs parties divisées, la Jurisdiction & la
peine reçoivent de même leur division ou sont de
même divisées. *Bal. de pace Jur. firm. C. hac edic-
tali, num.11. Alex. même con. 216 aux mêmes num.
10 & 11.*

Si Jacques qui est à Gueret donne ordre à Jean
de tuer Pierre à Aubusson, qu'il tuë ensuite, ce
ne sera pas le Châtelain de Gueret qui connoîtra
du crime, mais celui d'Aubusson où le crime a
été commis & consommé, parce que Jacques n'est
pas coupable de l'ordre qu'il a donné de tuer;
mais du crime qui a suivi son ordre, qui en est
l'exécution; c'est pourquoi il doit être puni au
lieu du délit commis : & si le crime n'avoit pas
été commis, Jacques seroit puni à Gueret où il a
donné l'ordre de tuer. *Alex. au même con. 216,
num. 12 & 13.*

Si l'on commet un vol en une Justice que l'on
porte en une autre, le Juge du lieu où le Voleur
s'est retiré pourra l'en punir, quoique le vol eût
été fait ailleurs, autrement il s'ensuivroit que
l'on pourroit impunément receler les choses volées en d'autres Justices, ce qui n'est pas permis,

F f iiij

L. 1 , *Cod. de his qui latrou.* Et fi on punit les Re-
celeurs , à plus forte raifon doit-on punir l'auteur
du vol & celui qui en a commis le crime princi-
pal. *Bal. con.* 153 , *& con.* 154 , *liv.* 1. *Barth. L. fi*
aominium , *D. de Furt. & Alex.* deffus , qui rapporte les Auteurs qui font pour & contre. Voyez
Balde au même C. *hac de editali de pace Jur.*
firm. num. 11 , ou il dit que les Magiftrats doivent
purger la Province des Méchans & des Scelerats
de quelque Païs qu'ils foient ; & de quelque én-
droit qu'ils y viennent , *L.* 3 , *D. de off. præfid.*
&c.

S'il y échet.) En le renvoyant on envoyera par
même moyen avec lui les charges & informations,
avec les Procedures concernantes le Procès , ou
qui y auroient été jointes , fi aucunes il y en a ;
enfemble les autres informations contre l'Accufé,
& le refte des autres chofes contenuës en l'art. 5,
du titre de la compétance des Juges de l'Ordonnance criminelle de 1670.

Deux François fe battent hors du Royaume ,
l'un tuë l'autre, l'homicide obtient fa grace du
Prince étranger dans la Principauté duquel le
meurtre avoit été commis , qui eft enfuite ente-
rinée par fes Officiers; l'homicide juftifié retourne
en France, où fon Procès lui eft fait & parfait
pour raifon de ce, nonobftant fa grace accordée
par un Prince étranger qui n'étoit pas en droit de
le faire, & l'enterinement d'icelle par des Juges
incompétans. D'Expilly , Plaidoyer 24, Guy
Pape, décifion 104, avec les Auteurs deffus, &
Balde, conf. 393 , liv. 1.

ARTICLE CCCXL.

Si aucun tient fauffe mefure publiquement ou ufe *d'icelle* , l'amende eft arbi-

traire à Madame ès Châtellenies & Sei-
gneuries de la Marche à elle appartenan-
tes, & aux autres esquelles elle a droit de
mesures. Mais ès Châtellenies & Seigneu-
ries dépendans dudit Comté de la Marche
appartenans aux Vassaux ou arriere-Vas-
saux, elle est arbitraire au Seigneur en la
Jurisdiction duquel ladite mesure fausse
sera trouvée.

D'icelle.) S'il y a au-contraire des mesures
plus fortes sera-t-on puni ? Je répons avec Balde,
conf. 155, *liv.* 1, qu'il n'est pas vrai-semblable
qu'on mesure toujours avec ces mesures plus
fortes ; car on n'est pas si simple de donner le
sien. Il est fort suspect qu'on en ait d'autres faus-
ses, qu'on ne montre pas aux Officiers, dont on
se sert ordinairement ; c'est pourquoi ils doivent
s'informer de la verité, si celui qui les tient est
en bonne ou mauvaise réputation, & le punir
s'il se trouve coupable, *L. arbitrio, §. de eo, D.*
de dolo.

ARTICLE CCCXLI.

Si aucun tenu à *peage* payer, passe par
la Peagerie d'aucun Seigneur, sans *payer*
son peage, & il soit convenu du peage
brisé, il sera quitte en le payant, pourvu
qu'il jure & affirme qu'il ne sçavoit qu'il
y eût illec peage, sinon qu'il y eût en-
seigne notoire de peage, ou qu'il eût été
interpellé de le payer : auquel cas ledit
Passant sera amendable de soixante sols,

moitié au Seigneur Justicier , & moitié au
Seigneur dudit peage.

Peage.) Ce droit de peage est un privilege accordé par le Prince à ceux qui le louent , c'est
une prestation que payent les passans par un territoire pour les choses qu'ils conduisent & voitu-
rent , *Pet. de Anch. in C. innovamus , num.* 4 , *ext.*
de consib. Les hommes n'en doivent pas pour leur
personne , quoiqu'on soit en droit d'en prendre
pour tous les animaux qui passent par les lieux
sujets au peage ; car comme l'homme est le plus
digne de toutes les créatures , *L. justissime ,* il en
est exempt.

Il n'est pas non plus dû pour les chapons & autres volailles que l'on y passeroit , non-seulement
parce que l'on ne mene pas ni on ne conduit pas
tels petits animaux que l'on porte ; mais parce
qu'ils font une espece distincte & séparée des autres animaux , qui n'est pas dans les cas odieux
sujets aux droits ausquels les autres sont tenus.
Jacob. L. in quibus , D. de leg. num. 59.

Le droit de peage se peut acquérir aussi-bien
par une possession immémoriale de quarante ans ,
au vû , au sçu du Roi & de ses Officiers sur les
lieux , que par une concession, dit Balde *conf.* 340,
liv. 5 , & telle possession & prescription vaut
Titre , Privilege ou Coutume , ajoute le même
Auteur en son Traité des Fiefs , *quæ funt regalia,*
num. 3 & 4.

Mais le Seigneur qui le leve suivant l'Usage &
la Coutume est obligé de faire refaire les chemins,
ponts & chaussées , de les entretenir en bon état ,
& de les faire netoyer de Voleurs , afin que l'on
y passe aisément & en toute sureté ; sinon le Seigneur est tenu rendre la valeur des choses volées,
& son peage doit étre aboli, comme une servitude

onereuſe & inutile au Public , ſuivant l'Ordonnance de Charles VI. de 1413 , article 242 , où
le Roi ou ſes Fermiers le feront recevoir , & faire
refaire & entretenir les paſſages , & les fera netoyer de Voleurs. Guy Pape , déciſion 413 , & les
Docteurs deſſus.

Payer.) Le peage n'eſt pas dû pour les marchandiſes que l'on décharge dans le territoire où
il eſt levé , & qui y demeurent ; mais pour celles
qui paſſent outre , & qui ſont conduites ailleurs ,
comme il a été jugé par Arrêt dans Corbin , ſuite
des droits de Patronage , chap. 238.

Le droit de peage ne peut être demandé que
pendant que le Marchand Voiturier eſt dans le
territoire où il eſt dû, lui & ſes marchandiſes ; car
s'il en étoit ſorti avec icelles , & étoit entré dans
un autre territoire voiſin , on ne l'y pourroit pas
ſuivre pour le lui faire payer avec l'amende ,
Balde *conſ.* 340 , *liv.* 5 , & eſt dû auſſi-bien pour
les marchandiſes voiturées par eau , comme pour
celles que l'on conduit par terre. Balde au même
conſeil 340.

ARTICLE CCCXLII.

En infraction de main-miſe , l'amende
eſt de ſoixante ſols tournois : outre la reſ-
titution des choſes prinſes & emportées ,
& aſſurement enfraint emporte amende arbitraire.

ARTICLE CCCXLIII.

En cas d'injure & excès , la femme étant
en puiſſance de mari , ou le fils de famille
étant en puiſſance de pere , peuvent eſter

en Jugement, en demandant & défendant, sans autorisation.

ARTICLE CCCXLIV.

Celui qui envoye Gendarmes ou mauvais Garçons en la maison d'autrui pour le piller & outrager en sa personne ou biens, & en est convaincu, doit être condamné en tous les dommages & interêts soufferts & soutenus par icelui ou ceux en la maison desquels lesdits Gendarmes ont été envoyez, & en amende envers le Seigneur & envers les Parties interessées. Et si par lesdits Gendarmes y a meurtre, ou autre crime public commis, celui qui les y aura envoyez comme dessus, en répondra de sa *personne*.

Personne.) En effet, il est plus coupable que les Soldats ou mauvais garnimens qui ont commis le crime, non-seulement parce qu'il est la cause du meurtre & des autres maux faits & commis, mais parce qu'il est plus qu'homicide, délinquant en sa personne & corrompant l'esprit des Soldats & autres, par le moyen desquels il a fait piller, violer, brûler & tuer, & commettre plusieurs autres semblables crimes, & en est le véritable auteur, dit Balde, *conf.* 52, *liv.* 1. Il ne faut donc pas s'étonner si la Coutume veut ici que ce même Auteur qui a causé tant de malheurs en réponde de sa personne, c'est-à-dire, qu'il en soit puni, comme s'il les avoit lui-même commis en personne, Balde *conf.* 103, *liv.* 2, & Dumoulin sur le *conf.* 56 d'Alex. *in verbo in mandato,* liv. 4.

TITRE XXVIII.

De Communauté entre Consors.

ARTICLE CCCXLV.

CE que l'un des communs en biens & consors acquiert des biens *de la communauté*, est acquis à tous ceux d'icelle. Et toutes choses qu'il fait au profit d'icelle communauté reviennent au profit commun, à quelque nom qu'elles soient faites. Et s'il fait aucunes dettes necessaires & utiles, elles se doivent payer des biens communs.

De la communauté.) Il y a de deux sortes de communauté, l'une expresse, l'autre tacite; l'expresse se doit regler par la convention portée par le contrat de Societé; & pour contracter la tacite, *Barth. L. Titium, §. altero, D. de admin. tut.* après Old. veut trois choses concurrentes; sçavoir, que les freres, après la mort de leur pere, vivent ensemble sans aucune division de sa succession, qu'ils rapportent leurs gains en commun & les communiquent, & qu'ils ne se rendent pas de compte. Voyez Decius *conf. 628, ad hoc.*

La communauté tacite est encore présumée par les actes que les communs font ensemble, comme par l'habitation, par participation de la perte & du gain, lorsqu'ils sont capables de contracter communauté, il ne faut pas douter qu'ils ne foient communs, furtout après qu'ils fe communiquent leurs actions actives & paffives, fi ce n'eft qu'elles procedaffent de crime, en ce cas elles ne fe communiquent pas, *L. cum duobus*, §. *damna*, *D. pro focio*, *L. focius*, *D. fi certum petat.* Voyez Balde, *conf.* 19, *liv.* 1.

La communauté fe refout en plufieurs manieres, particulierement par la renonciation, par la mort naturelle ou civile, par la vente de tous les biens par décret, & par l'indigence. Voyez Papon en fes Arrêts, *liv.* 15, *tit.* 2, *Arr.* 28, avec l'addition de Chenu.

Faites.) L'un des communs emprunte d'un ami pour négocier, envers lequel les autres ne veulent pas s'obliger, lui promettant la moitié du gain pour le plaifir qu'il lui faifoit, le commun gagne mille livres, s'acquitte envers l'ami, partage avec lui les mille livres, lui en donne cinq cens, retenant les autres cinq cens livres pour lui, continuë fon commerce, fait de ces cinq cens livres de grands gains, devient fort riche, lui & fes communs viennent à partage de leur communauté; on demande fi ce commun y doit rapporter fes profits ou non? Balde au même *conf.* 19, après avoir divifé les communautez en quatre, décide que non, par la raifon que l'on ne préfumera pas que ce que ce commun a lui feul acquis par fon induftrie, il l'ait voulu jetter & le donner à fes communs qui n'y ont voulu de rien contribuer, ç'auroit été une donation &non une communauté: fi-bien qu'il conclud qu'il n'eft pas obligé, s'il ne veut, de rapporter, à moins que la communauté ne fut generalement contractée, & que le commerce où il auroit gagné auroit été fait au nom d'icelle, ce qui doit avoir ici d'autant plus de lieu, que la Coutume en cet article limite les biens de la communauté, en ce que les communs ou l'un d'eux acquiert des biens d'icelle, qui eſt une ex-cluſion de ce qu'ils peuvent ou peut acquerir d'ailleurs.

* *Ce que l'un des communs en biens.*) Nous l'avons dit *ſuprà*, cette Coutume ne connoît point la communauté *entre conjoints par mariage*, ſi elle n'eſt expreſſément ſtipulée par le contrat.

Les communs dont parle cette Coutume, & qu'elle appelle *conſors*, ſont ceux qui ſe ſont aſſociez de biens, qui vivent enſemble à commun pot & ſel, ou qui jouiſſent enſemble d'une ſuc-ceſſion commune, pourvu, comme le dit fort-bien Jabely, qu'ils rapportent leurs gains en com-mun, & qu'ils ne ſe rendent point compte. *Vide* le Brun, en ſon Traité des Communautez & So-cietez tacites, qui eſt à la fin de ſon Traité de la Communauté entre conjoints par mariage.]

TITRE XXIX,

De dommage de Bêtes.

ARTICLE CCCXLVI.

POur bêtes pâturans en autrui dom-mage, ſoit en bleds, prez, bois taillis, après les trois années & un may, garen-nes ou autres heritages, n'y a point d'a-mende à la Juſtice, s'il n'y a main-miſe, brandons précedens ou garde faite. Mais celui à qui a été fait le dommage, a le choix d'avoir *l'eſtimation* d'icelui, en le

prouvant ou la meffaite coutumiere, qui
eft quant au pourceau deux deniers, pour
la brebis un denier, pour vache ou bœuf
ou autre groffe bête à corne quatre deniers, pour chevre trois fols, pour cheval
ou jument ferrez feize deniers, s'ils ne font
ferrez huit deniers : Et s'il y a main-mife,
brandon ou garde faite, il y a foixante
fols envers Juftice & l'interêt de Partie,
comme dit eft.

L'eftimation.) Ce qui eft défendu de faire par
le Droit commun, *Inft. fi quadrup. pauperi feciffe
dicatur,* l'eft pareillement ici par la Coutume,
qui ajoute & augmente une peine en cet article
& en l'article fuivant contre les contrevenans,
*Argum. glof. not. in clem. Romani in verbo tolli de
elect.* Car fi par d'autres Coutumes il eft permis
de tuer les bêtes ci-deffus énoncées dans l'article,
à plus forte raifon peut-on prendre la méfaite ou
l'eftimation du dommage.

Sans faire difference fi le Maître des bêtes
trouvées en dommage le fçavoit ou l'ignoroit,
l'eftimation du dommage ou la méfaite eft dûe,
Decius con. 55, *num.* 2.

ARTICLE CCCXLVII.

Il eft permis à un chacun de prendre
bêtes d'autrui trouvées en fon fond & heritage lui donnant dommage, & les garder vingt-quatre heures pour être payé de
fa méfaite *coutumiere,* ou du dommage
donné à fon choix & élection. Et eft celui
qui

qui prend lesdites bêtes cru par son serment de les avoir trouvées & prinses en
son dommage, & du tems de la prinse,
quant à recouvrer l'*estimation* du dommage, ou la meffaite coutumiere : lequel
serment il doit faire ès mains de Justice
à ce present, & appellé celui à qui seront
lesdites bêtes : Et se peut faire ladite prinse
sans témoins, mais ès lieux & causes où
il y a amende en prinse de bêtes, il y faut
un témoin.

Coutumiere.) Faute d'être bien gardées ou
lâchées à deffein par les Bergers & autres qui les
gardent, dont le Maître des bêtes prises est tenu.
*Joan. Fab. Inst. si quad. pauper. fecisse dicatur,
num.* 10. *Dec. con.* 199; mais il est permis aux
Paffans & autres de faire paître par leurs chevaux
& bestiaux l'herbe qui pousse le long des chemins
paffans, *De pace ten. C. Federicus,* §. *si quis,* &
Balde deffus au commencement.

Estimation.) Cet endroit de l'article est ci-devant expliqué en l'article précedent *in verbo*
l'estimation.

ARTICLE CCCXLVIII.

Si celui à qui sont lesdites bêtes les
vient requerir dedans vingt-quatre heures,
celui qui les a prinses est tenu les rendre,
en lui baillant gage ou caution de payer
ladite meffaite ou dommage donné. Et
ne les peut le Preneur bailler à Justice
devant lesdites vingt-quatre heures sur

peine d'amende, finon qu'il y eût main-mife ou garde faite. Et fi celui à qui font lefdites bêtes ne vient les querir dedans ledit tems de vingt-quatre heures, celui qui les a prinfes les doit bailler à Juftice le plutôt qu'il pourra, & pour le plus tard dedans fix heures, & dudit tems fera cru par ferment. Et fi lefdites bêtes font advouées par celui fur qui elles font prin-fes, il y a foixante fols d'amende outre la meffaite & dommage, & les pâtures & frais raifonnables. Et s'il n'y a ad-veu, lefdites bêtes font au Seigneur Juf-ticier, comme efpaves, fur lefquelles fera prinfe la meffaite & interêts du Preneur, & frais & pâtures.

Article CCCXLIX.

Si celui qui a trouvé lefdites bêtes en fon meffait ne les a pû prendre, & qu'il s'en foit mis en fon devoir, il le peut dé-noncer à Juftice, pour avoir fadite meffaite coutumiere ou dommage donné. Et eft crû par fon ferment d'avoir trouvé lef-dites bêtes, & ne les avoir pû amener, le-quel ferment fait partie prefente ou ap-pellée, il doit avoir fadite meffaite ou dommage.

ARTICLE CCCL.

Mais s'il s'arrête à avoir dommage donné ne doit être crû de l'eſtimation d'icelui. Ains le doit faire voir & eſtimer dedans quatre jours après la prinſe, comme ſi fait tout autre qui demande dommage donné, par Gens à ce connoiſſans, Parties preſentes ou appellées, pour en faire leur rapport à Juſtice, contre lequel ladite Partie ſera oüie à dire ce que de raiſon. Et ſi le dommage n'eſt eſtimé dedans quatre jours, il ne pourra demander que la meſſaite coutumiere.

ARTICLE CCCLI.

Si aucun fait recours de bêtes prinſes en meſſait d'autrui, il eſt amendable de ſoixante ſols tournois envers Juſtice outre la meſſaite ou dommage donné, dont le Preneur deſdites bêtes aura recours contre celui à qui leſdites bêtes appartiennent.

ARTICLE CCCLII.

Tous prez clos ſont défenſables en tous rems tant & ſi longuement que l'on les tient clos; mais quand ils ne ſont clos, ne ſont défenſables depuis la ſaint Martin d'Hyver juſques à my-Mars enſuivant.

Toutefois pour ce que en plufieurs lieux on a accoutumé faire paître les prez incontinent que le foin en eft hors, l'on ufera comme l'on a accoutumé.

ARTICLE CCCLIII.

Chacun peut prendre en fon Bois bêtes d'autrui pâturans, pofé qu'il n'y ait fruits en quelque tems & faifon de l'an, pour en avoir feulement la meffaite coutumiere. Mais fi efdits Bois y a fruits, ou fi ce font taillis dedans trois ans & un may, ou garennes, on peut demander meffaite coutumiere, ou dommage donné felon que deffus.

ARTICLE CCCLIV.

Et fi lefdites bêtes font prinfes en Bois taillis coupez depuis trois ans, & le mois de May après enfuivant lefdits trois ans, à compter du tems de ladite coupe, y a pour chacune bête à corne, mouton ou brebis, pour chacune prinfe la premiere année trois fols de meffaite coutumiere, pour la feconde année deux fols, & pour la tierce année douze deniers. Et ainfi fe garde en garenne ancienne en tout tems. Et la chevre prinfe en tout tems & faifon de l'an doit trois fols de meffaite.

ARTICLE CCCLV.

Es lieux & champs non cultivez, jaçoit qu'ils foient propres à aucun, comme chaumes, bruyeres, reftoubles & autres femblables qui ne font clos, n'y échet prinfes de bêtes entre ceux d'un même Village & Marchage. Mais fi fait bien ès plants & buiffons vifs fervans à clôture de prez & terres, quand les chevres, bœufs ou vaches y font trouvez, pour en avoir la meffaite coutumiere, ou le dommage donné.

ARTICLE CCCLVI.

Si on garde bêtail en dommage d'autrui à garde faite, l'amende eft de foixante fols tournois à Juftice, & l'interêt & dommage de la Partie à l'eftimation du Juge, vûë & rapport faits comme deffus. Et fi aucune bête eft prinfe de nuit donnant dommage fans garde, il y a foixante fols ou confifcation de la bête, outre l'interêt de Partie : En ce cas y faut témoins.

ARTICLE CCCLVII.

Les champs communs, pâturages, & marchages tant de champs que de bois ès lieux où il y a Bois communs ou Vergiers deftinez à pâturages fe limitent par Villages.

Article CCCLVIII.

Et ne peuvent les Habitans d'un Village aller mener paître & pâturager leur bêtail ès pâturages de l'autre *Village*. Et si ledit bêtail y est trouvé y échet messaite coutumiere, ou dommage donné, sinon que les Habitans desdits Villages ayent par commun entr'eux aucun droit de marchage.

Village.) Quand même ils y possederoient des heritages & des maisons habitables ; car il faudroit qu'ils y fissent residence actuelle & en personne, *Stephan. Bertrand, con.* 51, *num.* 2, *liv.* 1, par la raison que n'étant pas domiciliez dans le lieu où ils ne payent pas ni ne contribuent pas aux charges, il ne seroit pas juste, dit Decius *con.* 550, *num.* 7 & 8, qu'ils jouissent des privileges du même lieu, au nombre desquels est le droit de faire paître leurs bêtes dans les communaux, eux qui sont Forains, nonobstant qu'ils y possedent des maisons & des domaines qui ne les en rendent pas pour cela sujets.

Si ce n'est qu'ils fussent en possession immémoriale de cent ans qui vaudroit titre, suivant Guy Pape, décision 573, les Docteurs & Fererius dessus, Chass. aux endroits citez par le même Fererius, & les autres Docteurs sur la même décision, *Dec. même conf.* 550, *num.* 1. Pour moi j'estime que trente ans suffiroient dans cette Coutume, *à die contradictionis.* Article 89 *suprà*, & article 360 *infrà.*

ARTICLE CCCLIX.

Aucun ne peut eſtiver ou tenir en aucun Village & pâturages communs d'icelui
plus de bêtail qu'il n'en a hyverné, ou
qu'il en eût pû hyverner des foins & pail-
les qu'il a recueilli des heritages qu'il tient
de ſon propre, ou par louage audit Village, *ladite année*, ſur peine d'amende
arbitraire.

Ladite année.) Par la raiſon qu'il en faut avoir
moderement & à proportion des domaines que
l'on y poſſede, *Quia civilis modus in iſtis eſt ſer-
vandus*, L. *ſi cui*, D. *de ſervit.* fait à cet article
la Loi, *item fundi*, & la Loi *uſufructuarium*, §.
fin. D. *de uſufr. Steph. Bertrand con.* 51, au commencement, *liv.* 1, c'eſt pourquoi Alberic de
Roſat. *L. Imperatores*, D. *de ſervit. ruſt.* dit que
ceux qui poſſedent beaucoup d'heritages peuvent
intenter l'interdit *communi dividundo*, contre celui
qui y en poſſede peu, & qui y tient grand nombre
de beſtiaux, afin qu'il n'ait des uſages & des communaux qu'à proportion des domaines & heritages qu'il y poſſede; ce qui a été confirmé par
Arrêt du Parlement de Toulouſe, rapporté par
Férerius ſur la déciſion 483 de Guy Pape, où il
rapporte l'avis des autres Docteurs conformes au
ſien.

ARTICLE CCCLX.

Paſcage ſeul ſans titre n'attribuë droit
de poſſeſſion, ou proprieté ès terres
vacans appartenans à autrui par quelque

laps *de tems que ce foit*, finon qu'il y eût jouiffance après le tems de contradiction, par l'efpace de trente ans.

De tems que ce foit.) Parce que c'eft *meræ facultatis*, qui ne donne pas de titre ; c'eft une efpece de fervitude réelle que l'on ne préfume pas fi on ne la prouve, quand même on feroit dans une quafi-poffeffion, cela n'exempte pas pour cela de prouver comme cela n'exempteroit point fi on étoit en poffeffion des chofes corporelles, Decius *con.* 483 *, num.* 13 *&* 14.

Secus, fi on avoit joui pendant trente ans après la contradiction, comme on auroit joui à titre de Proprietaire & non de Précaire, on auroit prefcrit, Decius au même confeil, *num.* 14, conforme à notre article.

TITRE

✠✠✠✠✠✠ ✠✠✠✠✠✠✠✠✠✠✠ ✠✠✠✠✠✠
✠✠✠✠✠✠ ✠✠✠✠✠✠✠✠✠✠✠ ✠✠✠✠✠✠

TITRE XXX.

Des exécutions de Meubles, Ventes, Criées, & Subhastations d'Heritages.

* D'abord pour l'explication de ce titre, *vide* l'Ordonnance de 1667, titre des saisies & exécutions.]

ARTICLE CCCLXI.

LE créancier qui a obligation ou condamnation sous scel Royal, ou de la Comté de la Marche ou d'aucun Sujet qui a scel à contrats ou d'autre scel autentique de cour laye, ou pour la cause de ses rentes, s'il est en possession, comme dit est dessus, pour soi faire payer de son dû, ou après confession faite par le debteur en la presence d'un Sergent & Témoins de dette non excedant la somme de cent sols tournois, peut par commission suffisante avec ledit obligé, ou condamnation ou sans commission après ladite confession, par un Sergent faire prendre les meubles de son debteur ou de son heritier, déclaration préalablement faite d'être heritier ; pourvu que préalablement il ait

Hh

fommé fon debteur en perfonne ou domicile de lui faire payement, fi en l'obligation n'y a point de terme.

ARTICLE CCCLXII.

Le meuble ainfi prins par l'Exécuteur doit être vendu à la huitaine enfuivant, & la vente en faifant la prinfe être fignifiée au debteur. Et fe doit faire ladite vente en la Place publique du lieu où eft faite ladite exécution.

ARTICLE CCCLXIII.

S'il y a oppofition à ladite prinfe ou vente, les biens prins doivent demeurer en main tierce par forme de garnifon jufques à ce que par le Juge autrement en foit ordonné, & doit l'Exécuteur donner affignation pardevant le Juge par commiffion duquel il a procedé à la huitaine enfuivant, ou à la prochaine affife ès lieux où l'on ne tient que d'affife en affife.

ARTICLE CCCLXIV.

Si le debteur laiffe paffer la vente fans foi oppofer, il ne doit plus être reçu par le Sergent à oppofition, & doit vendre les gages à ladite huitaine après la prinfe à l'Acheteur plus offrant & dernier Encheriffeur. Et à faute d'autre metteur, le créancier eſt reçu à y mettre, & ce fait, doit donner aſſignation à la huitaine en-ſuivant à l'acheteur pour apporter le prix : & au debteur pour voir confirmer la vente.

ARTICLE CCCLXV.

Au jour aſſigné, le Juge, ſi le Défen-deur ne compare, doit par vertu du dé-faut, ſans autre readjournement, confir-mer la vente, & adjuger le prix ſelon qu'il verra. Et ſi le debteur compare, il ne doit de rigueur être plus reçu à oppoſi-tion, mais doit être la vente confirmée, en ſa preſence. Toutefois le Juge, ſelon la qualité des Parties, en pourra arbitrer. Et néanmoins peut de huitaine ou autre tems ſuſpendre l'adjudication ſelon la ma-tiere.

ARTICLE CCCLXVI.

En toutes leſdites exécutions l'exploit du Sergent doit être témoigné d'un ou deux Témoins.

ARTICLE CCCLXVII.

Le créancier, ſi bon lui ſemble, en vertu que deſſus, peut commencer ſon exé-cution ſur le debteur de ſon debteur, & le faire adjourner pour affirmer & dépoſer

ce qu'il doit à fon debteur : & au debteur
pour ce voir faire. Et cependant peut faire
arrêter la dette dûë à fon debteur, en fignifiant l'Arrêt à icelui debteur. Et en
ce cas n'eft befoin que l'Arrêt demeure
fait l'efpace de huit jours : mais fuffit qu'a-
près l'Arrêt & fignification faits on donne
jour competent aux Parties pour comparoir pardevant le Juge, lequel au défaut
du debteur pourra proceder à l'exécution
de ce que fera affirmé par fon debteur.
Et fi le debteur adjourné pour affirmer
ne compare, pourra être readjourné à double peine ou contraint par prinfe de fa
perfonne à venir affirmer, felon que le
Juge arbitrera.

Article CCCLXVIII.

Peut auffi le créancier, fi bon lui femble, commencer fon exécution fur les biens
immeubles & heritages de fon debteur oú
de fon heritier tel déclaré, ou à l'encontre de tiers poffeffeurs, & détempteurs des
chofes immeubles, & aliénées par fon
debteur & fujetes à fon hipoteque, & chacune partie d'icelles foient premieres ou dernieres venduës,& fans garder ordre de dif-
cution ne commencer, premierement, fi
bon ne lui femble ès biens détenus par fon
debteur ou par ledit heritier, mais fuffit
feulement faire par le Sergent inquifition

fommaire de ne trouver meubles fuffifans
pour payer fa dette.

Article CCCLXIX.

Toutefois fi le debteur veut garnir de
biens meubles jufques au debt, & au tiers
plus pour les frais il fera reçu & doivent
furfeoir lefdites criées.

Article CCCLXX.

Le créancier peut faire faifir l'heritage
à lui obligé & hipotequé, & les fruits
pendans en icelui, & qui écherront pendant le Procès des criées, foit contre le
debteur, ou fon heritier déclaré heritier,
ou contre le tiers détempteur des heritages
hipotequez; mais fi le debteur ou fon heritier veulent bailler caution fuffifante de
rendre les fruits ou le prix qui lui feront
adcenfez par l'Exécuteur pendant lefdites
criées, ils feront reçus à les recueillir.
Auffi fera le tiers détempteur en baillant
caution juratoire de ce faire.

Article CCCLXXI.

Lefdites criées faites & parfaites & l'heritage adjugé au créancier, lefdits fruit-
ainfi faifis & arrêtez font rabattus fur la
dette & fur les frais & dépens defdites
criées & procès au profit du debteur, fi

H h iij

le créancier les peut recouvrer. Et feront contraints ceux qui les auront reçus par prinfe de leurs perfonnes comme gardiens de Juftice.

ARTICLE CCCLXXII.

S'il y a oppofant poffeffeur d'aucuns biens criez, prétendant lefdits biens criez n'être hipotequez, il jouira defdits fruits faifis, en baillant caution juratoire de les rendre, s'il eft dit en fin de caufe, comme deffus eft dit, au tiers poffeffeur de l'heritage hipotequé.

ARTICLE CCCLXXIII.

S'il y a débat fur la fuffifance de la caution, l'Exécuteur renvoira les Parties par-devant le Juge, de l'autorité duquel il ufe fans interruption de fes criées.

ARTICLE CCCLXXIV.

En matieres de criées le premier défaut emporte gain de caufe, tant contre le proprietaire qui eft adjourné pour voir adjuger le Décret, que contre les oppofans. Et peut-on encherir l'heritage en quelque état que foit la caufe jufques à ce que le Décret foit expedié & délivré.

ARTICLE CCCLXXV.

L'on peut faire criées en tous jours de l'an, fors les Dimanches & le jour de Noël, le jour de Pâques, le jour de la Pentecôte, le jour de la Fête-Dieu, le jour de Touffains, & les jours & Fêtes Notre-Dame tant feulement. Et en tous autres jours feriez & non feriez au Païs, on doit parachever les criées felon les affignations, & ne peuvent lefdites affignations être diminuées ou prorogées.

ARTICLE CCCLXXVI.

Toutefois fi par fortune l'une des affignations enfuit à un defdits jours feriez deffus déclarez, l'affignation de ce cas eft tranfportée au plus prochain jour non ferié.

ARTICLE CCCLXXVII.

En matiere de criées l'on garde l'ordre & folemnité qui s'enfuit, & qui faut à l'un des points feulement il faut recommencer, & font les criées nulles : Et pour quelque appellation ou oppofition qui furvienne, le Sergent-Exécuteur ne doit differer, mais doit continuer fes criées, & referver toutes oppofitions à la derniere criée, quand il donne affignation pour voir interpofer le Décret. Et doit commencer comme s'enfuit.

ARTICLE CCCLXXVIII.

Premierement, en vertu de commiſſion du Juge & d'obligation ou condamnation ſous ſcel Royal, s'il procede par autorité du Juge Royal, ou d'un Juge de Madame, ou par vertu d'obligation faite ſous le ſcel d'aucun, qui eſt audit Païs Garde de ſcel à contrats. S'il procede par autorité du Baillif ou Juge dudit ſcel ou d'autre ſcel autentique, il doit ſommer la Partie qui eſt debteur, ou celui qui s'eſt déclaré ſon heritier, ou le tiers détempteur des biens hipotequez, èſquels il voudra ſaiſir, de payer la ſomme prétenduë par le créancier.

ARTICLE CCCLXXIX.

Et doit être faite ladite ſommation en perſonne ou domicile, parlant à quelqu'un de ceux qui y demeurent ſi ledit domicile eſt en la Marche : Et ſi le debteur heritier ou tenancier n'ont domicile au Païs, ladite ſommation ſe doit faire audevant de la porte de l'Egliſe du lieu où ſont aſſis les biens que l'on veut ſaiſir, & ce à haute voix & en preſence de témoins, & peut prendre tout délai pour refus, & ce fait faire inquiſition ſommaire de trouver meubles fuffifans, & de tout faire mention en fon Procès verbal de la diligence qu'il en a faite, enfemble de ladite fommation.

ARTICLE CCCLXXX.

Et ce fait doit fignifier à la Partie comme deffus, qu'à faute de payement il prend, faifit & met en main de Juftice l'heritage ou heritages qu'il veut prendre & faifir pour venir au payement du dû. Et en figne de ce pourra mettre au lieu principal un brandon ou autre figne de main-mife ainfi faite.

ARTICLE CCCLXXXI.

Icelle prinfe & main-mife faite, ledit Sergent doit fignifier au détempteur des heritages, foit le debteur, heritier ou tiers poffeffeur, la prinfe defdits heritages, & que la vente fe fait à tel jour, & que les quatre criées enfuivant fe feront par lui; c'eft à fçavoir, la premiere tel jour, la feconde tel jour, la tierce tel jour, & la quatre tel jour, par même fignification, adjournement & notification, fans faire notification particuliere à ladite vente, ne efdites quatre criées, fi bon ne lui femble, & fuffit faire ladite notification à la perfonne du debteur ou de fon heritier s'aucun en y a apparent au Païs, & au tiers poſſeſſeur des heritages criées en perſonne ou domicile.

ARTICLE CCCLXXXII.

Les délais des ventes & criées ſont tels: c'eſt à ſçavoir que du jour de la prinſe à la vente y a quinze jours, & du jour de la vente juſques au premier peremptoire autres quinze jours, du ſecond au tiers quinze jours, du tiers au quart quinze jours, ſans en ce comprendre le jour de la prinſe, ne de la vente, ne deſdits peremptoires : & faut que les quinze jours ſoient francs. Et ſi, comme dit eſt, l'une des aſſignations écheoit à quelque jour qui fût ferié des feries obſervées, l'aſſignation ſera remiſe au plus prochain jour non ferié. Et ſera icelle aſſignation notifiée par ledit Sergent, en faiſant la notification generale des jours deſdites aſſignations, lequel jour il ſera tenu compter par nombre de mois; enſemble les jours de toutes les autres aſſignations.

ARTICLE CCCLXXXIII.

C'eſt à ſçavoir que s'il a fait la prinſe le dernier jour de Juillet, il doit ſignifier qu'il procedera à faire la vente le ſeiziéme jour d'Août. Et ſi par fortune le ſeiziéme jour d'Août eſt ferié, il doit ſignifier qu'il procedera à faire la vente le dix-ſeptiéme

jour dudit mois à caufe de la ferie. Et d'i-
celui dix-feptiéme doit fignifier le premier
peremptoire au deuxiéme jour de Septembre, s'il n'eft ferié, ou autre jour enfuivant,
s'il eft ferié comme dit eft. Et ainfi d'un
chacun defdits peremptoires.

ARTICLE CCCLXXXIV.

Aufdites prinfe, vente, criées & notifications, le Sergent, s'il fçait écrire, peut
proceder fans Notaire avec deux témoins :
finon doit avoir avec lui un Notaire &
deux témoins qui fignent fon Procès verbal
pour y ajouter foi. Et fi le Sergent étoit
empêché qu'il ne pût parachever par ma-
ladie ou autrement, ou le premier Notaire & les témoins ne puffent affifter à
toutes les affignations : Autres Sergens,
Notaires & témoins pourront être fubrogez & parachever ce que les premiers ont
commencé. Et fi par fortune au lieu où
lefdites criées font commencées y avoit
pefte ou autre inconvenient que l'on ne
pût parachever lefdites criées, pourront
être continuées & parachevées au plus
prochain lieu notable, en fignifiant ce que
dit eft par l'Exécuteur aux appellez en particulier.

ARTICLE CCCLXXXV.

Après lesdites significations particulieres faites au debteur & tiers détempteur,
le Sergent se transportera en la Place publique du principal lieu de la Justice où
les heritages criez sont situez & assis. Et
illec à cri public & à haute voix aux lieux
accoutumez à faire criées & proclamations,
& en la presence desdits Notaires & témoins signifiera ladite prinse, assignation
de vente, & assignation des autres criées
en general à tous ceux qui peuvent prétendre interêts à icelles criées. Et que s'il
y a aucun qui se veuille opposer esdites
criées & prétendre droit ès heritages, qu'il
vienne, autrement n'y aura plus de recours. Et à chacune desdites assignations
& criées répétera ce que dit est en effet
& substance, & en fera ou fera faire audit
Notaire mention en son Procès verbal.

ARTICLE CCCLXXXVI.

Au jour que ladite vente sera assignée
l'Exécuteur étant en la Place publique pas-
sera icelle vente desdits heritages criez en
la presence ou absence des appellez en
particulier, & aussi des appellez en general, & estroussera verbalement les heritages vendus au plus offrant & dernier

encherifleur : fauf que fi pendant lefdites criées aucun offre greigneur pris il fera reçu. Et y peut mettre le créancier ou fon Procureur à la requête duquel lefdites criées font faites.

Article CCCLXXXVII.

Après laquelle vente ainfi faite en ladite Place publique, faudra affigner dèslors, à cri public, journée, tant ès appellez en general qu'en particulier à comparoir fur ladite Place : & pour le premier peremptoire au jour après la quinzaine enfuivant à compter comme deffus.

Article CCCLXXXVIII.

Et ledit jour advenu faire en ladite Place en l'abfence ou prefence des appellez en general ou particulier femblables intimations que deffus, & déclarera ledit Exécuteur qu'il paffe le premier peremptoire, & donnera affignation pour le fecond peremptoire après l'autre quinzaine enfuivant : & ainfi de peremptoire en peremptoire jufques au quart.

Article CCCXXXIX.

Et après ledit quart & dernier peremptoire parfait & parachevé, ledit Sergent Exécuteur doit derechef fe tranfporter en

ladite Place & donner jour à tous appellez
en general pour venir voir interpofer le
Décret ; & auffi fe tranfporter ès perfonnes ou domiciles du debteur, ou fon heritier & des tiers détempteurs, & leur donner
affignation à jour certain & competant pardevant le Juge par autorité duquel lefdites
criées font faites & conduites, pour voir
confirmer la vente, interpofer le Décret,
proceder fur l'adjudication du prix, déduire leurs caufes d'oppofition, & proceder comme de raifon.

Article CCCXC.

LeditSergentdoit fufpendre toutes oppofitions jufques au dernier peremptoire inclufivement,defquelles oppofitions felon qu'elles font faites durant lefdites criées, il doit
faire mention en fon Procès verbal. Et
ledit quart peremptoire paffé doit en particulier à tous lefdits oppofans, parlant à
leurs perfonnes, ou en leurs domiciles s'aucuns en ont au Païs, ou s'ils n'ont domicile au Païs, lui étant en ladite Place publique, affigner jour aufdits oppofans après
ledit peremptoire, & à tel jour qu'il donne
affignation au détempteur, ou debteur,
pour voir interpofer le Décret. Et ne doit
furfeoir par appel ou oppofition jufques au
quart peremptoire inclufivement, s'il ne

lui eſt inhibé ou défendu par ſon Superieur, Parties oüies.

ARTICLE CCCXCI.

Par vertu du défaut obtenu contre les
appellez en general & particulier, les
criées, ſi elles ſont ſolemnellement faites
comme dit eſt, leſquelles à cette fin doivent être vûës par le Juge, doivent être
confirmées à la charge des droits & devoirs ſeigneuriaux anciens : poſé ores
que le Seigneur direct ou cenſier ne ſe
ſoit oppoſé ; mais s'il lui eſt dû arrerages, il les perd s'il ne les déduit par oppoſition.

ARTICLE CCCXCII.

Et doit être preferé celui qui a fait les
frais & dépens deſdites criées & de l'in-
terpoſition du Décret : pour leſquels frais,
celui qui a fait faire les criées eſt préferé à tous autres créanciers, poſé qu'il
ſoit ſubſéquent en datte. Et après eſt préferé le Seigneur foncier pour les arrerages, pour leſquels s'eſt oppoſé. Et doit le
Juge proceder à la diſtribution du prix
entre les oppoſans, ſelon leur ordre de
priorité & poſteriorité & privilege des
oppoſans, ſoit que le Décret ſoit interpoſé
par défaut, ou Parties oüies par connoiſſance de cauſe.

ARTICLE CCCXCIII.

Le dernier encherisseur est tenu & peut
être contraint par prinse de sa personne de
consigner en deniers comptans le prix auquel il aura mis & encheri les heritages
criez, soit créancier ou autre : sinon que
le créancier soit préféré aux autres par la
Sentence de l'adjudication : & que les heritages ne valent ou soient mis outre son
dû, autrement est tenu consigner avant
qu'en avoir délivrance, ce que se montera
ledit prix outre le dû pour lequel il est préferé, sans faire aucun rabat pour l'éviction
ou autre chose; car l'acheteur est sûr après
l'interposition de Décret, & n'y a en ce
aucune éviction.

ARTICLE CCCXCIV.

Si pendant les criées encommencées,
& auparavant l'assignation baillée aux Parties pour voir confirmer, advient mutation
de personnes par le décès des créancier,
debteur ou tiers détempteur, ou de l'Exécuteur, l'on peut par même pouvoir &
Sergent, ou par autre sans autre adjournement nouvel parachever lesdites criées, &
donner assignation aux Parties : & ne sont
pour ce reputées interrompuës.

ARTICLE

ARTICLE CCCXCV.

Si l'Exécuteur de biens meubles ne parfait fon exécution dedans le mois, le Seigneur Jufticier en la Jurifdiction duquel les gages auront été commandez, les pourra délivrer à la Partie, fans préjudice du droit du créancier.

ARTICLE CCCXCVI.

L'Exécuteur ne peut donner en vente ou délivrance de meubles fans permiffion du créancier & du debteur fur peine d'amende arbitraire plus long délai que d'un mois, ne moindre que d'huitaine. Et ne doit mettre les gages en taverne, ne foi faire payer de fon exécution par le debteur, fi ce n'eft du confentement des Parties, ne procedera à actuelle délivrance fans autorité de Juge.

ARTICLE CCCXCVII.

S'il y a appel interjetté par celui qui eft obligé ou condamné ou fon heritier, l'Exécuteur ne doit différer qu'il ne garniffe la main de Juftice de meubles, s'il en trouve, finon qu'il lui foit inhibé par Sentence, Parties oüies.

Ii

ARTICLE CCCXCVIII.

Meuble n'a point de fuite quant au droit d'hipoteque, tellement que celui à qui on a obligé biens meubles ou immeubles, pert fon hipoteque fur le meuble, fi le debteur ou heritier l'a vendu & mis en main tierce.

* Cet article eft de Droit commun coutumier, il eft femblable au cent foixante-dixiéme de la Coutume de Paris.]

ARTICLE CCCXCIX.

S'aucun fait adjourner autre comme debteur de fon debteur, pour venir affirmer & dépofer, & le debteur pour ce voir faire : & ledit debteur principal s'oppofe à l'arrêt, le créancier doit payer les dépens au debteur adjourné pour affirmer, fauf à les recouvrer fur fon debteur. Le créancier peut proceder par prinfe de corps fur la perfonne qui à ce lui eft obligé, fans premierement commencer fur fes autres meubles ; mais en garniffant de gages exploitables, le debteur fera élargi.

ARTICLE CCCC.

Allans & venans à Foires & *Marchez*, ou en cour & affife pour expedition de leurs caufes, dont ils feront tenus faire affirmation & par ferment, ne peuvent pour dettes civiles ledit jour être arrêtez ou emprifonnez, ne pareillement leur marchandife.

Marchez.) *Hoc intellige intra metas hujus confuetudinis tantùm,* Dumoulin fur la Coutume d'Auvergne, tit. 24, art. 62.

Ou en cour.) *Hæc indefinita æquipollet univerfali, fed indifferentibus tantùm amplio fi fit condemnatus per Arreftum & exequitur & compellitur infrà metas hujus confuetudinis, fecus fi executio fit ex caufa fpeciali habente fpeciale privilegium de Jure vel de confuetudine, ut fi condemnatus eft, tanquam depofitarius cogetur in nundinis pro principali, fed non pro expenfis,* L. *penultima,* Cod. *depofit. fed an privata pactione renuntiari poffit huic confuetudini? Verius puto quod non favore nundinarum, hoc enim principaliter favore publico introductum eft,* ajoute le même Dumoulin fur les mots, *ou matiere civile.* Voyez de *Ripa tract. de pefte,* où il dit qu'il y a un Statut pareil à Pavie, le tout en faveur de l'abondance dans les Villes.

Article CCCCI.

En matiere de criées quant au debteur ou fon heritier, ne pareillement contre autre détempteur, contre lequel aura été donnée Sentence de déclaration d'hipoteque, délai de garant formel n'a point de lieu, mais feulement fommation : & où le tiers détempteur n'auroit

Sentence de déclaration donnée avec lui ou son prédecesseur universel, il peut avoir son garant.

Article CCCCII.

Si pendant le Procès de criées entre plusieurs opposans, le debteur appointe à celui qui a fait conduire lesdites criées, les autres pourront reprendre ledit Procès, & sera tenu le debteur leur répondre nonobstant ledit appointement : & en ce cas le Juge arbitrera des dépens de criées.

Article CCCCIII.

Celui qui est obligé par prinse de corps & de biens avec la clause qu'il ne soit reçu à dire contre l'obligation sans préalablement consigner, n'est reçu à aucune exception, ne alleguer payemens sans consigner en deniers comptans : sinon qu'il justifiât promptement & sans aucun délai, par scel ou par écrit desdits payemens, ou de vice visible contre la teneur de l'obligation, ou que de la teneur d'icelle, ou que de ses payemens, il voulut croire le créancier par serment.

ARTICLE CCCCIV.

A faute de biens meubles trouvez en la puissance du Sujet en Justice, le Seigneur Justicier peut proceder par arrêt de la personne de sondit Sujet pour les amendes & défaux procedans des matieres d'excès : aussi fait-il contre les Forains trouvez en sa terre pour les choses dessus dites, jusques ils y ayent baillé gage ou caution sujette dudit Seigneur pour ester à droit à l'Ordonnance de Justice.

ARTICLE CCCCV.

Esdits cas où le Seigneur peut proceder par arrêt de personnes, le Sujet ne doit payer aucuns frais fors pour entrée deux deniers & autant pour issuë, & les dépens raisonnables, si le Concierge le nourrit ; & néanmoins se peut nourrir du sien sans autres dépens.

TITRE XXXI.

D'Affiette de Rente..

ARTICLE CCCCVI.

TOus cens & rentes dûs. & affis fur fonds & heritages certains, francs & quittes d'autre charge, *emportent directe Sei-gneurie, s'il n'appert du contraire.*

* *Emportent directe. Seigneurie. s'il. n'appert du contraire*) Cet article eft conforme au trois cens quatre - vingt-douzième de Bourbonnois. Mais quoiqu'il emporte directe Seigneurie, cependant en cette Coutume cela n'emporte pas droit de lods & ventes, cela emporte feulement droit de retenuë cenfuelle, & droit de taille aux quatre cas. Art. 130 *fuprà*, & 412 *infrà*.

Vide ma Note fur l'article 179, où j'ai expliqué ce que veut dire le mot *franc*, heritage *franc*, qui ne laiffe pas de devoir taille aux quatre cas. C'eft ce qui fe manifefte par l'art. 130 *fuprà*.]

ARTICLE CCCCVII.

Celui qui doit faire affiette en la Marche doit fournir les deux parts en deniers, & le tiers en bled.

ARTICLE. CCCCVIII.

Qui vend rente annuelle ou eft tenu de la bailler, fans fpécifier que ce foit rente en directe Seigneurie ou fondalité, il eft quitte en fourniffant rente ou revenu rendable, fans droit de directe Seigneurie ; que l'on appelle rente feiche, fur heritage qui la puiffe porter, mais qu'il baille les deux parts en deniers, & le tiers en bled.

ARTICLE CCCCIX.

Qui commence à faire affiette en un lieu, foit rente rendable ou en directe, il doit parfournir audit lieu toute l'affiette qu'il doit faire fans y rien retenir, & fi ce qu'il y a ne fuffit, il doit parfaire de prochain en prochain fans rien retenir, au lieu qu'il baille par affiette jufques à perfection d'icelle.

ARTICLE CCCCX.

On peut bailler pour fon acquit toutes chofes immeubles en affiette de rente coutumiere ou rendable, felon les eftimations qui ci-après feront écrites. Et qui n'a bled de rente pour faire le tiers qu'il faut payer en bled, on peut fournir argent pour bled à l'eftimation ci-après déclarée, & è contrà.

Article CCCCXI.

Si aucun doit faire affiette portant directe Seigneurie, & il n'a que rente rendable feiche, il peut bailler fa rente rendable en deniers pour le tiers moins : tellement que les douze fols de rente rendable ne vaudront que huit fols de rente d'affiette coutumiere : & au-contraire qui doit rente rendable, & n'a que rente fonciere pour payer, il la peut bailler pour le tiers plus ; c'eft à fçavoir que celui qui doit trente fols de rente rendable ou feiche, eft quitte en payant vingt fols de rente fonciere portant lods & ventes, s'ils font dûs au lieu, ou autres droits de directe.

Article CCCCXII.

Si la rente portant directe ou fondalité n'emporte droit de lods & ventes par la Coutume des lieux, elle n'eft point moins eftimée que fi lods & ventes étoient dûës ; car la directe emporte Taille aux quatre cas, droit de retenuë ou prélation fpéciale, & premiere hipoteque fur l'heritage qui la doit, & autres droits.

Article CCCCXIII.

Les bleds qui fe doivent bailler par le tiers de l'affiette coutumiere, fe doivent bailler,

bailler à la mesure du Chef de la Châtellenie en laquelle est assise la rente que l'on
doit bailler, & où elle est ressortissant.

ARTICLE CCCCXIV.

Le commun prix de valuë de rente rendable & seiche, c'est au sol la livre. C'est
à sçavoir, vingt sols de rente rendable pour
vingt livres; & la rente en directe Seigneurie le tiers plus, c'est à sçavoir, vingt
sols de rente sont bien reputez achetez
trente livres.

ARTICLE CCCCXV.

Qui a fours ou moulins bandiers, étangs
ou dixmes, & les veut bailler en assiette,
l'on doit faire estimation de ce que lesdites
choses ont valu, ou pu valoir les trois
dernieres années, & perception de fruits
tous frais faits; & d'icelles trois années
prendre la commune, de laquelle année
commune sera rabattu un tiers, tant pour
les cas fortuits que pour les droits de directe; & les deux tiers seront prins en assiette de rente, & vaudront rente assise
pour ce qu'ils pourront monter : car les
deux parties desdits deux tiers seront con-
verties en argent, & sera ledit bled quant
aux deux tiers baillé pour le tiers plus, &
le tiers demeurera en sa nature pour bled

K k

de rente. Et ceci a lieu quand les Fermes
se baillent en bled, comme si un dixme,
four ou moulin s'accensent en bled. Et
une année ont valu six septiers, l'autre année quatre, & une autre année deux, qui
font douze septiers pour les trois années;
ils seront prins pour la commune année
pour quatre septiers de bled par an, desquels quatre septiers de bled sera rabattu
un tiers, comme dit est, pour les cas fortuits & directe, & les deux seront prins
en assiette. C'est à sçavoir, le tiers pour
bled, & les deux tiers pour argent, à la
valuë du tiers plus que ne vaut bled en assiette : c'est à sçavoir, que lesdites deux
parts seront baillées pour le tiers plus que
ne vaut le bled en assiette.

ARTICLE CCCCXVI.

Et si le revenu de telles Fermes consiste
en deniers, les deux tiers dudit tiers viendront en assiette; en telle maniere que le
tiers d'iceux deux tiers sera encore diminué
d'un tiers, comme si les deux tiers de l'année commune revenoient à neuf livres,
lesdits deux tiers ne vaudront que huit livres, dont y aura six livres en deniers, &
quarante sols pour bled; & ainsi sera d'un
colombier déduction faite, comme dessus,
& rabattus les frais que pigeons coutent à
nourrir. Et pareillement sera faite sembla-

ble eftimation d'une garenne à trois années
pour revenir à la commune, en faifant déduction comme deffus, felon la qualité &
quantité d'icelle garenne franche & quitte
de tous cens & rentes.

ARTICLE CCCCXVII.

Sefterée de terre de froment étant en
labour capable de porter bled chacun an,
fe baille pour un feftier froment de la mefure du chef de la Châtellenie où elle eft
affife : & fe prendra ladite terre à ladite
mefure. Et fi ladite terre eft en friche ou à
ufe, elle fe prendra pour une emyne.

ARTICLE CCCCXVIII.

Sefterée de terre à feigle portant un an
& autre non ouverte, & étant en nature
de labour à la mefure du chef où elle eft
affife, fe prend pour emyne feigle de ladite
mefure : & fi elle eft en friche, elle fe prend
pour une quarte.

ARTICLE CCCCXIX.

Un journal de pré, quand il fe baille
pour bled, fe baille pour cinq fols, &
quand il fe baile pour argent, fe baille
pour fept fols & demi.

K K ij

Article CCCCXX.

Un feu de Juſtice en tout droit de Juriſdiction haute, moyenne & baſſe, reſidant
& tenant feu, ſe baille pour cinq ſols de
rente aſſiſe, baillent les deux tiers en deniers, & le tiers en bled.

Article CCCCXXI.

Toutes autres choſes fors les deſſus dites
ſe mettent en aſſiette pour eſtimation d'argent en la maniere qui s'enſuit. C'eſt à
ſçavoir, arpent ou ſeſterée de bois de haute
futaye qui a paſſé trente ans, où il y a
chênes, ſaulx, ou châteigners, l'on eſtimera
ce que le bois qui eſt ſur terre peut valoir, à
vendre pour une fois, & de ladite eſtimation ſera prins le tiers; & icelui tiers prins
pour autant de rente en deniers qu'il vaut,
à l'eſtimation de trente ſols le ſol, comme
ſi le tiers vaut ſoixante ſols, ſera prins pour
trois ſols en deniers. Et outre ce la ſeſterée
pour quatre deniers pour la terre; & ainſi
des bois de haute futaye qui ſont moindres
de trente ans.

Article CCCCXXII.

Seſterée de terre herme, qu'on appelle
chaulmes & pâchiers de bêtes ſe baille en
aſſiette pour quatre deniers.

· ARTICLE CCCCXXIII.

Arpent de bois revenant de chêne pour la plûpart, qui eft bien peuplé, fe baille pour cinq fols en deniers, & eft à dire, arpent autant qu'une fefterée. Et fera prinfe à la mefure du chef de la Châtellenie où elle eft affife.

ARTICLE CCCCXXIV.

Arpent ou fefterée de pâtural étant en nature & paiffant, deux fols fix deniers ; & s'il n'eft en nature, mais en buiffons, dix-huit deniers.

ARTICLE CCCCXXV.

Toute rente ordinaire, foit en bled ou en argent, dûë en droit de fervitude ou mortaillable, fe prend en affiette au choix de celui qui la baille, ou pour le double plus que rente en franchife, ou fonciere fimple, deniers pour deniers, bled pour bled, geline pour geline.

ARTICLE CCCCXXVI.

En telle maniere que le fol vaut deux fols de rente, le feftier de bled deux, la geline deux en toute directe : & en ce faifant les arbans, bians & vinades & autres droits de fervitude ne font pour rien comptez ; & s'en vont avec ledit double, ou

celui qui doit bailler & faire ladite affiette,
pourra bailler ladite rente tenuë en droit
de fervitude, pour le prix de rente en autre
directe non tenuë en droit de fervitude.
Et outre pourra icelle bailler pour un quart
davantage pour le double d'Août, & droit
fucceffif : & outre pourra bailler chacun arpent pour fix deniers, vinade pour cinq fols
tournois.

Article CCCCXXVII.

Mais vinades & arbans qui font deus par
rente ordinaire font baillez ; c'eft à fçavoir,
vinade entiere pour quinze fols de rente en
deniers.

Article CCCCXXVIII.

Corvée ou manœuvre de rente, fix deniers.
Un faucheur ou meftiveur pour journée,
    xij. deniers.
Corvée à bêtes à bâts,   xij. deniers.
Charge de bon vin & de bon terroir,
    xxxv. fols.
Tonneau de miel,   xxxv. fols.
Tonneau de verjus de pommes,   xij. fols
    vj. deniers.
Tonneau de verjus de grain,   xx. fols.
Connil,   xij. deniers.
Perdrix,   ix. deniers.
Oye,   xij. deniers.
Oyfon,   vj. deniers.

Livre de cire,	xviij. deniers.
Geline,	vj. deniers.
Poulet,	iij. deniers.
Chappon,	xij. deniers.
Chapponneau,	vj. deniers.
Mouton avec laine,	v. fols.
Veau,	v. fols.
Chevreau,	xviij. deniers.
Agneau,	xviij. deniers.
Cochon,	viij. deniers.
Livre de fourmage,	iiij. deniers.
Livre de beurre,	iiij. deniers.
Livre de fuif,	iiij. deniers.
La toifon d'une brebis ou mouton,	xij. den.
La chair du mouton,	ij. fols fix den.
Pigeon,	j. denier.
Livre de plume,	viij. deniers.

La trouffe de foin pefant trois quintaux, ij. fols vj. deniers.

Somme de rabes ou naveaux, xij. deniers.

La charretée de foin pefant quinze quintaux, xij. fols vj. deniers.

Charretée de paille,	ij. fols.
Charretée de bois à deux bœufs,	xij. den.
Quatre œufs,	j. denier.
Livre d'huile de noix,	iiij. deniers.

Quarte de fel à quatre coupes mefure de Gueret, ij. fols tournois.

Charrois en deux paires de bœufs & charrette pour jour, ij. fols.

En tems d'Hyver, xij. deniers.

K K iiij

ARTICLE CCCCXXIX.

Et s'entend quand les choſes ſuſdites ſont
aſſiſes ſur heritages francs & quittes ſuffi-
ſans pour les porter.

ARTICLE CCCCXXX.

Qui doit faire aſſiette de rente ou revenu
ſans autre adjection, combien qu'il ne ſoit
tenu bailler rente en directe, ſi eſt-il tenu
aſſeoir rente ſeiche les deux tiers en deniers,
& le tiers en grain.

ARTICLE CCCCXXXI.

Le ſeſtier froment de rente portant directe à la meſure de Gueret, d'Aubuſſon ou
de Felletin ſe baille en aſſiette pour ſix ſols.
Le ſeſtier ſeigle,   iiij. ſols.
Avoine,   ij. ſols viij. deniers.

ARTICLE CCCCXXXII.

Le ſeſtier froment à la meſure d'Ahun ſe
baille en aſſiette pour quatre ſols ſix den.
Le ſeſtier ſeigle pour   iij. ſols.
Le ſeſtier d'avoine pour   ij. ſols.

ARTICLE CCCCXXXIII.

Le ſeſtier froment meſure de Croſant ſe
baille en aſſiette pour   v. ſols.
Le ſeſtier ſeigle pour   iij. ſols.
Le ſeſtier d'avoine pour   ij. ſols vj. den.

ARTICLE CCCCXXXIV.

Et le feftier de pois & féves au prix du feftier froment.
Le feftier d'orge au prix du feftier feigle.

ARTICLE CCCCXXXV.

Et le feftier de rente en directe qui fe baille pour rente feiche; fe baille pour un tiers plus; c'eft à fçavoir, ce qui vaut fix fe baille pour neuf : & de plus plus, & de moins moins.

ARTICLE CCCCXXXVI.

Quand aucun doit faire affiette en toute Juftice & directe, la Juftice eft comprife & comptée en ladite affiette à cinq fols pour feu, l'homme reffeant en toute Juftice haute, moyenne & baffe, comme dit eft. Et en Juftice baffe jufques à foixante fols pour trois fols. En Juftice haute ou moyenne feulement pour deux fols. Et en Juftice baffe ou moyenne pour quatre fols.

ARTICLE CCCCXXXVII.

Mais fi tels hommes font fujets en reffort, le reffort ne fera pour rien compté, combien que celui qui baille l'affiette ne le pourra retenir.

ARTICLE CCCCXXXVIII.

Droit de Fief noble ne se baille en affiette que pour la centiéme partie de ce
qu'il vaut. En telle maniere que si celui qui
fait l'affiette à un Fief tenu de lui qui vaille
cent livres de rente, il le pourra bailler
pour vingt sols en deniers de rente, & non
plus, sinon que le Fief fût chargé d'aucune
rente ordinaire, laquelle se prendra à l'estimation des autres selon sa qualité.

ARTICLE CCCCXXXIX.

Bâtimens ou édifices séparez de rente ou
heritages baillez en affiette ne se baillent
pour rien, & n'est-on tenu de les prendre
pour rien; mais si lesdits bâtimens ou édifices sont comprins dans les domaines ou
heritages baillez en affiette, ils pourront
être baillez pour l'estimation de la dixiéme
partie de rente, pour laquelle ont été baillez en affiette les heritages & rentes dépendans desdits édifices.

ARTICLE CCCCXL.

Et tous autres droits & devoirs, tailles,
revenus & prééminences & choses franches
qui ne sont ci-dessus appréciées, sont baillées & prinses en affiette de rente, à l'estimation de gens à ce experts, selon ce que
peuvent porter de cens & rente annuelle;

eu égard ès autres deſſus dites eſtimées & appréciées. En faiſant rabat tel que deſſus dit des choſes muables & des ordinaires immuables, en rabattant le tiers pour l'in-terêt de la directe.

Publication deſdites Coutumes.

Les Coutumes & Articles ci-deſſus écrits ont été lûs & publiez en la Ville de Gue-ret par Maître Jean Bonnet, Licencié en Loix, Avocat de Madame & Monſeigneur les Ducheſſe & Duc de Bourbonnois & d'Auvergne, Comteſſe & Comte de la Marche. Par Ordonnance & ès preſence de nous Roger Barme, Préſident, & Ni-cole Brachet, Conſeiller du Roi notre Sire en ſa Cour de Parlement, commis & dé-putez par ledit Seigneur pour faire ladite publication. Leſquelles Coutumes & Arti-cles autres que ceux deſquels eſt faite mention en notre Procès verbal qu'elles ſoient *Nova*, avons déclaré être les Cou-tumes du haut Païs du Comté de la Marche. Selon leſquelles avons commandé au Sé-néchal de la Marche illec preſent, à ſon Lieutenant, & à tous Juges dudit haut Païs du Comté de la Marche, qu'ils ayent à juger, décider & terminer tous les Procès mus autres que ceux eſquels eſt ja faite en-quête ſur les Coutumes, & ſemblablement les autres Procès à mouvoir. En défendant

par exprès à tous Avocats qu'ils n'ayent
dorénavant alleguer, poſer ou articuler aucunes Coutumes contraires ou dérogeantes
à icelles. Et à tous Juges dudit haut Païs
d'icelui Comté, que pour la preuve des
Coutumes & Articles deſſus dits, ils n'ayent
à recevoir aucuns témoins en turbe, ains
pour la vérification d'icelles ils ayent à
prendre extraits par le Greffier de la Sé-
néchauſſée, ou par le Greffier de la Cour
de Parlement. Sans préjudice des oppoſitions particulieres, des oppoſans deſquelles
eſt faite mention en notre Procès verbal,
pour leſquelles décider les avons renvoyées
en la Cour de Parlement à deux mois. Et
cependant pourront mettre & produire par-
devers nous tout ce que bon leur ſemblera,
& ce ſans préjudice des droits du Roi,
leſquels par exprès avons reſervé au Procureur General dudit Seigneur, ainſi que
plus à plein eſt contenu en notre Procès
verbal. Et en tant que touchent les Coutumes nouvelles, avons ordonné que leſdites Coutumes demeureront écrites, comme accordées par les trois Etats, ou la
plus grande partie d'iceux; mais l'autoriſa-
tion & décret d'icelles avons reſervée au
Roi notre Sire, en lui ſupliant très-hum-
blement, que ſi ſon bon plaiſir eſt icelle
autoriſer, ſon plaiſir ſoit reſerver la déciſion des oppoſitions d'aucuns Particuliers

oppofans en petit nombre à la Cour de Parlement. Et eft nonobftant cette prefente
publication refervée aux Seigneurs Jufticiers qui prétendent droit particulier fur
leurs Sujets plus ample que par ces prefentes Coutumes, d'ufer de leurs droits, fi
bon leur femble, & à leurs Sujets leurs défenfes au-contraire; & auffi avons refervé
aux Sujets d'ufer des privileges, libertez
& franchifes qu'ils prétendent leur compe-
ter & appartenir, comme de raifon, & aux
Seigneurs leurs défenfes au-contraire. En
témoin de ce, Nous avons ci mis nos feings
manuels, & fait figner par noble homme
François de Maulvoyfin, Ecuyer, Seigneur
de la Forêt Maulvoyfin, & Boftpeche,
Senéchal de la Marche, Maître Jacques
Meuron, Licencié en Loix, Garde & Lieutenant General de ladite Senéchauffée, &
Maître Pierre Magiftri, Greffier d'icelle
Senéchauffée, le vingt-feptiéme jour d'A-
vril, l'an mil cinq cent vingt-un. Ainfi figné
A. le Vifte, F. de Maulvoyfin, N. Brachet,
J. Meuron, P. Magiftri.

Par les Lettres Patentes du Roi Fran-
çois Premier du 13 Mars 1521, qui
font tout au long inferées dans le Cou-
tumier general à la fin du Procès ver-
bal de la Coutume de Bourbonnois,
dont il a été ci-devant parlé en quel-
ques endroits de cette Coutume.

APert qu'il a plû à ce Roi autorifer &
confirmer les nouvelles Coutumes
des Païs de Bourbonnois & de la haute
Marche, interprétations & modifications
d'icelles, voulans qu'à l'avenir les Procès
fe jugent & vuident fuivant icelles : &
quand aux anciennes, que les Gens des
trois Etats defdits Païs ont abrogées, qu'elles n'ayent aucun effet ; mais que les Procès pour les faits qui furviendroient fe jugent & fe terminent, ou par difpofition de
Droit ès cas efquels ils ont voulu difpofition de Droit avoir lieu, ou par les nouvelles Coutumes fubrogées aux anciennes,
abrogées ou interpretées ou modifiées.

EXTRAIT DES REGISTRES
de Parlement.

SUR la Requête baillée à la Cour par le Procureur General du Roi & les Duchesse & Duc de Bourbonnois & d'Auvergne, Comte de la Marche, par laquelle ils requierent les Lettres octroyées par le Roi à Fontainebleau le 13 Mars, jour de ce mois, leur être enterinées : & en ce faisant défenses être faites à tous Juges, Avocats & Praticiens de Bourbonnois & de la Marche, & autres qu'il appartiendroit sur certaines & grandes peines, de n'alleguer, user ne mettre en fait aucunes Coutumes autres que celles qui avoient été redigées par écrit ès Livres coutumiers desdits Païs de Bourbonnois & de la Marche, publiées par les Commissaires à ce commis par le Roi, & selon la qualité en iceux écrite, ne sur icelles faire aucune interprétation de fait dérogeant à icelles, & aux Juges ne les admettre, sur peine d'amende arbitraire, ne faire preuve desdites Coutumes par témoins, ou autrement que par l'extrait desdites Coutumes accordées & publiées. Vû par la Cour lesdites Requêtes & Lettres Royaux : & tout consideré. La Cour a ordonné & ordonne qu'inhibitions & défenſes ſeront faites à tous Juges, Officiers, Avocats, Praticiens & Coutumiers deſdits Païs de Bourbonnois & de la Marche & tous autres, que dorénavant pour la preuve des Coutumes deſdits Païs, publiées & enregiſtrées par leſdits Commiſſaires à ce ordonnez par le Roi, ils ne faſſent aucune preuve par turbe ou par témoins particuliers; mais par l'extrait d'icelles dûëment ſigné & expédié, & auſſi de non alleguer & poſer aucunes autres Coutumes nouvelles, ne faire aucune interprétation contraire auſdites Coutumes accordées & publiées; mais les obſervent & gardent, en enſuivant leſdites Lettres du Roi, le tout ſur peine d'amende arbitraire, & ſans préjudice des oppoſitions & appellations dont eſt fait mention au Procès verbal deſdits Commiſſaires. Fait en Parlement le vingt Mars, l'an mil cinq cens vingt-un. Ainſi ſigné, DE VIGNOLES.

Et depuis à cauſe du décès dudit Préſident Barme, le Procureur du Païs & Comté de la Marche auroit baillé Requête à la Cour, par laquelle Meſſire Antoine le Viſte, Chevalier, Seigneur de Freſne, Préſident en icelle Cour, a été ſubrogé au lieu dudit Barme pour collationner & ſigner avec ledit Brachet leſdites Coutumes & Procès verbal fait ſur icelles, comme apert par
ladite

ladite Requête dont la teneur s'enfuit. Su-
plie humblement Jean Segliere, Procureur
du Païs & Comté de la Marche, comme
feu Monseigneur Maître Roger Barme, en
fon vivant Conseiller du Roi , & quart
Préfident en la Cour de céans, & Monfeigneur Maître Nicole Brachet , auffi Confeiller en ladite Cour, euffent été commis
& députez de par le Roi à accorder &
arrêter les Coutumes dudit Païs & Comté;
& pour ce faire fe fuffent tranfportez fur
les lieux , convoqué & appellé les Gens
des trois Etats dudit Païs : Et eux oüis
fur l'accord defdites Coutumes , icelles ar-
rêtées, & depuis feroit mondit Seigneur
Barme allé de vie à trépas, fans délivrer
en forme & figner le Procès verbal fait fur
l'accord & arrêt defdites Coutumes. Ce
confideré, il Vous plaife ordonner & commettre tel de Vous , Nosfeigneurs , qu'il
Vous plaira, pour voir & faire grosfoyer
& mettre au net ledit Procès verbal, fur la
minute & broüillards de mefdits Seigneurs
les Commiffaires, & icelui figner au lieu
de feu mondit Seigneur Barme avec mondit
Seigneur Brachet ; & Vous ferez bien.

Et au-deffous eft écrit : *Loco dicti Barme,*
committitur Magifter Antonius le Vifte ,
Præfidens. Actum in Parlamento fecundi Ja-
L l

nuarii milleſimo quingenteſimo vigeſimo tertio.
En vertu de laquelle Requête nous Antoine
le Viſte, Préſident, & Nicole Brachet,
Conſeiller en ladite Cour, après ladite col-
lation dûëment faite, avons ſigné nos ſeings
manuels, & ſcellé du ſcel de nos Cours
leſdites Coutumes & Procès verbal. Ainſi
ſignez, LE VISTE & BRACHET.

F I N.

De l'Imprimerie DE PAULUS-DU-MESNIL.
1744.

TABLE
DES MATIERES.

A

ABONNEMENT, comment se présume, soit pour la quotité du cens, soit pour la taille aux quatre cas, soit pour autre redevance, *pages* 54 & 83

L ij

TABLE

B

DES MATIERES.

C

TABLE

D

TABLE

E

DES MATIERES.

E

F

M m

M m ij

TABLE

DES MATIERES.

I

L

TABLE

M

DES MATIERES.

Mm iiij

TABLE

DES MATIERES.

R

TABLE

DES MATIERES.

T

TABLE

V

DES MATIERES.

Fin de la Table.

❖❖❖❖❖❖❖❖❖❖❖ ❖❖❖❖❖❖❖❖❖❖❖

APPROBATION.

J'Ay examiné par l'ordre de Monfeigneur le Chancelier un Livre intitulé, *Les Coutumes de la Marche, expliquées & interpretées, &c. par M. Barthelemy Jabely, ancien Avocat au Parlement, nouvelle édition, &c. avec de nouvelles annotations par M. Germain - Antoine Guyot, Avocat au Parlement*, & j'ai trouvé que cette nouvelle édition fera encore plus utile que la précedente. A Paris ce 7 Janvier 1743.

RASSICOD.

PRIVILEGE DU ROY.

LOUIS par la grace de Dieu, Roi de France & de Navarre: A nos amez & feaux Confeillers les Gens tenans nos Cours de Parlement, Maîtres des Requêtes ordinaires de notre Hôtel, Grand-Confeil, Prevôt de Paris, Baillifs, Sénéchaux, leurs Lieutenans Civils, & autres nos Jufticiers qu'il appartiendra : SALUT. Notre bien amé le fieur DE NULLY, Nous ayant fait expofer qu'il défireroit faire imprimer & donner au Public un Ouvrage qui a pour Titre, *Les Coutumes de la Marche expliquées fuivant les Loix, les meilleurs Auteurs, & les Arrêts, par M. Barthelemy Jabely, avec des nouvelles annotations, par Me. Germain-Antoine Guyot, Avocat au Parlement*, s'il Nous plaifoit de lui accorder nos Lettres de permiffion pour ce néceffaires, Nous lui avons permis & permettons par ces Prefentes de faire imprimer ledit Ouvrage en un ou plufieurs volumes, & autant de fois que bon lui femblera, &

de le faire vendre & débiter partout notre Royaume pendant le tems de trois années consécutives, à compter du jour de la datte desdites Presentes. Faisons défenses à tous Libraires, Imprimeurs & autres personnes, de quelque qualité & condition qu'elles soient, d'en introduire d'impression étrangere dans aucun lieu de notre obeissance ; à la charge que ces Presentes seront enregistrées tout au long sur le Registre de la Communauté des Libraires & Imprimeurs de Paris, dans trois mois de la datte d'icelles ; que l'impression dudit Ouvrage sera faite dans notre Royaume & non ailleurs, en bon papier & beaux caracteres conformément à la feuille imprimée attachée pour modele sous le contre-scel desdites Presentes, que l'Impetrant se conformera en tout aux Reglemens de la Librairie, & notamment à celui du 10 Avril 1725 ; qu'avant que de les exposer en vente, le Manuscrit ou Imprimé qui aura servi de copie à l'impression dudit Ouvrage, sera remis dans le même état où l'Approbation y aura été donnée, ès mains de notre très-cher & féal Chevalier le Sieur d'Aguesseau, Chancelier de France, Commandeur de nos Ordres, & qu'il en sera ensuite remis deux exemplaires dans notre Biblioteque publique, un dans celle de notre Château du Louvre, & un dans celle de notredit très cher & féal Chevalier le Sieur d'Aguesseau, Chancelier de France, le tout à peine de nullité des Presentes : Du contenu desquelles vous mandons & enjoignons de faire jouir ledit Exposant, & ses ayans cause, pleinement & paisiblement, sans souffrir qu'il leur soit fait aucun trouble ou empêchement. Voulons qu'à la copie desdites Presentes qui sera imprimée tout-au-long au commencement ou à la fin dudit Ouvrage foi soit ajoutée comme à l'original. Commandons au premier notre Huissier ou Sergent de faire pour l'exécution d'icelles tous actes requis & néceffaires, fans demander autre permiffion , & nonobftant clameur de Haro , Charte Normande , & Lettres à ce contraires ; Car tel eft notre plaifir. D o n n e' à Paris le quinziéme jour du mois de Février , l'an de grace mil fept cent quarante-trois , & de notre regne le vingt-huitiéme. Par le Roi en fon Con-feil , S A I N S O N.

Regiftré enfemble la ceffion ci-après fur le Re-giftre XI. de la Chambre Royale des Libraires & Imprimeurs de Paris , N. 174. fol. 147. confor-mément aux anciens Reglemens confirmez par celui du 28 Février 1723. A Paris , le 2 May 1743. Signé, S A U G R A I N , Syndic.

Je cede & tranfporte à M. Bernard Brunet fils, la moitié au prefent Privilege. A Paris ce 27 Avril 1743. J. D E N U L L Y.

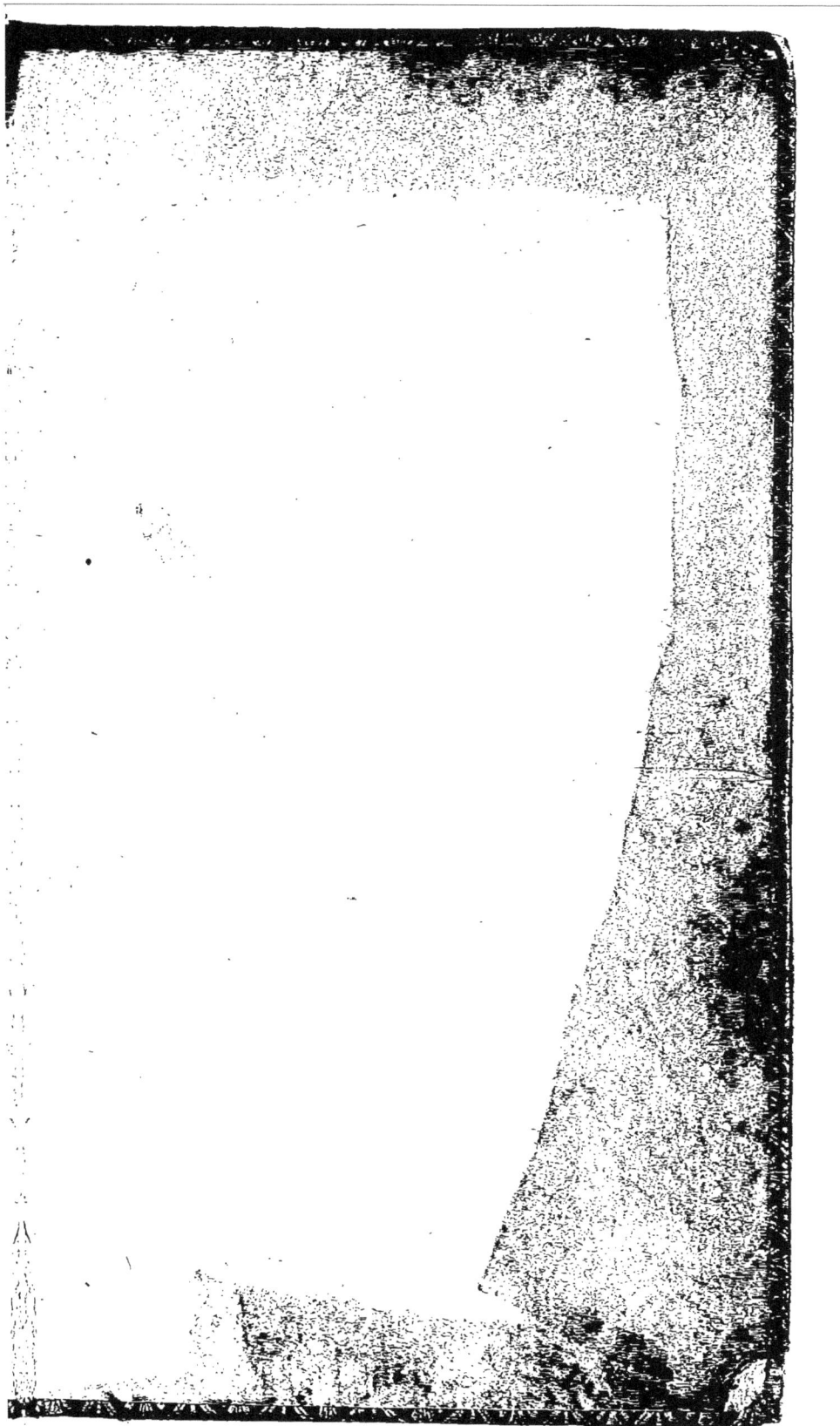

www.ingramcontent.com/pod-product-compliance
Lightning Source LLC
Chambersburg PA
CBHW060536220326
41599CB00022B/3521